대학생 취준생 직장인 을 위한

자격증부터 업무활용까지!

컴퓨터 활용능력 지침서

POWER POINT 2016

김의정 • 이해인 지음

공감북스

파워포인트

교재소개

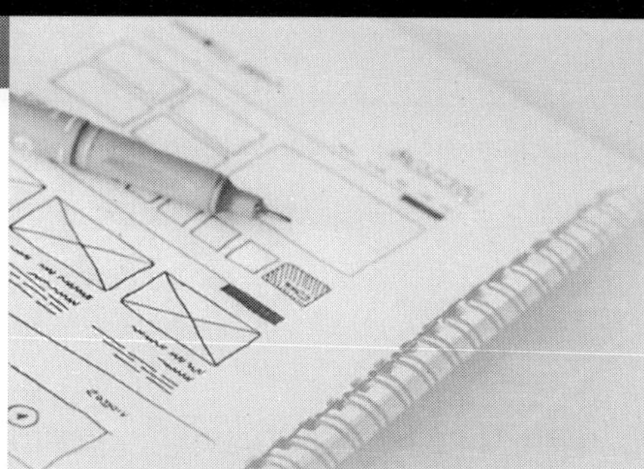

본 교재는 Office 2016 파워포인트 프로그램을 쉽게 활용할 수 있도록 핵심적인 기능 설명과 예제를 따라하면서 MOSPowerpoint2016, 정보기술자격(ITQ), 사무자동화산업기사의 자격시험의 기본 대비 및 다양한 프레젠테이션 작업에 필요한 파워포인트의 기능 향상 및 대학교 수업의 보고서 제작 및 발표에도 바로 활용할 수 있도록 구성되었다.

본 교재는 각 15 개의 PART로 구성되어 있고 각 장별 예제를 통한 기본 설명과 PART별 연습문제를 통한 확인 학습을 할 수 있으며 언제든 유튜브 동영상을 통해 상세하고 정확한 풀이 과정을 볼 수 있다.

각 시험대비별 기출 문제를 수록하여 실제 시험과 유사한 문제를 풀어보고 관심 있는 파워포인트 시험에 대한 수준 확인 및 대비를 할 수 있도록 구성하였다.

오피스 파워포인트 자격증 소개

MOS란? / 국제공인자격증 – 시행청 : YBM/Microsoft

MOS(Microsoft Office Specialist)는 마이크로소프트 오피스 프로그램과 윈도우 운영체제에 대한 자격증입니다. Microsoft가 직접 인증함으로써 그 공신력과 정확성을 인정받을 수 있으며 현재 170여 개국 9,500여 개 시험센터에서 시행되는 국제 자격증으로서(한국어 시험 가능) 세계 어디서나 인정 받을 수 있다.

❑ MOS2016 특징

MOS2016은 작업형 평가 방식으로 메뉴 이름을 사용하지 않으며 MOS2013버전보다 Office 기능을 더 폭 넓고 깊이 있게 이해 해야 한다.

시험 종료 후 바로 시험 결과 확인 및 MOS 자격증 활용이 가능하고 취득 점수와 합격여부는 물론 기능별 0~100% 성취도를 확인할 수 있으며 취약 부분을 분석해 심화 학습할 수 있다.

❑ MOS2016 Master 취득기준

필수취득	선택취득	Master를 위한 자격증 총 개수
Excel 2016 Expert Word 2016 Expert Powerpoint 2016	Access2016 또는 Outlook2016	4개

※ MOS Master는 동일 버전의 자격증을 Master 기준에 맞게 취득할 시 발급이 된다.

❑ MOS2016 시험 인터페이스 안내

프로젝트 창 : 프로젝트 지시창의 시험 문항 확인 후 프로젝트 창에서 문제 해결

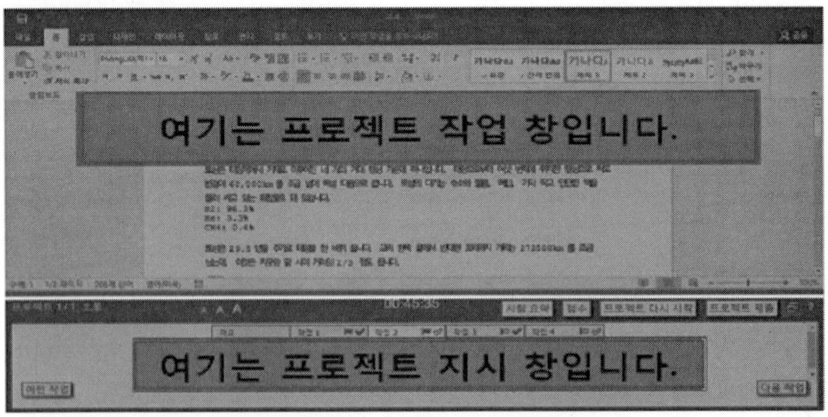

❑ MOS활용 정보

현재 170여 개국 9,500여 개 시험센터에서 시행되는 국제 자격증은 세계 어디서나 인정 받을 수 있다. 미국에서는 이미 MOS 자격증이 보편화 되었고 국내에서는 취업 자격을 갖추고자 하는 대학생들과 직장인들의 승진 및 인사고과 자료로 적극 활용되고 있다.

직장인	객관적인 인사자료(승진, 인사고과)정보능력 개발, 직원 채용시 가산점부여
대학생	취업대비, 졸업자격 및 학점인정, 군 가산점 활용
중 · 고등학생	대입에 필요한 정보소양능력 자격증 취득
일반인	국제 자격증 취득, 자기개발

컴퓨터활용능력시험이란? / 국가기술자격증 – 시행청 : 대한상공회의소

산업계의 정보화가 진전되면서 영업, 재무, 생산 등의 분야에 대한 경영분석은 물론 데이터 관리가 필수적이다. 컴퓨터활용능력 시험은 사무자동화의 필수 프로그램인 스프레드시트(엑셀), 데이터베이스(엑세스) 활용 능력을 평가하는 국가기술자격 시험이다.

❑ 컴퓨터활용능력 합격 결정기준

- 필기 : 매 과목 100점 만점에 과목당 40점 이상 평균 60점 이상
- 실기 : 100점 만점에 70점 이상

❑ 시험과목

등급	시험방법	시험과목	출제형태	시험시간
1급	필기시험	컴퓨터 일반 스프레드시트 일반 데이터베이스 일반	객관식 60문항	60분
	실기시험	스프레드시트 실무 데이터베이스 실무	컴퓨터 작업형	90분(과목별 45분)
2급	필기시험	컴퓨터 일반 스프레드시트 일반	객관식 40문항	40분
	실기시험	스프레드시트 실무	컴퓨터 작업형	40분

❑ 컴퓨터활용능력

대학생	취업대비, 졸업자격 및 학점인정
중 · 고등학생	대입에 필요한 정보소양능력 자격증 취득
일반인	자기개발, 실무능력 향상을 위한 자격증 취득

정보기술자격(ITQ) Powerpoint? – 시행청 : 한국 생산성 본부/공인민간자격

정보화 시대의 기업, 기관, 단체 구성원들에 대한 정보기술능력 또는 정보기술 활용능력을 객관적으로 평가하는 시험이다. 정보기술 관리 및 실무능력 수준을 지수화, 등급화하여 객관성을 높였으며 과학기술 정보통신부에서 공식 인증하는 국가공인자격 시험이다.

❑ 주요특징

ITQ는 산업인력의 정보경쟁력 강화를 통한 국가정보화 촉진을 목적으로 시행하고 있으며 초등학생부터 대학생, 직장인, 노년층에 이르기까지 다양한 계층에서 필기 시험없이 실기시험만으로 평가한다. ITQ 시험을 통해 IT실력을 검증 받고 있다.

❑ 합격 결정기준

ITQ 시험은 500점 만점을 기준으로 A등급부터 C등급까지 등급별 자격을 부여하며 낮은 등급을 받은 응시자가 차기 시험에 다시 응시 하여 높은 등급을 받으면 등급을 업그레이드 해주는 방법으로 평가를 한다.

등급	점수	수준
A등급	400점~500점	주어진 과제의 80%~100%를 정확히 해결할 수 있는 능력
B등급	300점~399점	주어진 과제의 60%~79%를 정확히 해결할 수 있는 능력
C등급	200점~299점	주어진 과제의 40%~59%를 정확히 해결할 수 있는 능력

❑ 활용정보

직장인	의무취득, 입사 시 우대, 사원교육제도, 승진가점, 경진대회 등
대학생	취업대비, 졸업자격 및 학점인정
중 · 고등학생	대입에 필요한 정보소양능력 자격증 취득
일반인	자기개발, 실무능력 향상을 위한 자격증 취득, 이직활용

사무자동화산업기사 실기 – 시행청 : 한국산업인력관리공단/국가공인자격증

1. 사무자동화산업기사란 응시자격을 갖춘 자가 산업인력공단에서 시행하는 사무자동화산업기사 시험에 합격하여 그 자격을 취득한 자를 말한다.
2. 사무자동화산업기사는 사무 업무의 효율성을 높이고 업무내용의 질적 향상을 도모하기 위해 사무자동화와 관련한 전문기술인력을 양성하기 위해 제정된 자격이다.

❑ 주요 특징

① 사무자동화산업기사 시험은 컴퓨터와 각종 사무자동화기기를 이용하여 사무환경에서 필요로 하는 정보관리 및 사무처리 등의 계획, 추진 및 운용을 수행할 수 있는 능력을 평가한다.

② 사무자동화산업기사는 사무처리용 컴퓨터 및 컴퓨터통신의 운용을 중심으로 한 모든 사무자동화 실무와 사무자동화기기 및 뉴미디어 터미널 등의 사무정보기기를 활용하여 사무능률을 극대화할 수 있도록 종합적으로 유지, 관리하는 직무를 수행한다.

❑ 시험정보

응시자격 : 응시자격에는 제한이 있다.

기술자격 소지자	모든 학과 응시가능	순수 경력자
• 동일(유사)분야 다른 종목 산업 기사 • 기능사 + 실무경력 1년 • 동일종목 외국자격취득자 • 기능경기대회 입상	• 대졸(졸업예정자) • 전문대졸(졸업예정자) • 산업기사수준의 훈련과정 이수(예정)자	실무경력 2년 (동일, 유사 분야)

※ 관련학과 : 모든 학과 응시가능

※ 동일직무분야 : 모든 직무분야

❑ 활용정보

취업	경영 관련사무직에 진출, 일반기업이나 공공기관 등의 행정 및 사무 관련부서에 취업할 수 있고 전산실 또는 사무자동화 관련부서에 진출
가산점	기술직공무원 방송통신직렬의 전 직류에서 채용계급이 8・9급, 기능직 기능 8급 이하일 경우에는 5%, 6・7급, 기능직 기능7급 이상일 경우에는 3%의 가산점이 부여
우대	공공기관 및 일반기업 채용 시 보수, 승진, 전보, 신분보장 등에 있어서 우대
자격부여	건설산업기본법에 의한 건설업(산업, 환경설비공사업)등록을 위한 기술인력 자격이 부여

CONTENTS

04 CHAPTER 텍스트 활용

05 CHAPTER 도형 활용

06 CHAPTER SmartArt 활용

07 CHAPTER 그림 활용

12 CHAPTER 애니메이션 활용

13 CHAPTER 하이퍼링크 활용

14 CHAPTER 슬라이드 마스터

15 CHAPTER 인쇄 설정

부록

1. 기출문제&실전문제

2. 파워포인트 단축키 모음

CHAPTER 01

프레젠테이션 개요

CHAPTER 01 | 프레젠테이션 개요

학습목표 ■ 새 프레젠테이션을 실행하고 서식파일로 새로운 프레젠테이션을 만들 수 있다.

예제파일 : 프레젠테이션1.pptx

1-1 프레젠테이션 만들기

프레젠테이션은 제안서, 기업 설명회, 영업, 기술 교육 등 청중에게 특정 내용을 전달하는 과정이다. 프레젠테이션 작성 도구로 널리 사용되고 있는 파워포인트를 사용하여 프레젠테이션에 필요한 주제에 맞는 지정된 서식파일을 선택하여 프레젠테이션을 쉽게 선택할 수 있으며 또한 파워포인트 도구에서 작성한 파일을 PDF, 서식파일, 비디오 파일등 파워포인트에서 작성한 파일은 다양한 형식으로 저장할 수 있다.

1 서식파일 만들기

① 프레젠테이션1.pptx 실행 후 [파일]–[새로 만들기]–[추천 검색어] 중 '교육'을 선택한다.

② '학교용 프레젠테이션, 가는 선 및 리본 디자인(와이드 스크린)'을 선택한다.

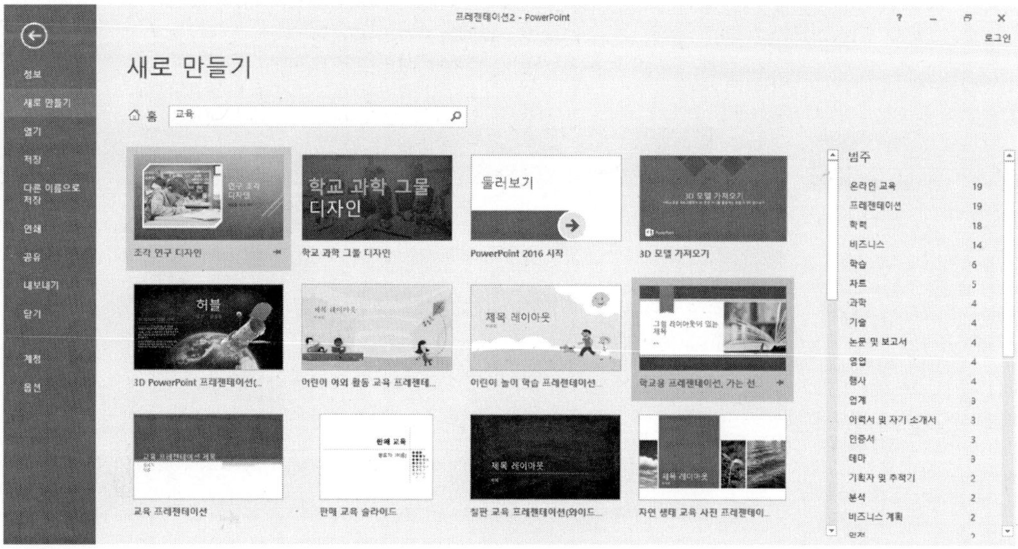

③ '학교용 프레젠테이션, 가는 선 및 리본 디자인(와이드 스크린)' 창에 [만들기] 버튼을 클릭한다.

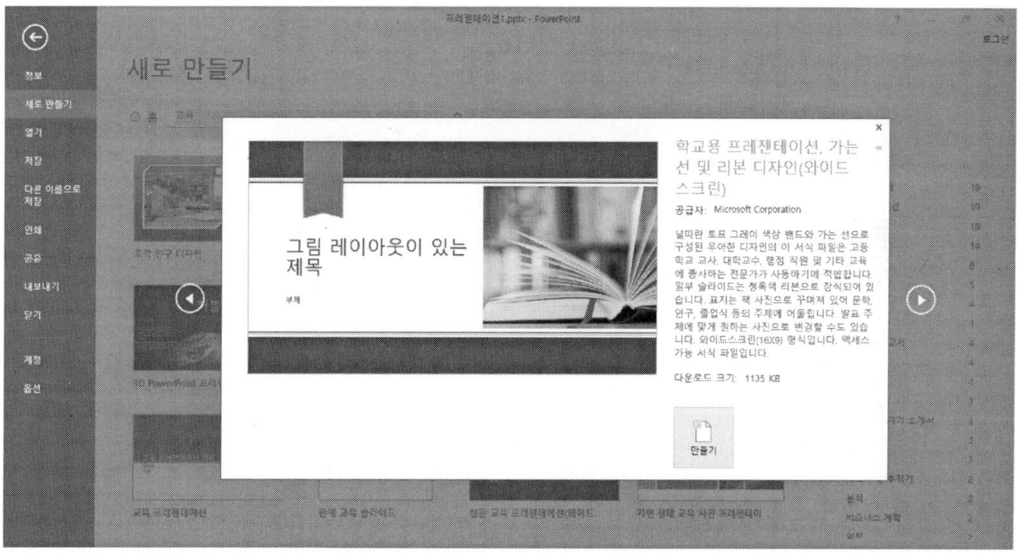

④ 학교용 프레젠테이션 테마 슬라이드가 표시된다.

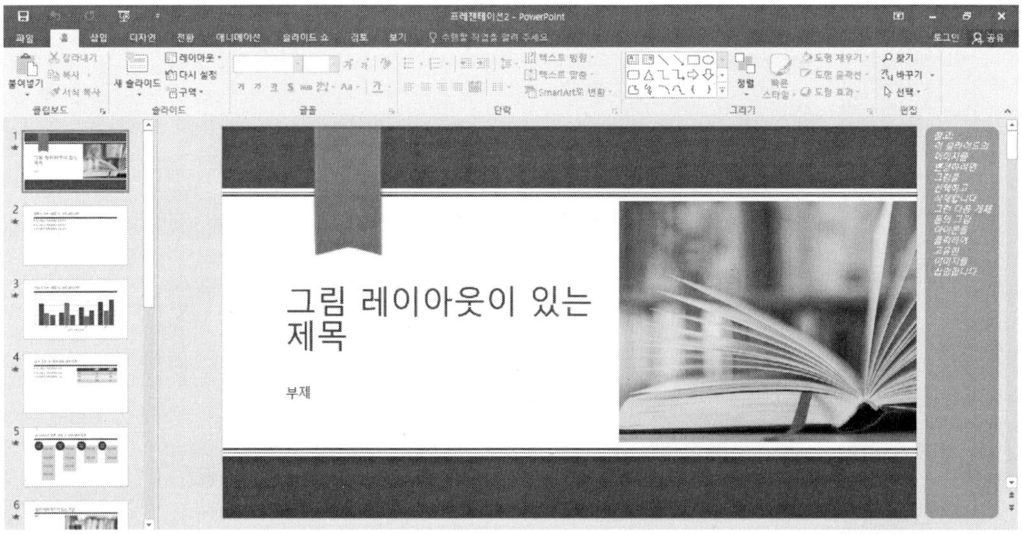

2 서식파일 저장

작성한 프레젠테이션 파일을 저장하는 방법을 알아본다.

① 작성된 프레젠테이션1.pptx에 [저장] 단추를 클릭하거나 [파일] 탭-[저장] 선택을 선택한다.

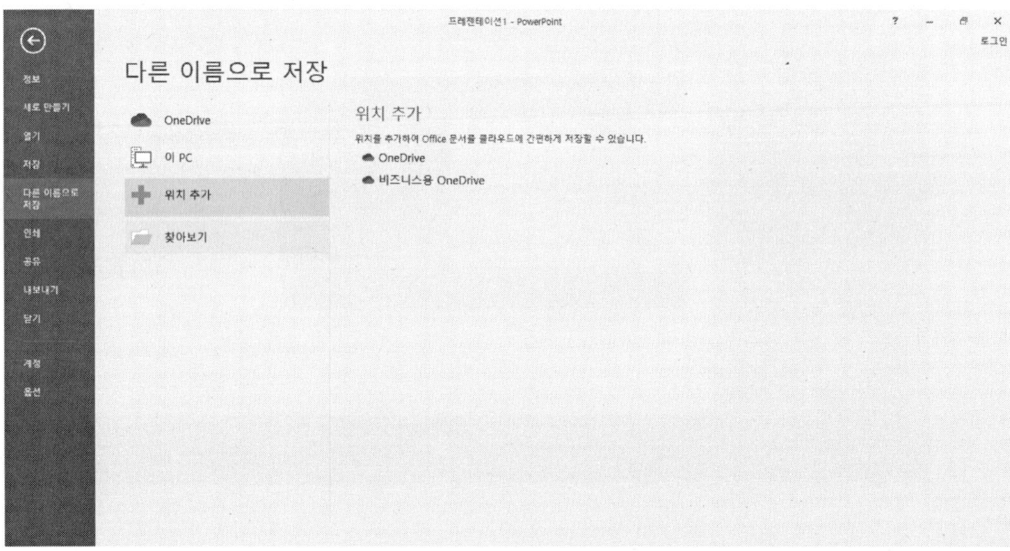

② [다른 이름으로 저장] 대화상자가 열리면 [찾아보기] 클릭- 파일을 저장할 위치를 [바탕화면]-[파워포인트예제]폴더로 선택-[파일 이름]을 '학교용' 입력한 후 [저장]버튼 클릭한다.

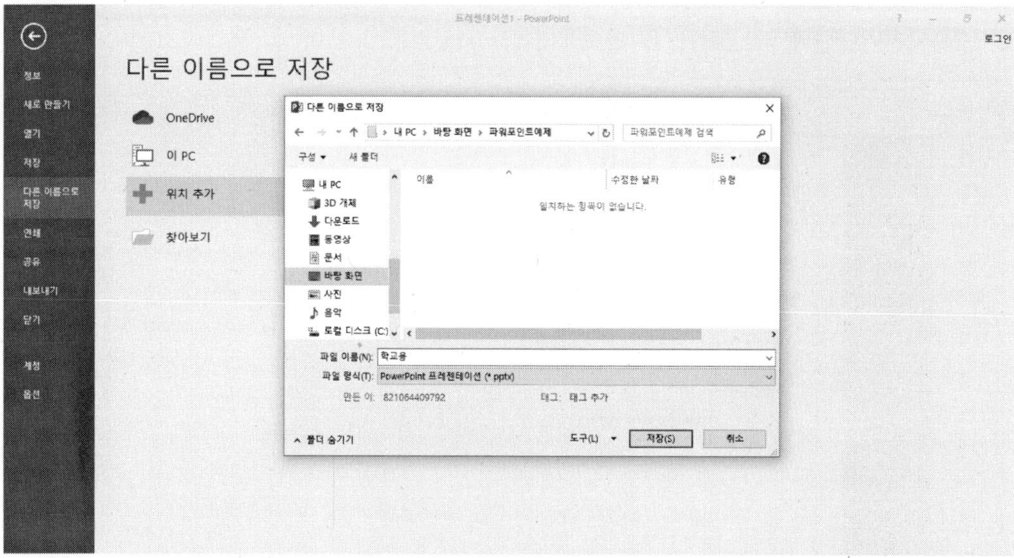

③ 화면 상단에 저장한 파일 이름이 표시되며 문서를 닫을 때는 [파일]-[닫기] 클릭한다.

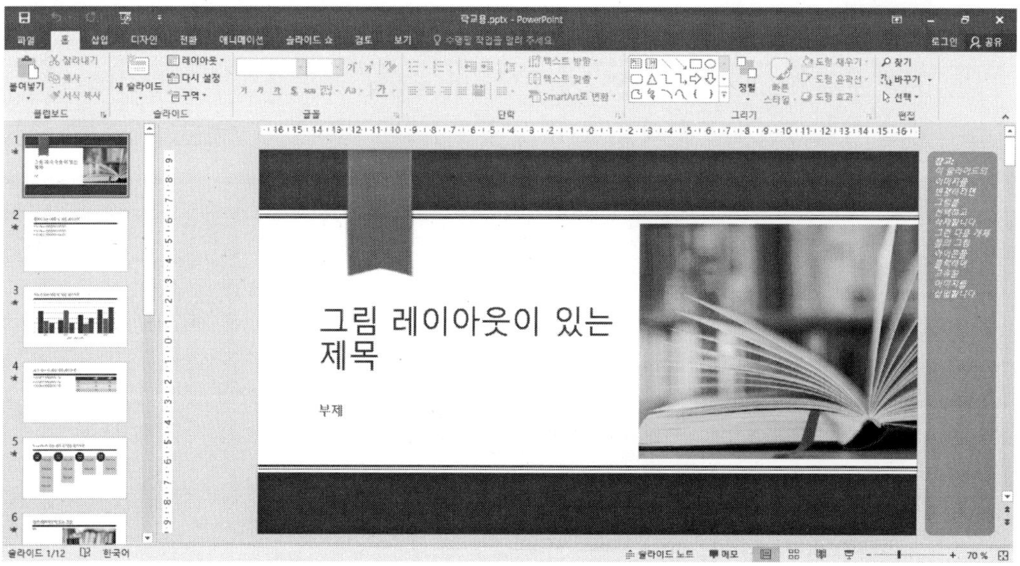

3 PDF 만들기

파워포인트 파일을 PDF 파일로 만드는 방법을 알아본다.

① 지적발달단계.pptx 파일을 열고 [파일]- [내보내기] 선택 후 목록에서 [PDF/XPS 문서 만들기]-[PDF/XPS] 단추를 클릭한다.

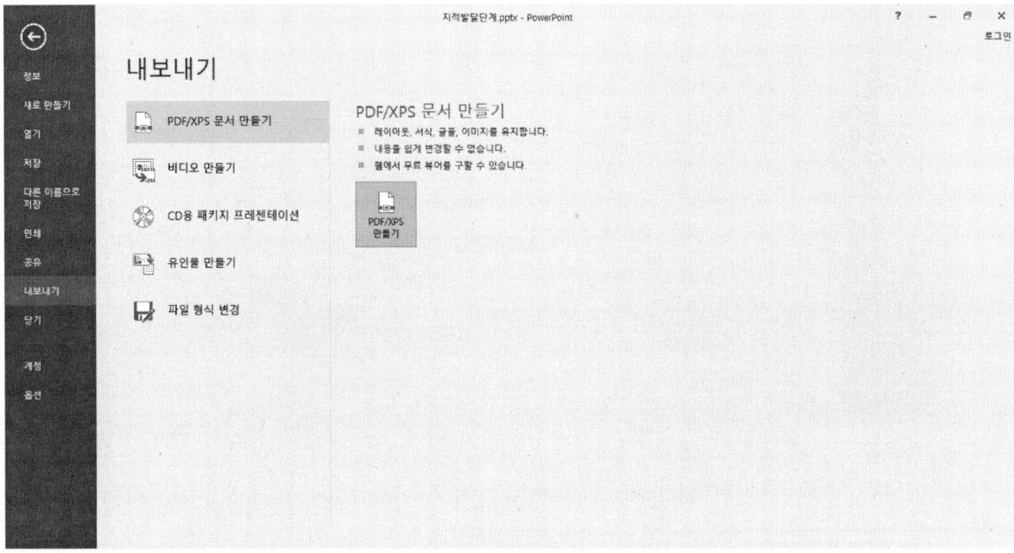

② [PDF 또는 XPS로 게시] 대화 상자가 열리면 저장할 위치 설정 후 파일 이름을 '지적발달단계'를 입력 후–[게시 후 파일 열기] 선택 후 [게시] 버튼을 클릭한다.

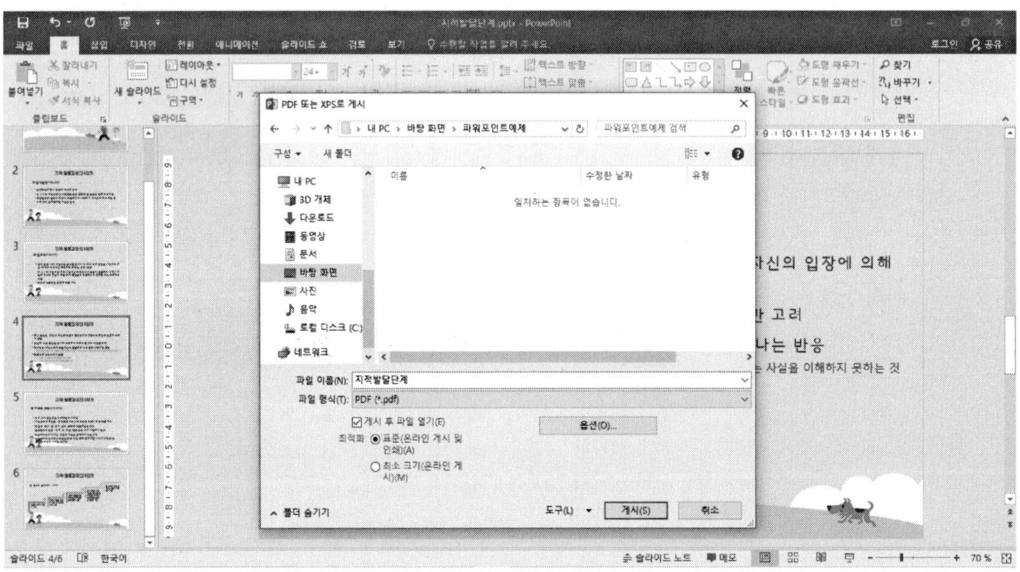

③ [게시 중] 대화상자 작성이 종료되면 만들어진 PDF 문서가 화면에 게시된다.

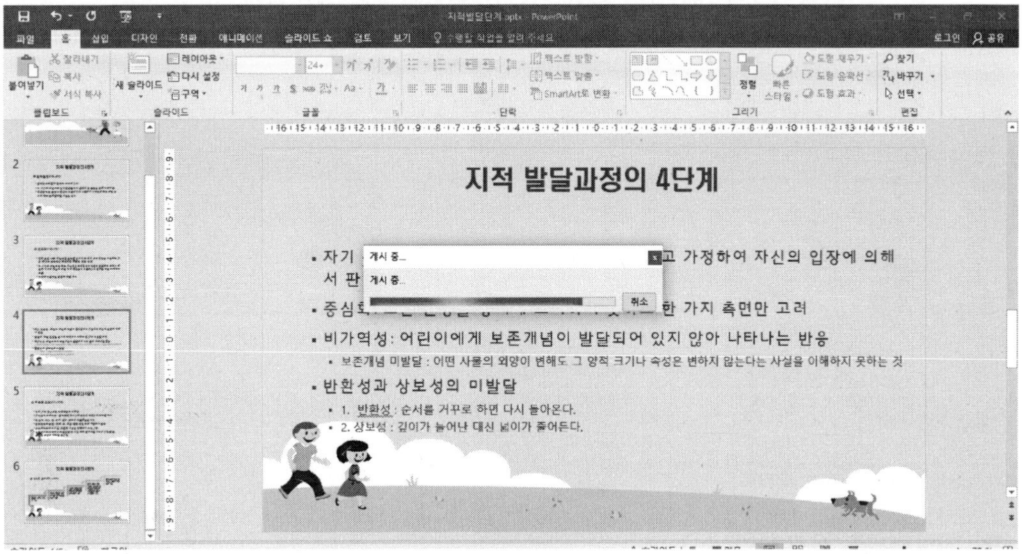

4 그림으로 저장하기

완성된 프레젠테이션 파일을 그림 파일로 변환하여 저장하는 방법을 알아본다.

① 지적발달단계.pptx 파일을 열고 [파일] 탭 – [내보내기] 선택 후 목록에서 [파일 형식 변경]–[JPEG 파일 교환 형식]을 선택하고 [다른 이름으로 저장] 클릭한다.

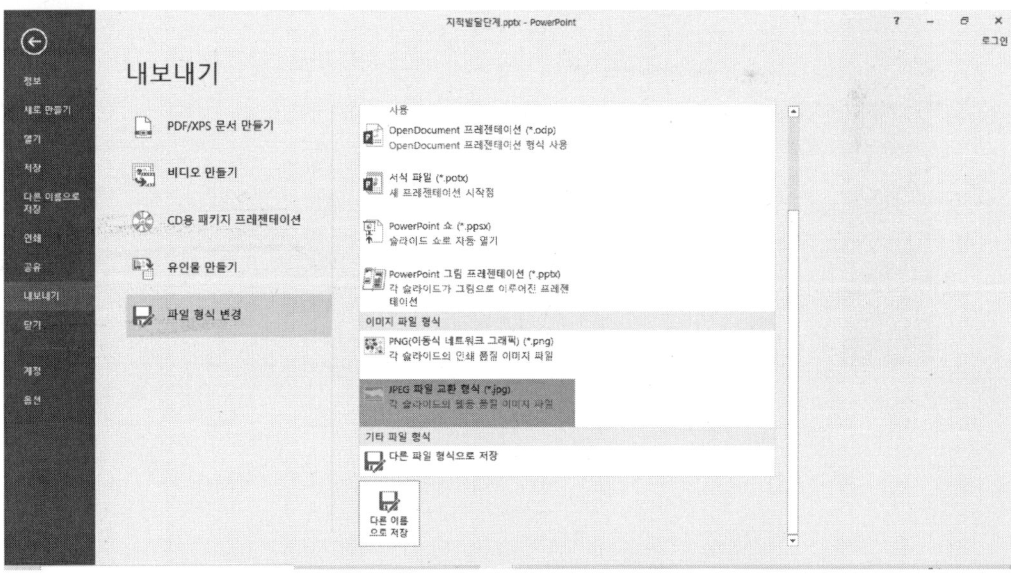

② [다른 이름으로 저장] 대화상자에 입력된 파워포인트 파일명과 jpg 확장자 '지적발달단계.jpg'를 확인하고 [저장] - [모든 슬라이드] 버튼을 클릭한다.

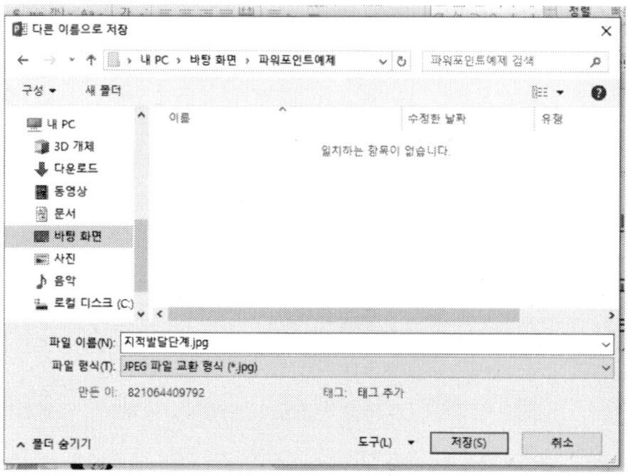

5 비디오로 저장하기

완성된 프레젠테이션 파일을 비디오 파일로 변환하여 저장하는 방법을 알아본다.

① 지적발달단계.pptx 파일을 열고 [파일] 탭-[내보내기]-[비디오 만들기]를 선택한다.

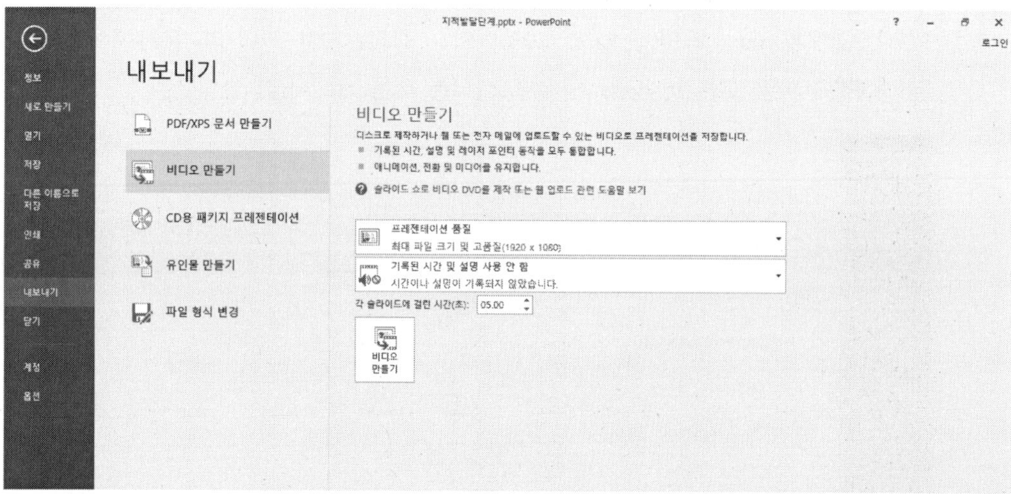

② [각 슬라이드에 걸린 시간(초)]–[03.00]으로 변경 후 [비디오 만들기] 버튼을 클릭한다.

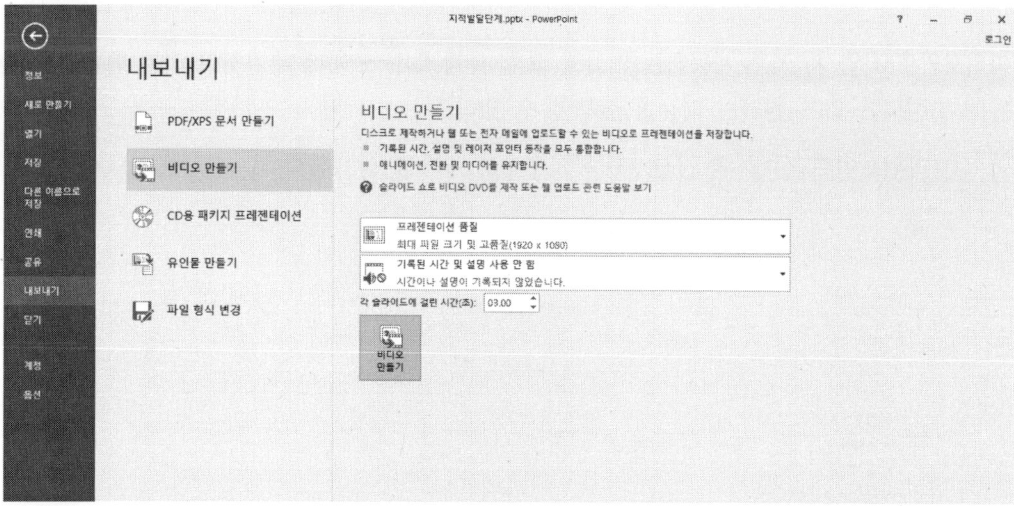

③ [다른 이름으로 저장] 대화상자에–[파일 이름] '지적발달단계'를 입력하고 [파일 형식]–[Windows Media 비디오]–[저장] 버튼을 클릭한다.

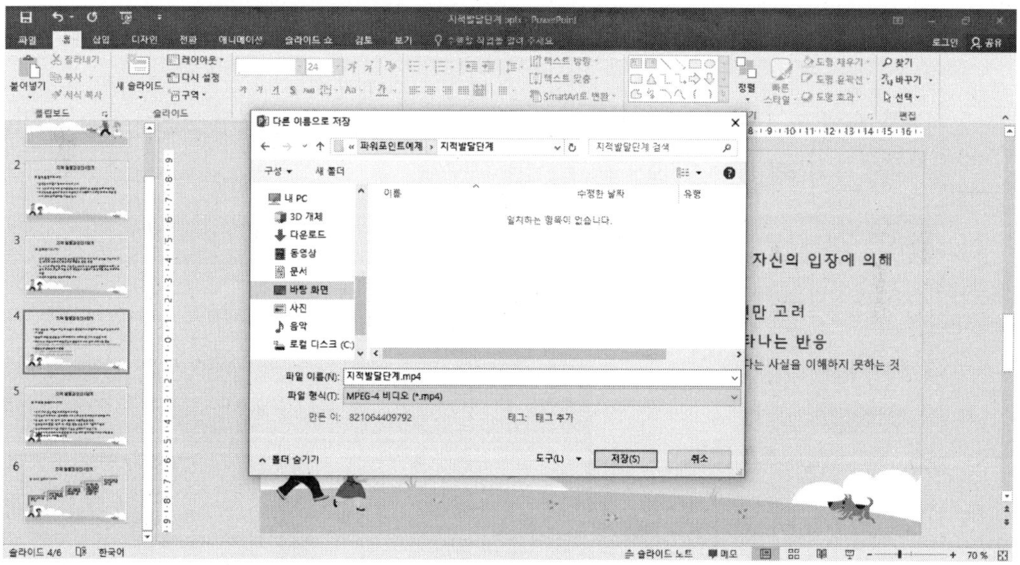

1-2 빠른 실행 도구 모음에 자주 사용하는 메뉴 추가하기

파워포인트 작업 시 자주 사용하는 메뉴를 빠른 실행 도구 모음에 추가하여 리본 메뉴와는 별도로 상단에 고정되어 쉽게 원하는 메뉴를 실행할 수 있다.

① 파워포인트 실행 후 저장 된 '학교용.pptx' 파일 선택한다.

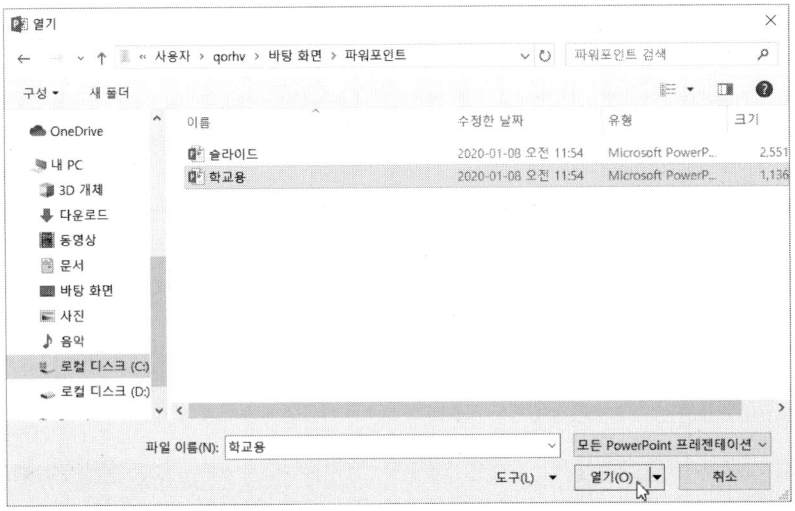

② [빠른 실행 도구 모음 사용자 지정] 클릭 후 [열기]-[빠른 실행 도구 모음 사용자 지정] 클릭 후 목록에서 [리본 메뉴 아래에 표시] 선택을 한다.

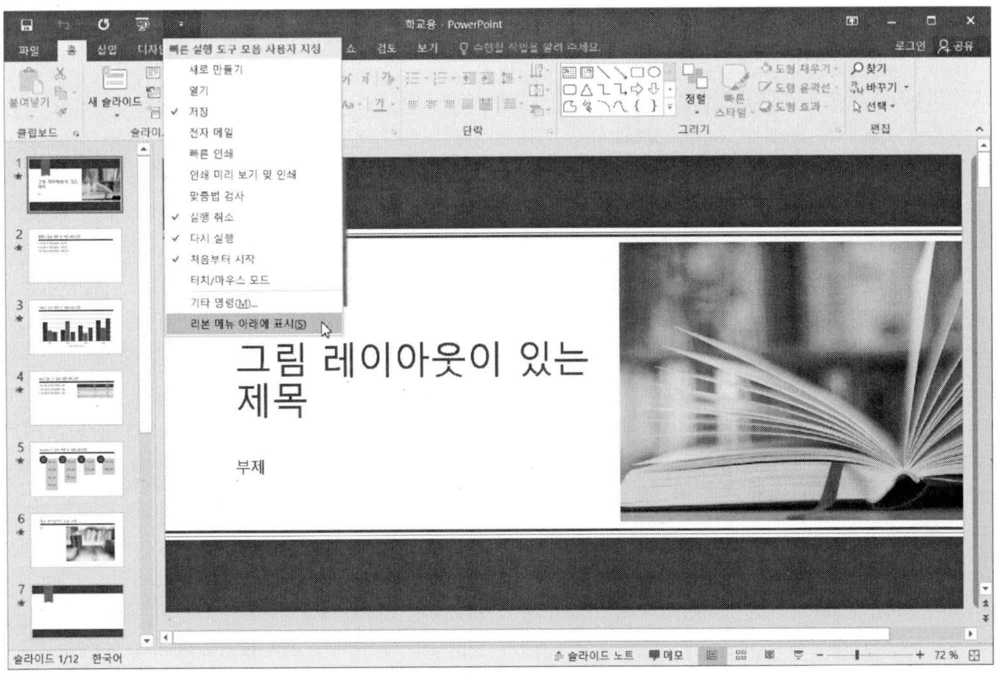

③ [빠른 실행 도구 모음 사용자 지정] 클릭 후 목록에서 [기타 명령] 선택한다.

④ [명령 선택]-[많이 사용하는 명령] 또는 [모든 명령]-[글꼴] 선택 후 [추가] 클릭한다.

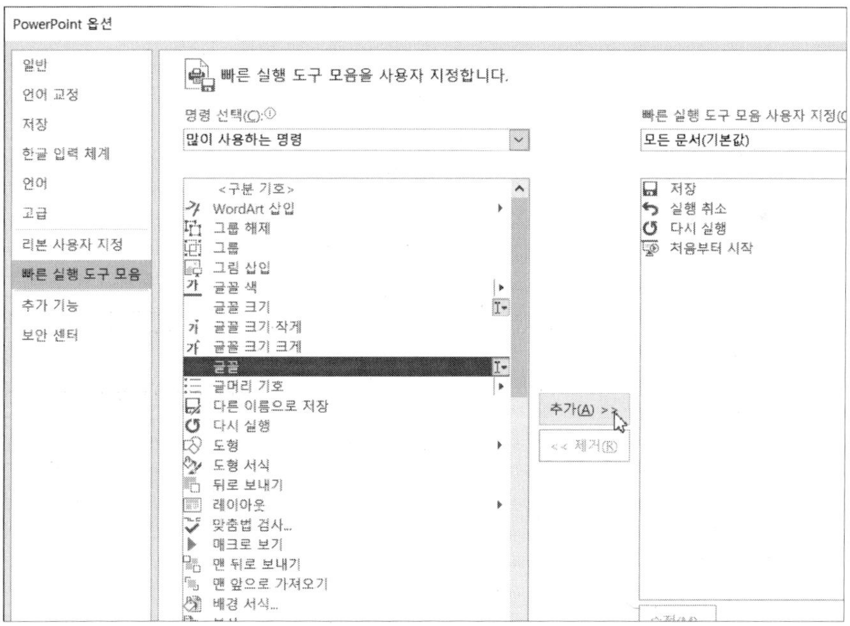

⑤ 명령 목록 중 [인쇄 미리 보기 및 인쇄] 빠른 실행 도구 모음에 추가 후 [확인] 클릭한다.

*[리본 메뉴 축소]를 클릭하면 편집 화면 공간을 더 넓게 사용할 수 있음

1-3 파워포인트 옵션설정

파워포인트 작업을 시작하기에 앞서서 매번 파워포인트 작업 환경 때문에 불편을 겪는 문제를 해결하기 위한 작업환경을 설정하는 방법을 알고 다양한 옵션 변경 방법을 알아본다.

1 자동 고침 옵션

파워포인트에서 텍스트 작성 시 영어나 한글 작성 시 자동으로 다른 단어로 바뀌는 현상이 자주 일어나는 경우가 있다. 키보드에서 한/영 전환단추를 누르지 않아도 자동으로 언어를 인식해 변환해주는 기능이지만 불필요하게 변환 될 때도 있다. 예를 들어서 '네'를 타이핑 하면 'sk'로 나온다거나 한글로 써야하는 경우 영어로 변경이 되는 경우를 옵션을 설정하여 자동으로 다른 단어로 바뀌지 않도록 설정할 수 있다.

① 학교용.pptx을 열고 [파일] 탭-[옵션]-[언어 교정] 탭-[자동 고침 옵션]을 클릭한다.

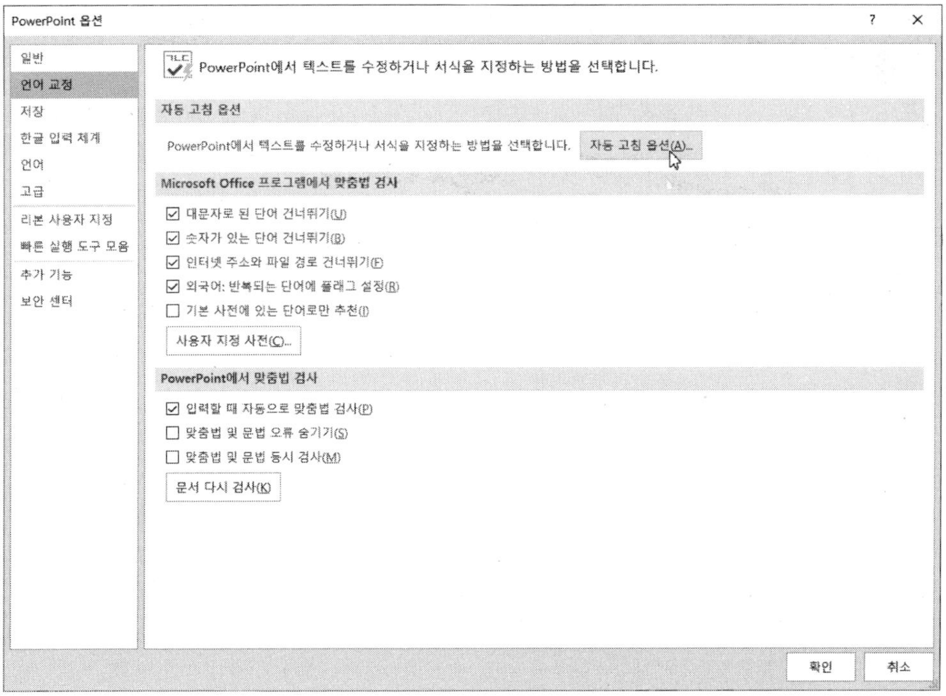

② [자동고침] 대화창에 [한/영 자동 고침] 옵션 항목을 체크 해제한 뒤 [확인] 버튼을 클릭한다.

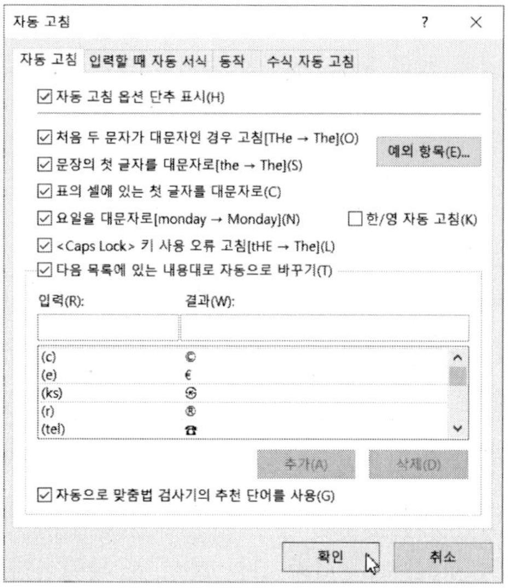

2 실행취소 횟수 조정

파워포인트의 기본 실행취소 횟수는 20번이며 실행취소 횟수를 최대 150번까지 변경할 수 있다.

① [파일] 탭-[옵션] 메뉴-[고급]을 선택한다.

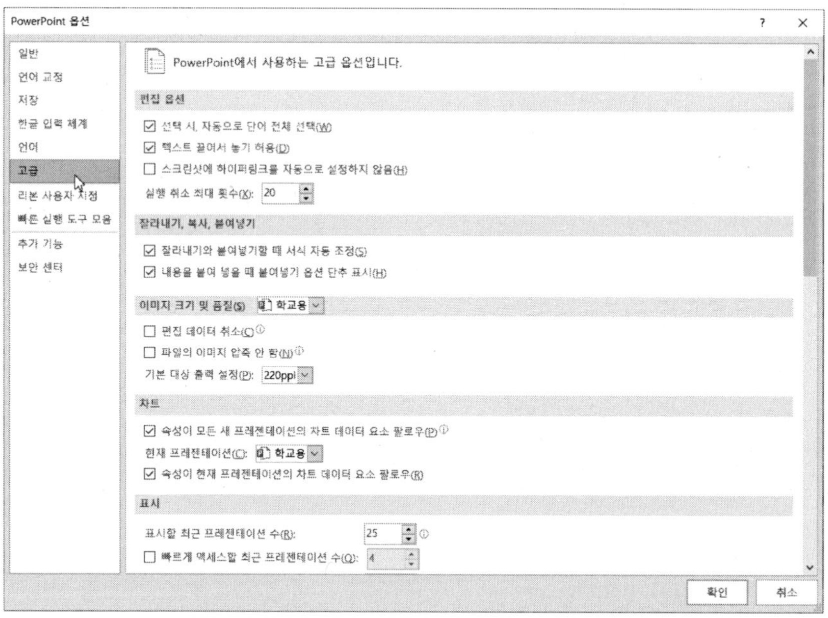

② 편집 옵션 그룹에 '실행 취소 최대 횟수(X): 100'으로 변경한다.

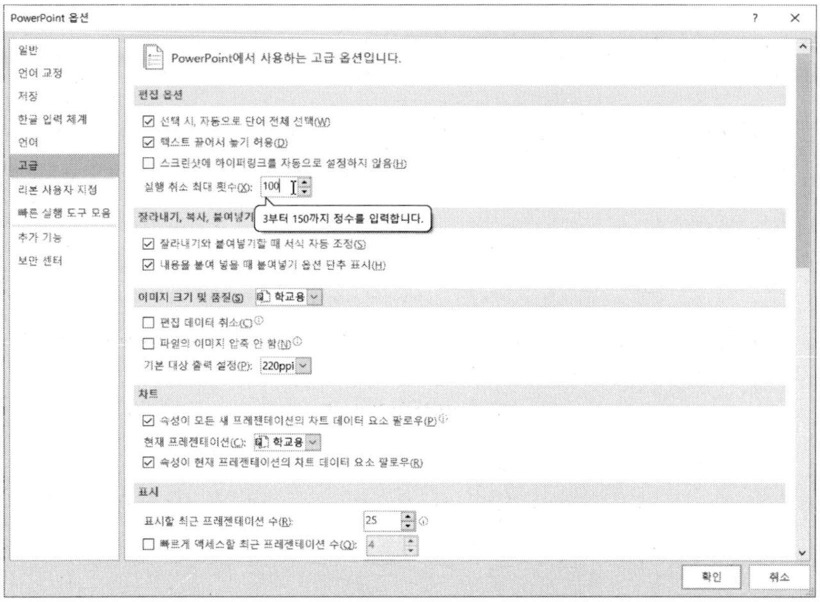

3 파워포인트 실행 시 테마 선택화면 없애기

파워포인트 프로그램을 실행하면 테마화면이 나오고 취소 후에 빈 슬라이드가 나오게 되는데 옵션을 설정하여 바로 빈 슬라이드가 나오도록 설정할 수 있다.

① [파일] 탭–[옵션]–[PowerPoint 옵션]–[일반]을 클릭한다.

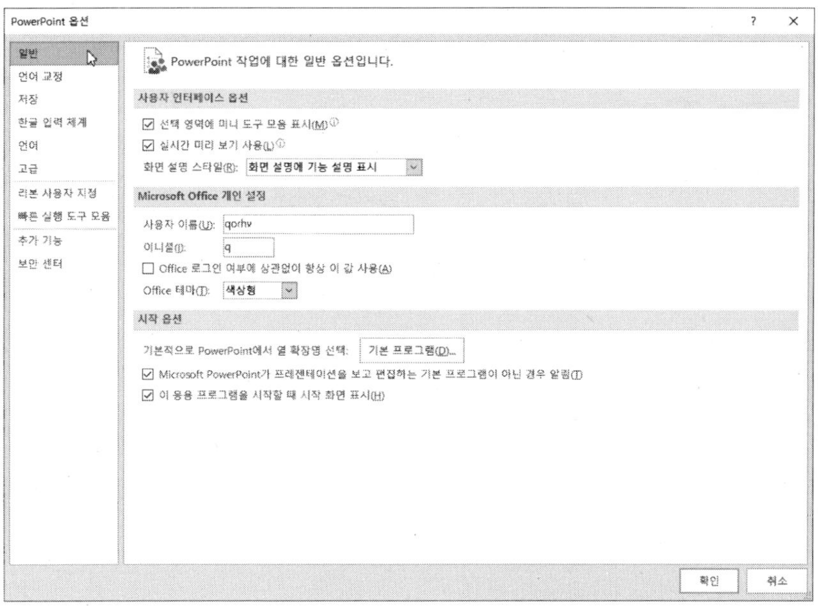

② 시작 옵션 그룹의 [이 응용 프로그램을 시작할 때 시작 화면 표시] 항목의 체크 해제한다.

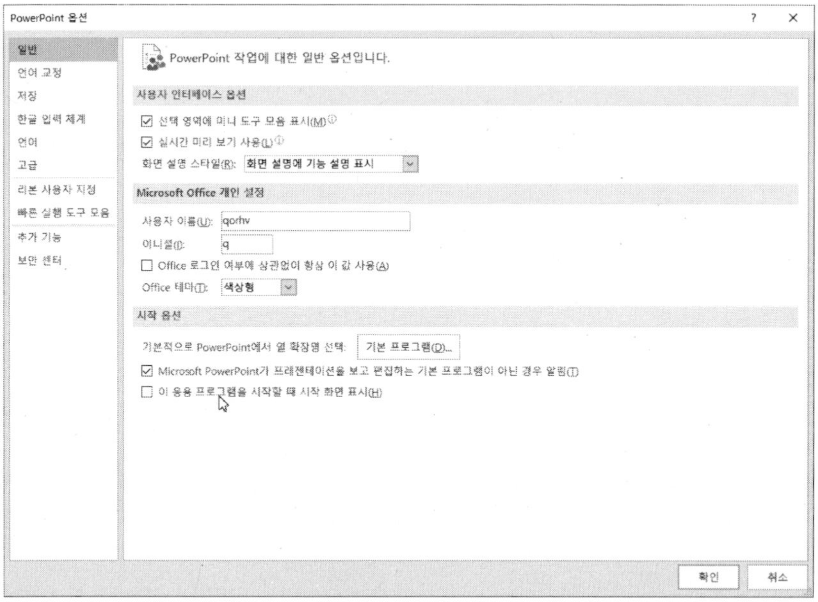

연습문제 01

◘ 문제파일 : 문제1.pptx / 정답파일 : 문제1(완성).pptx

01 문제1.pptx 파일을 실행하여 새로운 파워포인트를 실행하여 추천 테마의 교육 '3D 모델 가져오기'로 새 프레젠테이션을 만든다.

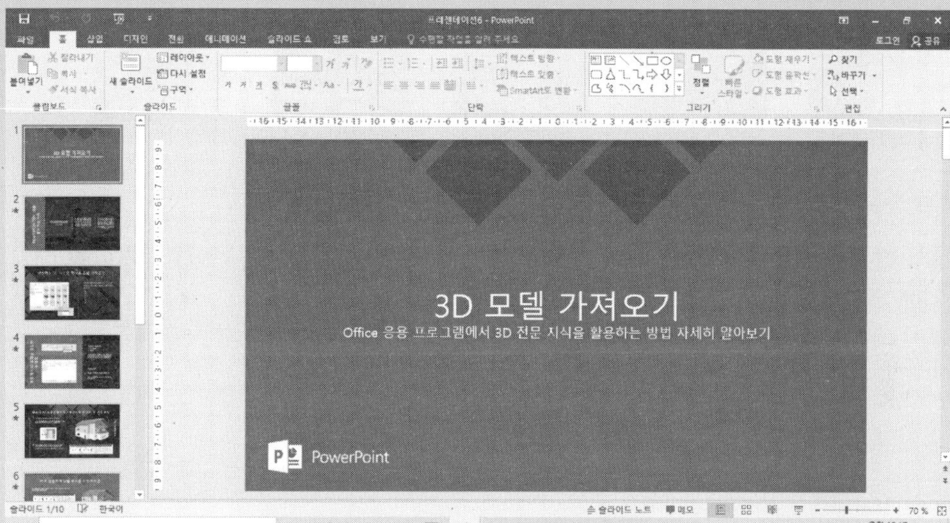

02 만들어진 '3D 모델 가져오기' 프레젠테이션을 '3D 모델활용'이라는 파일명으로 파워포인트 예제 파일에 PDF 파일로 만든다.

03 만들어진 '3D 모델 가져오기' 프레젠테이션을 '3D 모델활용'이라는 파일명으로 '파워포인트 예제 파일에 jpg' 그림 파일로 만든다.

04 만들어진 '3D 모델 가져오기' 프레젠테이션을 '3D 모델활용'이라는 파일명으로 파워포인트 예제 파일에 비디오 파일로 만든다.

05 현재 열려져 있는 '3D 모델 가져오기' 파워포인트의 기본 실행취소 횟수는 50이 되도록 옵션을 변경한다.

CHAPTER 02

슬라이드 작성 및 변경

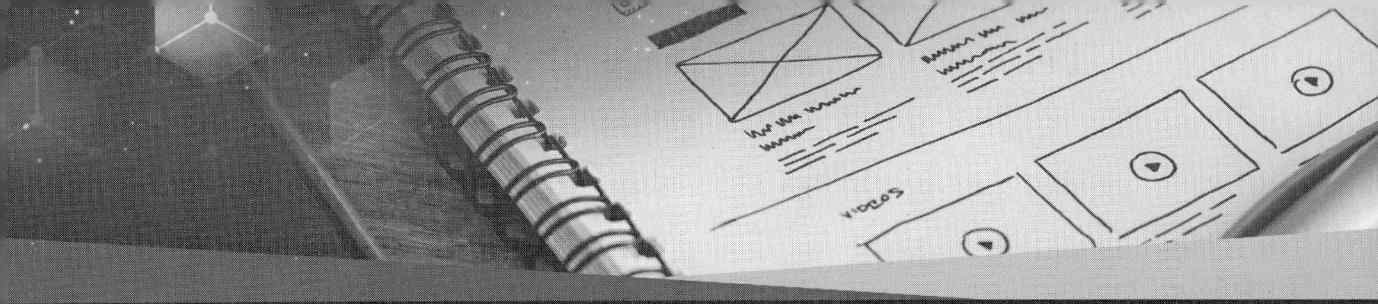

CHAPTER 02 | 슬라이드 작성 및 변경

학습목표

- 슬라이드를 삽입, 삭제, 이동할 수 있다.
- 다양한 레이아웃 형태로 변경할 수 있다.
- 슬라이드의 크기, 비율을 수정할 수 있다.

예제파일 : 슬라이드 이동.pptx

2-1 슬라이드 삽입 및 삭제

새 슬라이드는 커서가 위치한 슬라이드 다음에 삽입되기 때문에 화면의 왼쪽 슬라이드 탭에서 슬라이드의 위치를 정확히 선택한 후 삽입한다.

① 왼쪽 [슬라이드] 탭에서 '슬라이드 2'를 선택한 후 [홈] 탭–[슬라이드] 그룹–[새 슬라이드] 명령을 선택하거나 Enter↵ 를 누른다. 또는 Ctrl + M을 눌러도 새 슬라이드가 삽입된다.

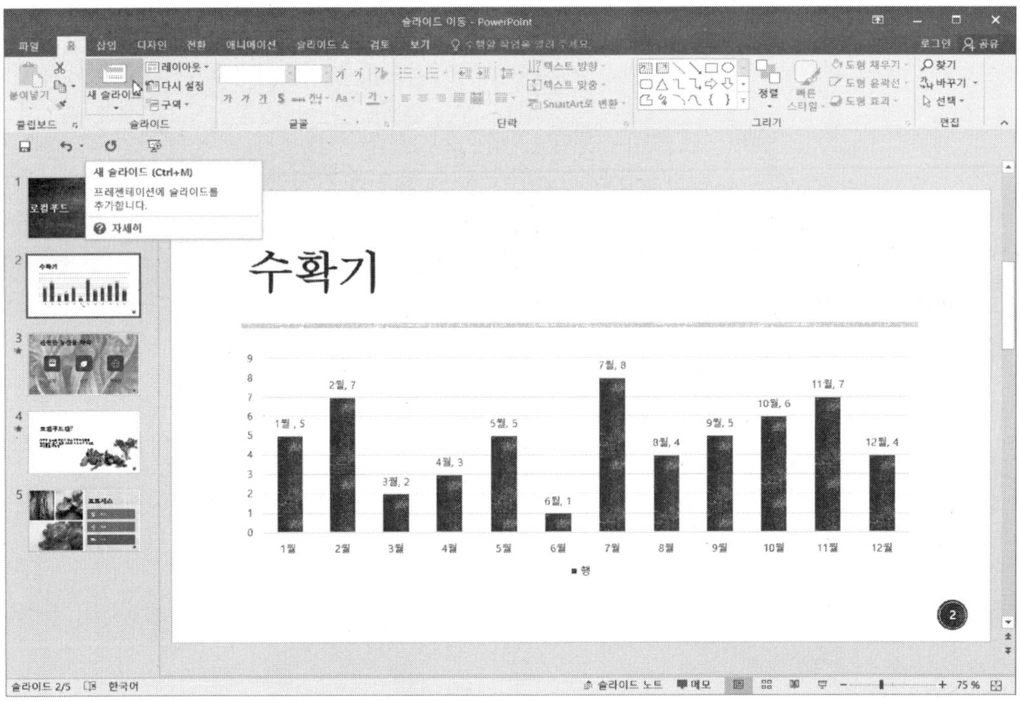

② 불필요한 슬라이드를 삭제하려면 삭제할 '슬라이드 3'을 선택한 후 Delete을 누르거나 마우스 오른쪽 단추를 눌러 '슬라이드 삭제'를 선택한다.

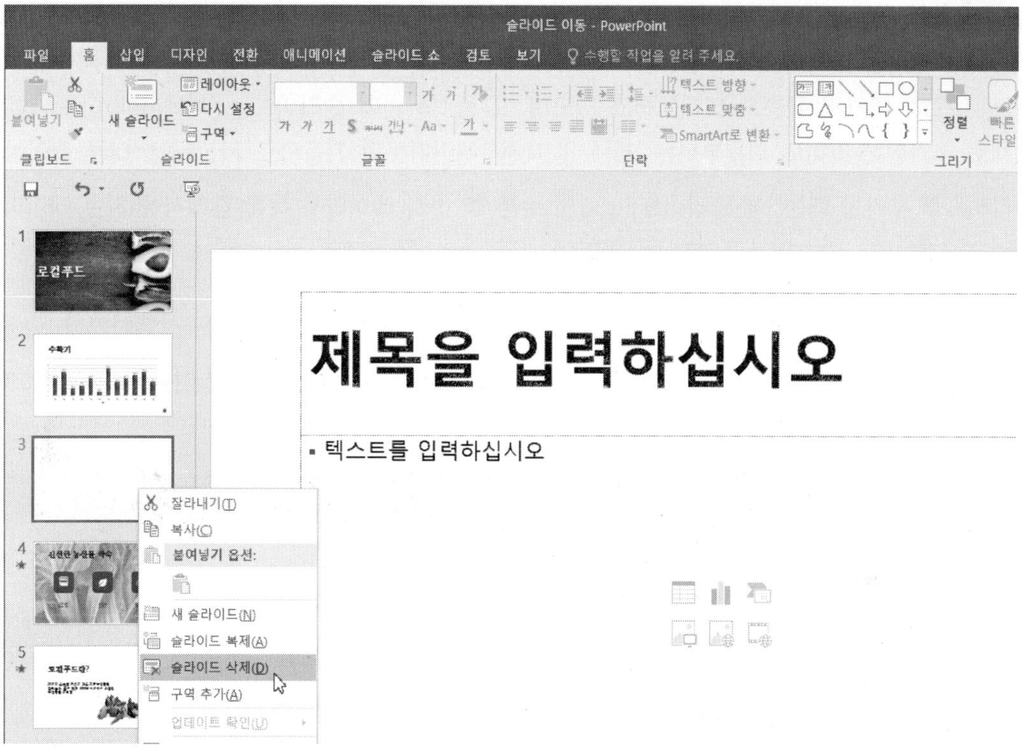

TIP |

- 연속된 슬라이드를 여러 개 선택하려면 첫 번째 슬라이드를 선택한 다음 Shift를 누른 채 선택하려는 마지막 슬라이드를 선택한다.
- 연속하지 않는 슬라이드를 여러 개 선택하려면 Ctrl를 누른 채 선택하고자 하는 슬라이드를 하나씩 선택한다.

TIP |

- 슬라이드 다루기
- 슬라이드 추가
  - 방법 1 : [홈] 탭-[슬라이드] 그룹-[새 슬라이드] 클릭
  - 방법 2 : 마우스 오른쪽 단추를 클릭하고 [새 슬라이드] 선택
  - 방법 3 : Enter를 누름
  - 방법 4 : 단축키 Ctrl + M을 누름

2-2 슬라이드 레이아웃 변경

새 슬라이드를 삽입하면 기본적으로 현재 슬라이드와 동일한 레이아웃의 새 슬라이드가 삽입되나 사용자가 원하는 레이아웃으로 변경할 수 있다. 레이아웃은 슬라이드에 표시될 내용의 위치 정보를 뜻하는 것으로 12가지 유형으로 제공하고 있으며 그 중 첫 번째 슬라이드는 '제목 슬라이드' 레이아웃이 새로 추가한 슬라이드 이후부터는 '제목 및 내용' 레이아웃이 자동으로 지정된다. 다른 레이아웃의 슬라이드를 추가할 때는 새 슬라이드 누른 후 여러 레이아웃 목록 중에서 원하는 레이아웃을 선택할 수 있다.

① [홈] 탭–[슬라이드] 그룹–새 슬라이드를 누른 후 '제목만'을 선택하거나 '슬라이드 4'를 클릭하고 Enter↵ 를 눌러 새 슬라이드를 삽입한 후 [홈] 탭–[슬라이드] 그룹–[레이아웃] 목록단추–[제목만]을 선택한다.

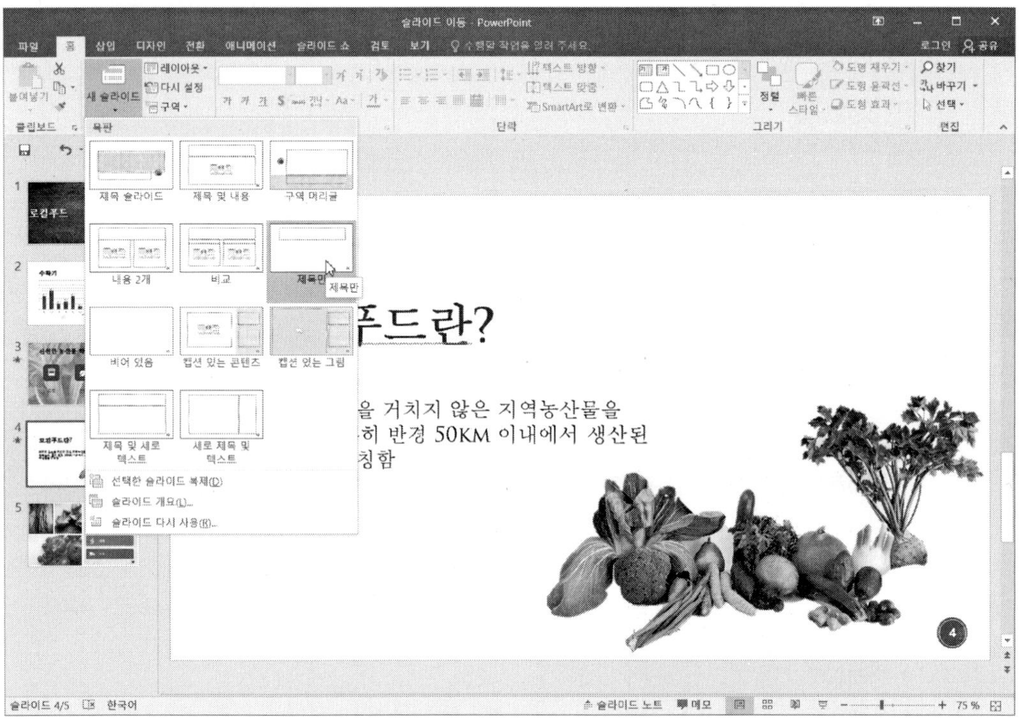

2-3 슬라이드 편집

슬라이드를 이동 및 복사 기능에 대해 알아보고 프레젠테이션의 종류에 따라 슬라이드 크기 및 구역을 나눠서 슬라이드 편집 기능에 대해 알아본다.

1 슬라이드 이동 및 복사

슬라이드를 이동 및 복사하려면 [홈] 탭-[클립보드] 그룹의 명령들을 이용하여 [기본 보기] 화면의 [슬라이드] 탭에서 수행하거나 [여러 슬라이드 보기] 화면에서 수행한다.

① 슬라이드 이동.pptx을 열어 왼쪽의 [슬라이드] 탭에서 이동할 '슬라이드 4'를 선택한 후 '슬라이드 1'과 '슬라이드 2' 사이로 드래그 한다.

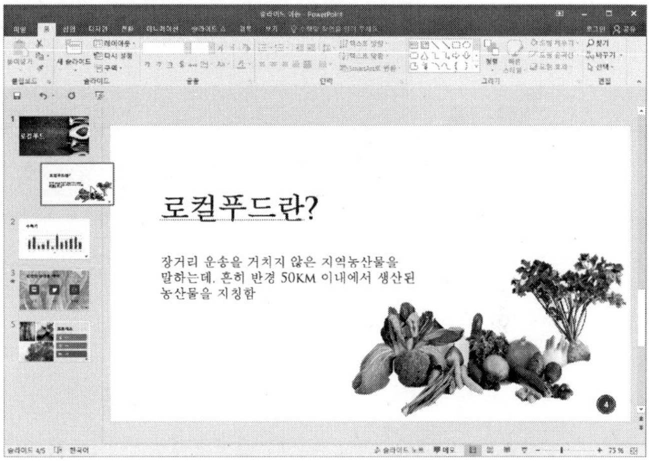

② '슬라이드 1'를 복사하려면 왼쪽의 [슬라이드] 탭에서 '슬라이드 1'를 선택한 후 오른쪽 버튼 [슬라이드 복제(Ctrl+D)]를 클릭하거나 Ctrl를 누른 채 아래로 드래그 한다.

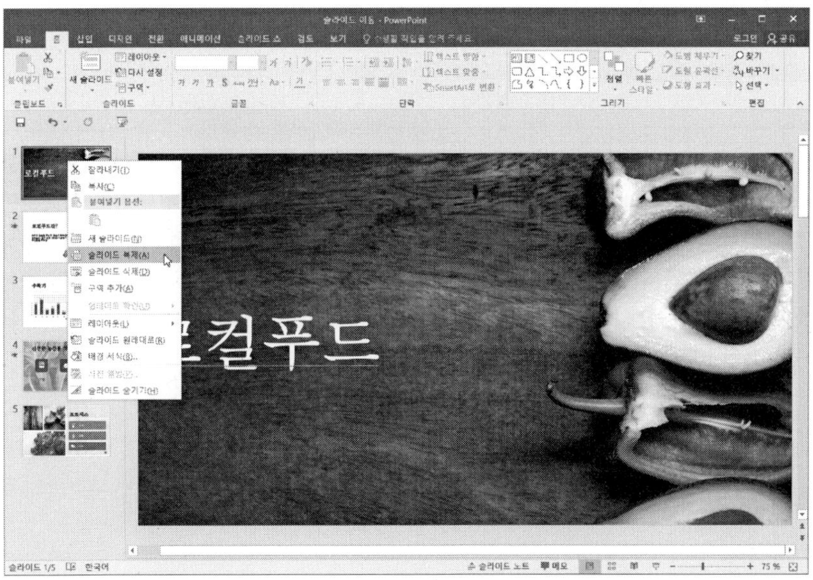

③ '슬라이드6'의 '로컬푸드'를 삭제하고 '감사합니다.'로 수정한다.

TIP | 슬라이드 편집 명령

- 슬라이드 편집 명령은 [홈] 탭–[클립보드] 그룹을 이용하거나 단축키, 바로가기 메뉴 중에서 선택하여 사용한다.

복사하기	잘라내기	붙여넣기
[홈] 탭–[클립보드] 그룹–[복사하기]( )	[홈] 탭–[클립보드] 그룹–[잘라내기]( )	[홈] 탭–[클립보드] 그룹–[붙여넣기]( )
마우스 오른쪽 단추를 눌러 [복사하기] (Ctrl+C)	마우스 오른쪽 단추를 눌러 [잘라내기] (Ctrl+X)	마우스 오른쪽 단추를 눌러 [붙여넣기] (Ctrl+V)

- 붙여넣기 옵션을 사용하려면 원본 텍스트를 드래그 하여 선택한 후에 복사, 붙여넣기 명령을 실행한다. 텍스트 상자의 테두리를 클릭하여 개체 전체를 선택한 후 복사, 붙여 넣기를 실행하면 붙여넣기 옵션 스마트 태그가 표시되지 않는다. 텍스트를 붙여 넣으면 기본적으로 디자인 서식 파일의 서식을 유지한 채 복사된다. 이때 붙여 넣은 위치의 우측 하단에 표시되는 붙여넣기 옵션 스마트 태그를 클릭하여 원본 서식 및 텍스트만 유지하도록 옵션을 선택할 수 있다.

2 슬라이드 크기 변경하기

기본으로 적용된 16:9 비율의 와이드스크린 슬라이드의 크기를 A4 크기, 세로 형태로 변경할 수 있다.

① 학교용.pptx 슬라이드를 열고 [디자인] 탭-[사용자 지정] 그룹-[슬라이드 크기]-[사용자 지정 슬라이드 크기]를 클릭한다.

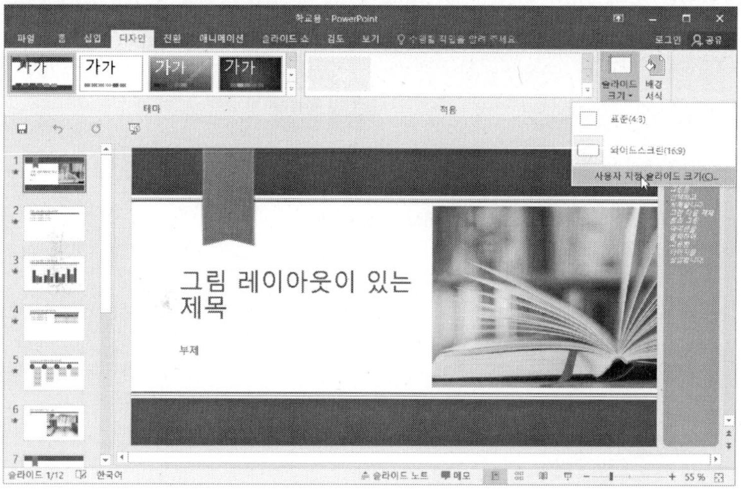

② [슬라이드 크기] 대화상자에서 슬라이드 크기(S) : [A4 용지(210x297mm)]-방향 : [슬라이드 : 세로(p)]로 선택한 후 [확인]을 클릭한다.

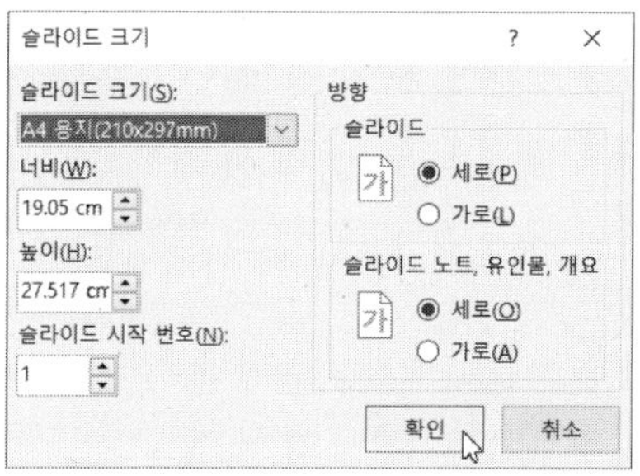

③ [맞춤 확인]을 클릭한다.

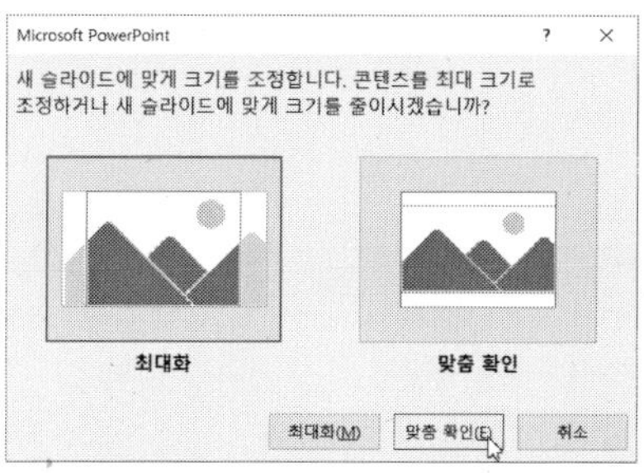

3 구역 만들기

구역 만들기는 슬라이드를 관련된 내용별로 그룹화하여 정리하는 기능이다. 관련된 슬라이드를 구역으로 나누고 알기 쉬운 이름으로 지정하면 구역별로 이동 및 인쇄가 가능하고 다른 사람과 공동작업 시 편리함을 제공한다.

① 구역만들기.pptx 파일을 열고 슬라이드7, 슬라이드8을 Ctrl을 누르고 선택한 뒤 [홈] 탭–[슬라이드] 그룹–[구역 추가] 또는 마우스 오른쪽 버튼을 클릭하여 [구역 추가] 명령을 선택한다.

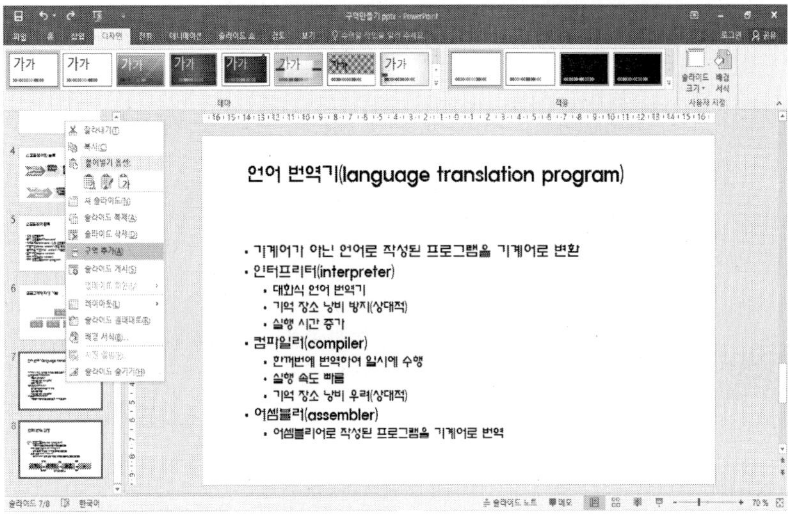

② 나눠진 구역에 이름을 설정을 하고자 왼쪽 슬라이드 목록 [제목 없는 구역]에 오른쪽 버튼 [구역 이름 바꾸기]를 선택하여 구역이름을 '언어번역'이라고 입력한다.

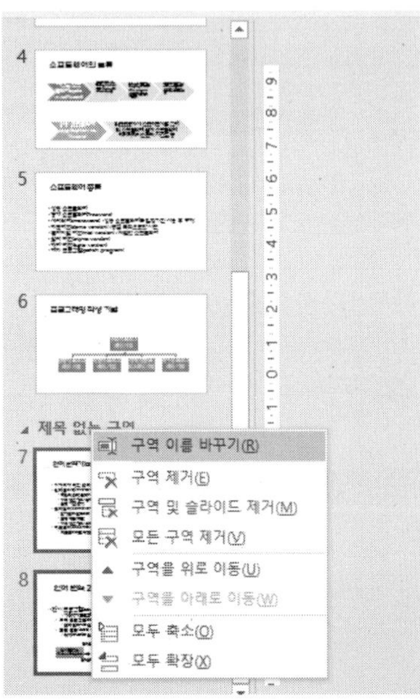

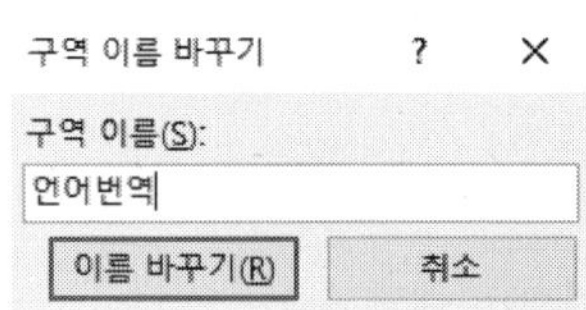

③ '언어번역'이라고 변경된 구역이름을 클릭하고 [디자인] 탭–[테마] 그룹에 [디지털테마 또는 흐름테마]를 적용한다.

※ 버전에 따라 테마 종류는 다를 수 있다.

④ 선택된 '언어번역' 구역에만 테마 디자인이 적용된 것을 볼 수 있다.

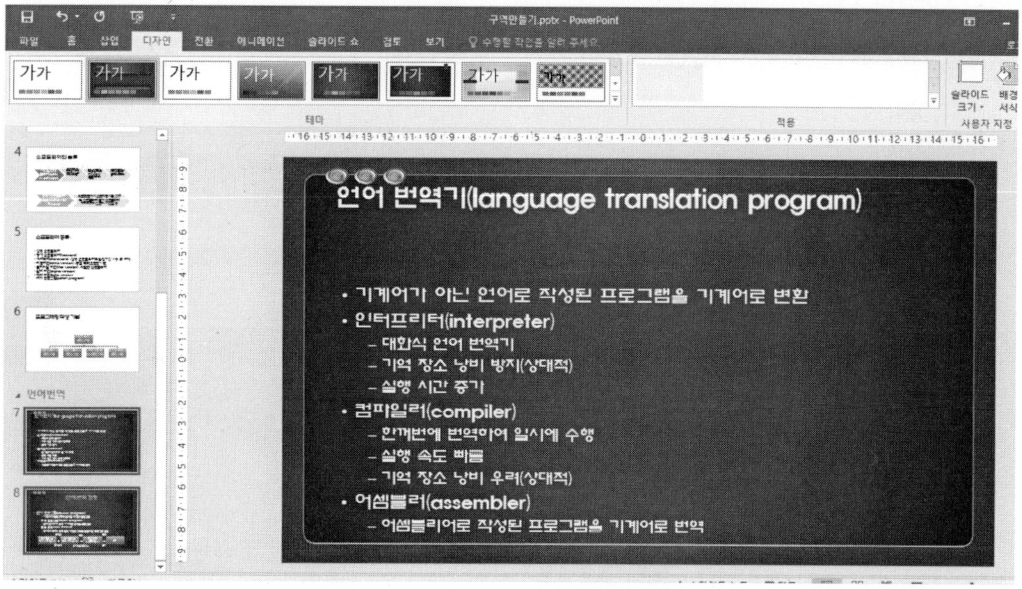

⑤ 구역 삭제 시 구역이름 '언어번역'을 클릭한 후 오른쪽 버튼 [구역 제거]를 클릭한다.

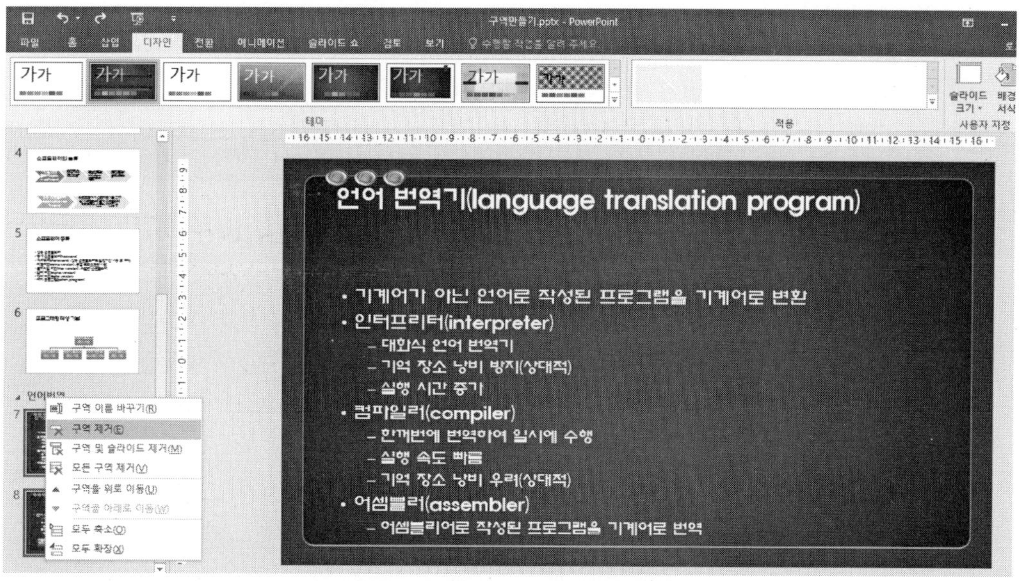

2-4 테마서식 지정하기

테마 서식은 새 프레젠테이션을 작성한 후 프레젠테이션에 전체적인 디자인을 빠르게 구성하고 일관된 서식을 유지할 수 있게 해준다. 전체 테마를 적용한 후 테마 색, 테마 글꼴, 테마 효과를 각각 변경할 수 있다.

① 차세대기술.pptx 파일을 열고 [디자인] 탭–[적용] 그룹–자세히(▾)–[색]에서 ‘Office’를 지정한다.

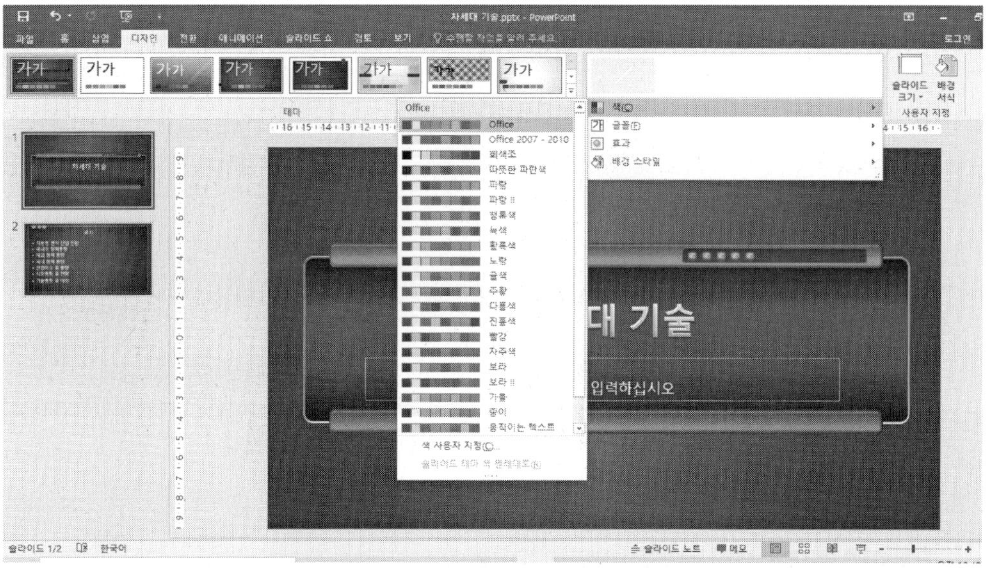

② 선택된 테마의 색이 변경된 것을 볼 수 있다.

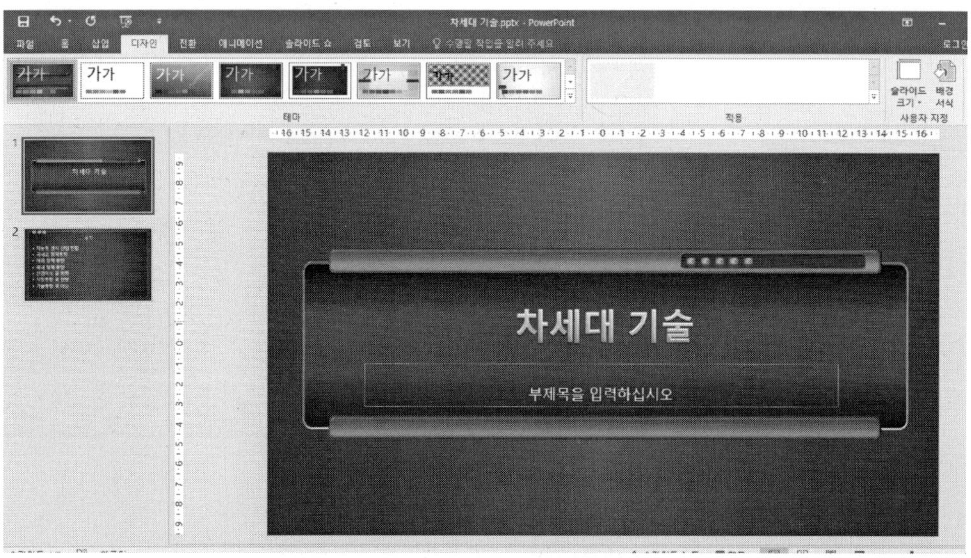

연습문제 02

문제파일 : 문제2.pptx / 정답파일 : 문제2(완성).pptx

01 첫 번째 슬라이드를 삽입하고 제목 레이아웃으로 변경한다.

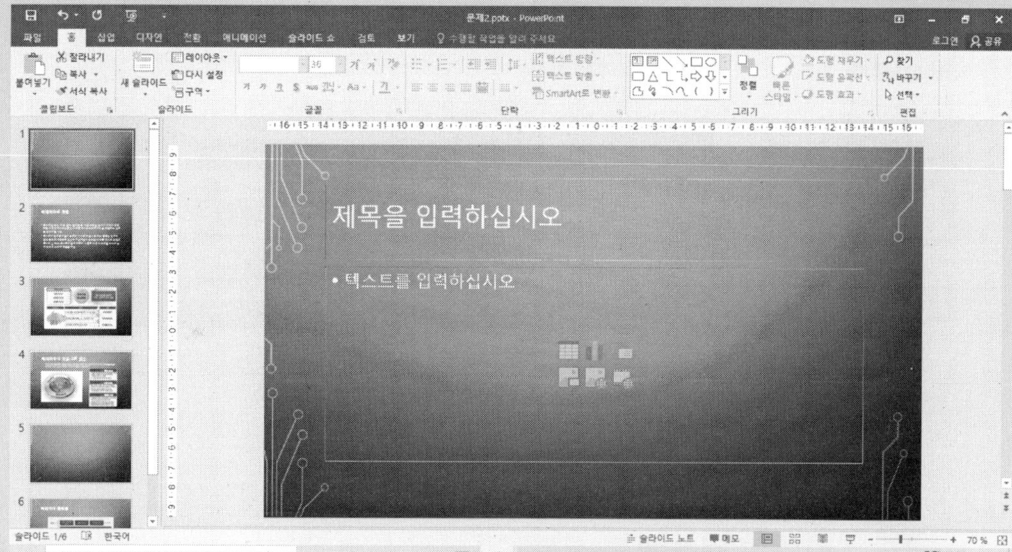

02 슬라이드 5를 삭제한다.

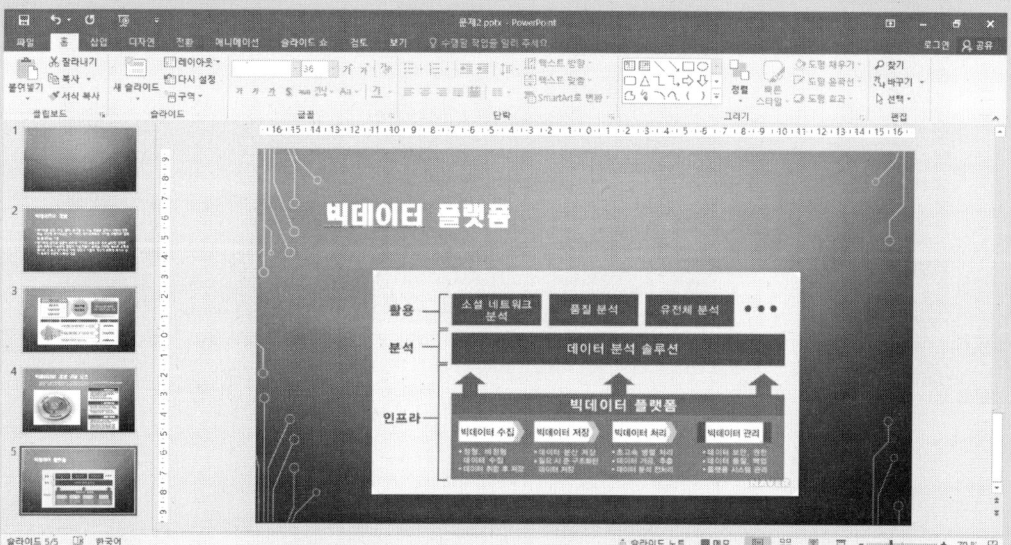

03 슬라이드 5를 슬라이드 3번째로 이동한다.

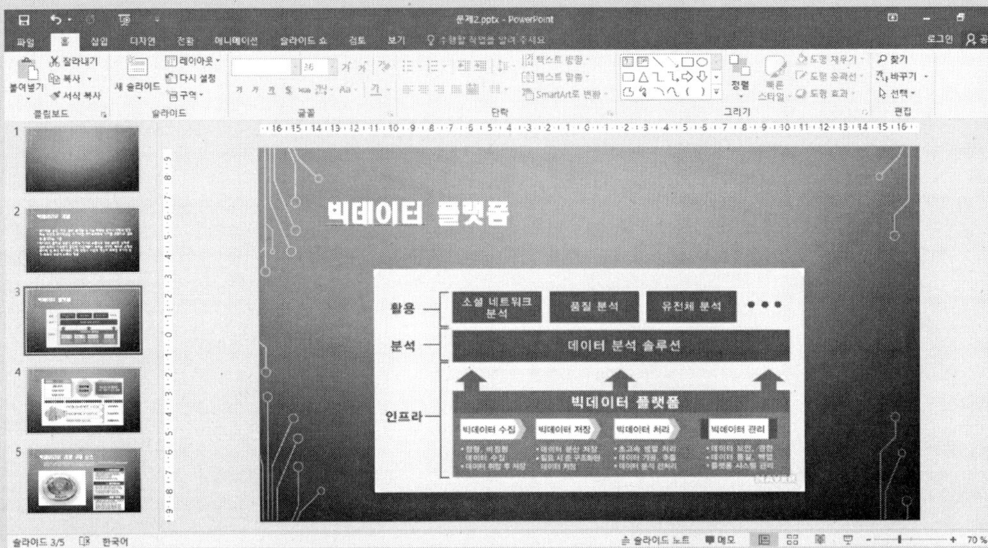

04 모든 슬라이드를 '3D 메탈' 테마서식으로 지정하고 테마 색을 '청록색'으로 지정한다.

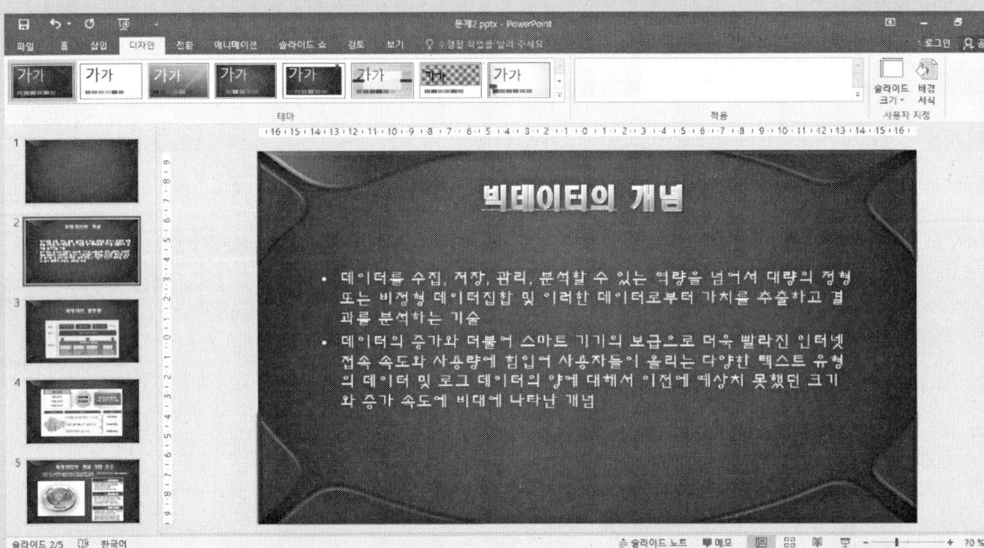

CHAPTER 03

슬라이드 보기 방식

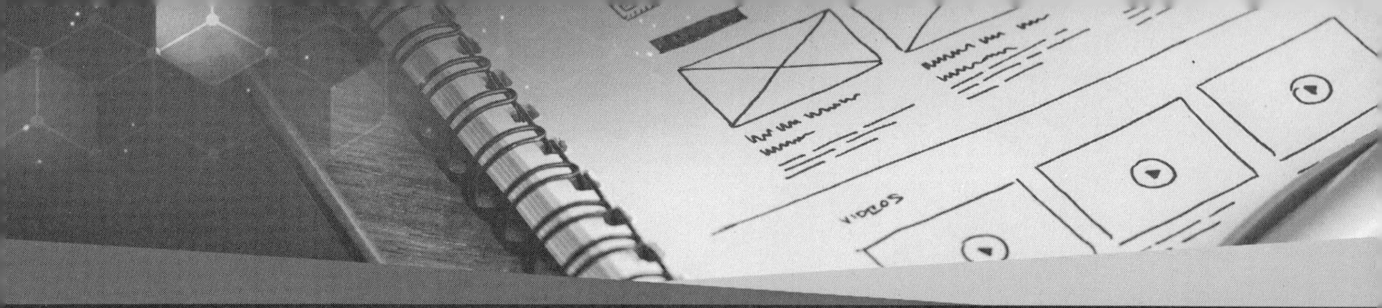

CHAPTER 03 | 슬라이드 보기 방식

학습목표

- 슬라이드 보기 형태를 기본 보기, 여러 슬라이드 보기, 슬라이드 노트 보기로 변경할 수 있다.
- 개체의 크기에 따라 슬라이드의 크기를 확대하거나 축소하여 편집할 수 있다.

예제파일 : 학교용.pptx

3-1 기본 보기

[기본 보기]는 프레젠테이션을 작성하고 디자인할 때 사용하는 주 편집 보기 화면이며 [개요] 탭, [슬라이드] 탭, [슬라이드] 창, [슬라이드 노트] 창으로 구성된다.

[개요] 탭은 슬라이드에 있는 텍스트를 개요 형식으로 보여주며 [슬라이드] 탭은 슬라이드를 축소한 그림으로 표시해 주어 프레젠테이션을 쉽게 탐색하거나 슬라이드 추가, 복사, 삭제를 간편하게 할 수 있다. [보기] 탭–[프레젠테이션 보기] 그룹–[기본] 명령을 선택하거나 상태표시줄의 화면 보기 도구(기본 보기–)를 선택하면 된다. [기본 보기] 화면에서 [슬라이드] 탭 상태와 [개요] 탭 상태이다.

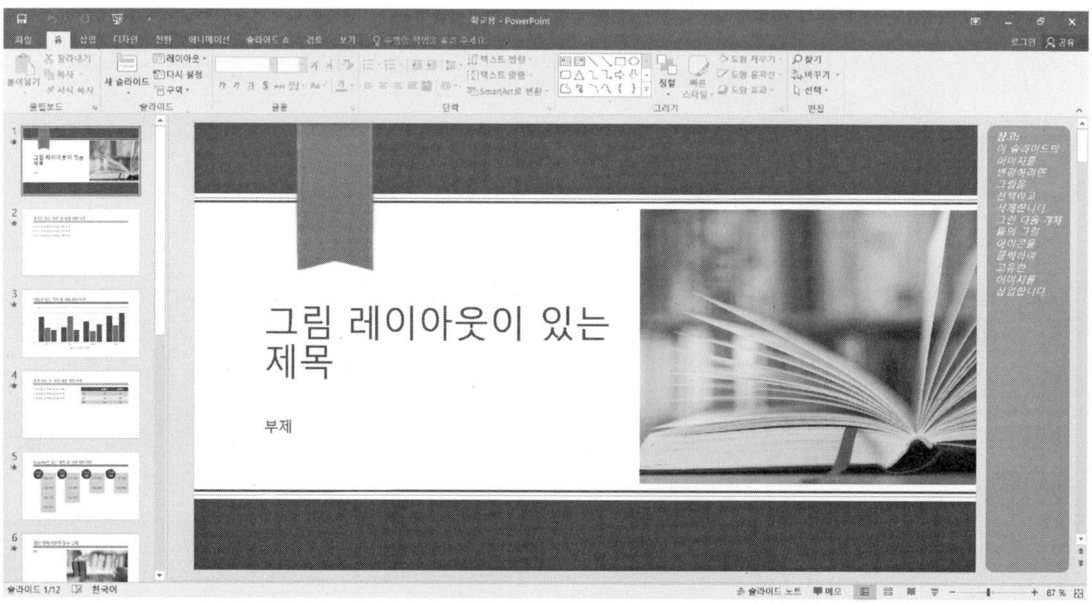

3-2 여러 슬라이드 보기

[여러 슬라이드 보기]는 슬라이드를 축소판 그림 형태로 표시하는 보기이며 슬라이드의 전체 구성을 검토하거나 슬라이드의 편집에 사용된다.
[보기] 탭-[프레젠테이션 보기] 그룹-[여러 슬라이드] 명령을 선택하거나 상태표시줄의 화면 보기 도구(여러 슬라이드- 田)를 선택해도 된다.

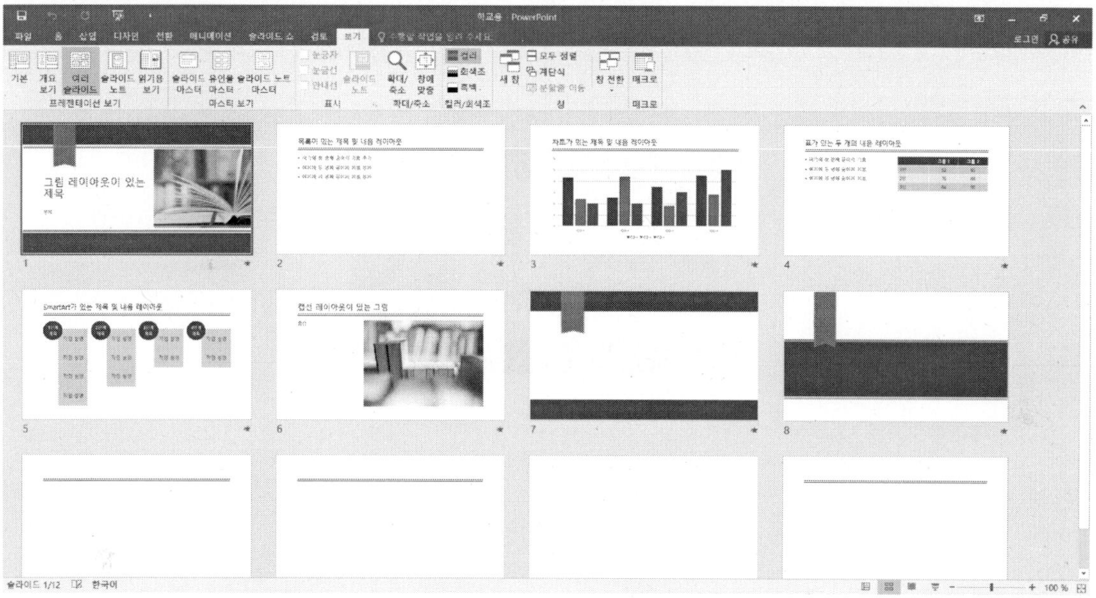

3-3 슬라이드 노트 보기

[슬라이드 노트]는 [기본 보기]에서 슬라이드 창 바로 아래에 있는 [슬라이드 노트] 창에 발표자가 필요한 내용을 상세하게 입력할 수 있으며 전체 페이지 형식으로 노트를 보고 작업하려면 [보기] 탭–[프레젠테이션 보기] 그룹–[슬라이드 노트] 명령을 선택한다.

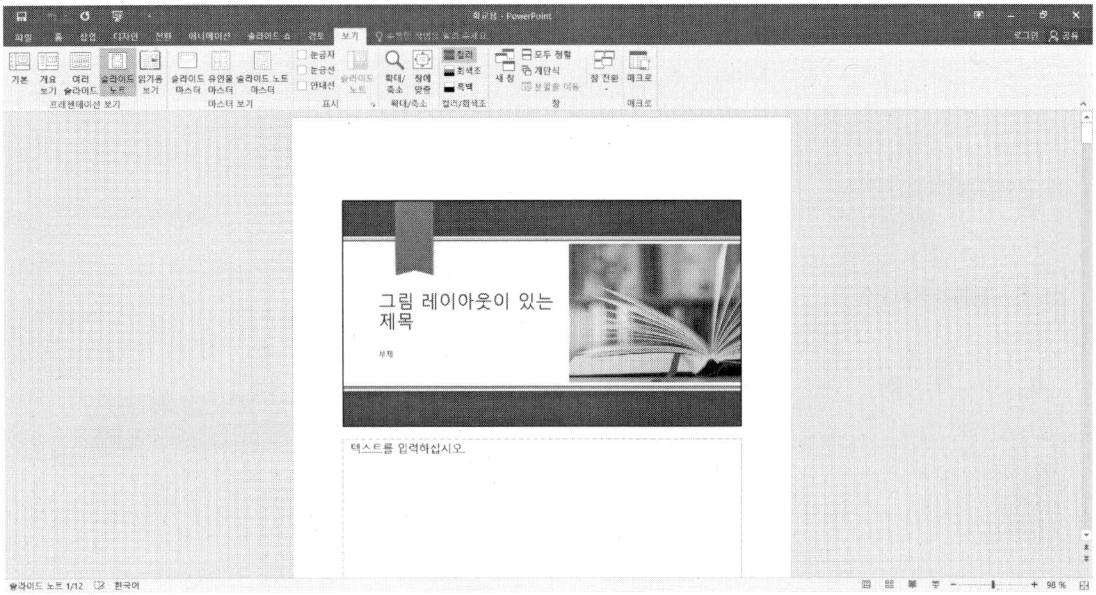

3-4 읽기용 보기

프레젠테이션을 대형 화면에서 청중에게 표시하는 것이 아니라 특정인이 자신의 컴퓨터에서 프레젠테이션을 보도록 할 때 읽기용 보기를 사용한다. 또한 프레젠테이션을 전체 화면 슬라이드 쇼 보기가 아니라 쉽게 검토할 수 있는 간단한 컨트롤이 포함된 창에서 보려는 경우에도 사용자 컴퓨터에서 읽기용 보기를 사용할 수 있다. [읽기용 보기]는 [보기] 탭-[프레젠테이션 보기] 그룹-[읽기용 보기] 명령을 선택하거나 상태표시줄의 화면 보기 도구(읽기용 보기-)를 선택하면 된다. 프레젠테이션 내용을 변경하려는 경우에는 언제든지 읽기용 보기에서 Esc를 누르거나 마우스 오른쪽 단추를 눌러 [쇼 마침]을 선택하면 다른 보기 모드로 전환할 수 있다.

3-5 슬라이드 쇼 보기

[슬라이드 쇼 보기]는 실제 프레젠테이션처럼 전체 화면으로 표시되며 청중이 보는 것과 동일한 프레젠테이션을 보게 된다. 그래픽, 애니메이션 효과 및 화면 전환 효과 등이 실제 프레젠테이션에서 어떻게 적용되는지 확인할 수 있다. [슬라이드 쇼 보기 상태]는 [슬라이드 쇼] 탭-[슬라이드 쇼 시작] 그룹-[처음부터] 명령을 선택하거나 상태표시줄의 화면 보기 도구(슬라이드 쇼)를 선택해도 된다. 상태표시줄의 [슬라이드 쇼]는 현재 선택되어 있는 슬라이드부터 쇼 보기를 진행한다.

처음부터 슬라이드 쇼를 진행하는 슬라이드 쇼 단축키는 F5이고 현재 슬라이드부터 쇼를 진행하는 단축키는 Shift+F5이다. 슬라이드 쇼 보기를 마치려면 Esc를 누르거나 마우스 오른쪽 단추를 눌러 [쇼 마침]을 선택한다.

3-6 슬라이드 확대/축소

슬라이드의 기본 비율은 모니터의 화면 해상도에 따라 값이 다르게 표시되며 개체들의 편집 시 슬라이드 작업 화면을 확대하거나 축소하여 작업하는 것이 편리할 때가 있다.

① [보기] 탭–[확대/축소] 그룹–[확대/축소] 명령을 선택한다.

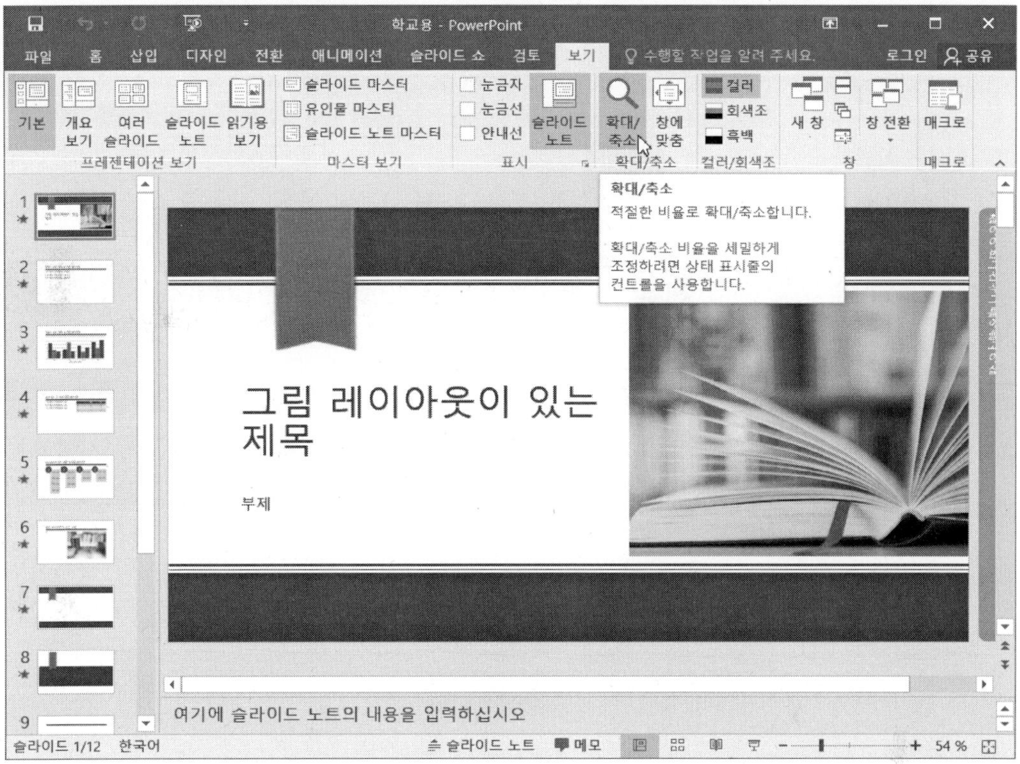

② [확대/축소] 대화상자가 나오면 원하는 배율을 선택하거나 원하는 배율이 없으면 [사용자 지정]에 '50'을 입력한 후 [확인]을 누른다.

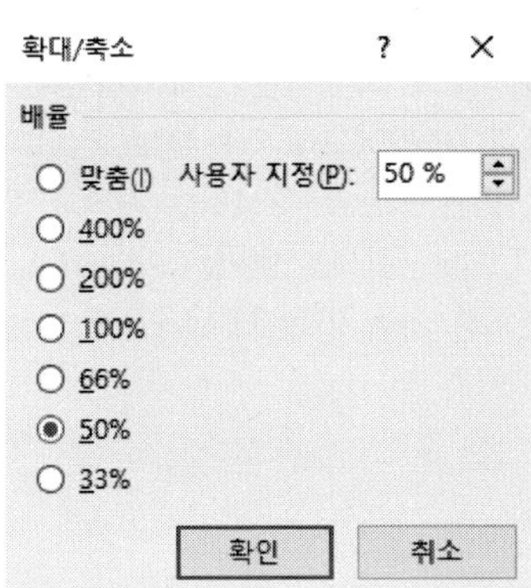

③ 슬라이드 크기를 현재 창 크기에 맞추려면 [보기] 탭–[**확대/축소**] 그룹–[**창에 맞춤**] 명령을 선택한다.

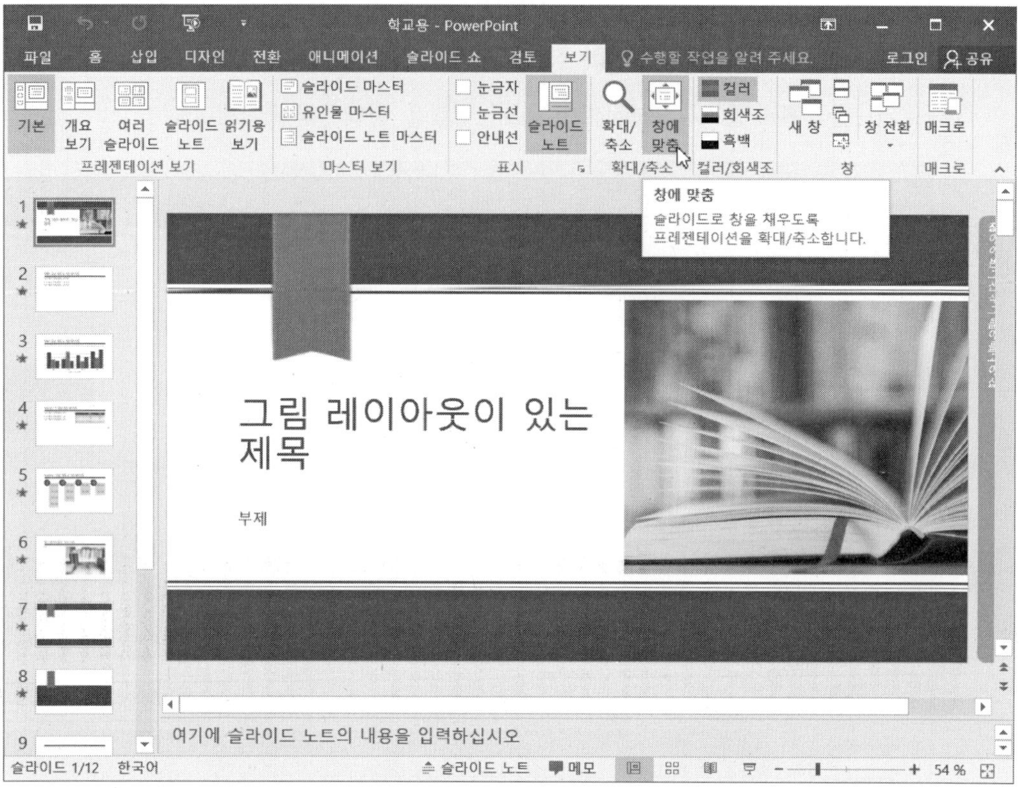

TIP | 상태표시줄에서 확대/축소 슬라이더

–축소 명령, + –확대 명령, –드래그 하여 화면 비율을 조절, –슬라이드를 현재의 창 크기에 맞춤

TIP | 컬러/회색조 보기

PowerPoint에서 프레젠테이션을 흑백으로 인쇄할 경우 기본적으로 배경색은 인쇄되지 않는다. 만약 색이 있는 배경의 프레젠테이션을 흑백 프린터로 인쇄할 때 슬라이드에 있는 정보 전달이 제대로 되지 않을 수도 있다. 배경색이 진할 경우 텍스트의 색은 밝은 색으로 구성되는 경우가 많기 때문에 회색으로 인쇄할 경우 텍스트가 잘 보이지 않을 수 있다. 컬러/회색조 보기는 PowerPoint에서 문서 작업을 완료한 후 인쇄할 때 회색조나 흑백으로 미리보기를 하여 인쇄 시 텍스트가 잘 보이는지 확인하는 기능이다.

연습문제 03

문제파일 : 문제3.pptx / 정답파일 : 문제3(완성).pptx

01 프레젠테이션을 여러 슬라이드 보기 상태로 전환한다.

02 슬라이드를 '55%'로 축소한다.

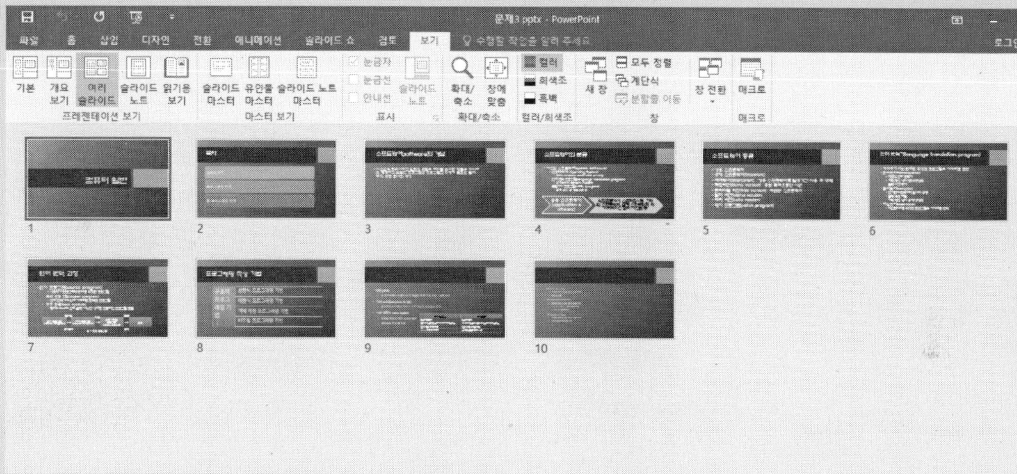

03 기본보기 상태로 전환한다.

04 슬라이드 컬러/회색조를 회색조로 적용한다.

CHAPTER 04

텍스트 활용

CHAPTER 04 | 텍스트 활용

학습목표
- 텍스트를 입력하고 텍스트에 서식을 설정할 수 있다.
- 글머리기호 및 번호매기기를 지정하여 목록 변경을 할 수 있다.

예제파일 : 차세대기술.pptx

4-1 개체 틀 활용

슬라이드에 개체틀(레이아웃)을 사용하여 데이터를 입력하고 워드아트 기능을 활용해 다양한 텍스트 효과를 설정하여 파워포인트를 활용하여 프레젠테이션 작성 시 가독성을 좀 더 높일 수 있으며 디자인 테마에 따라 미리 설정되어 있는 서식 형태로 글꼴 크기, 색상, 글머리 기호 등이 표시되어 빠르게 텍스트에 서식을 설정할 수 있다.

1 개체 틀 활용

기본적인 슬라이드 레이아웃에는 텍스트를 입력하기 위한 개체 틀이 포함되어 있다. 슬라이드에서 제공하는 제목 개체 틀이나 내용 개체 틀에 내용을 입력해본다.

① 제목 슬라이드에서 제목텍스트 개체 틀에 '차세대기술' 부제목 개체 틀 텍스트 상자에 '인사지원팀' 을 선택해 입력한다.

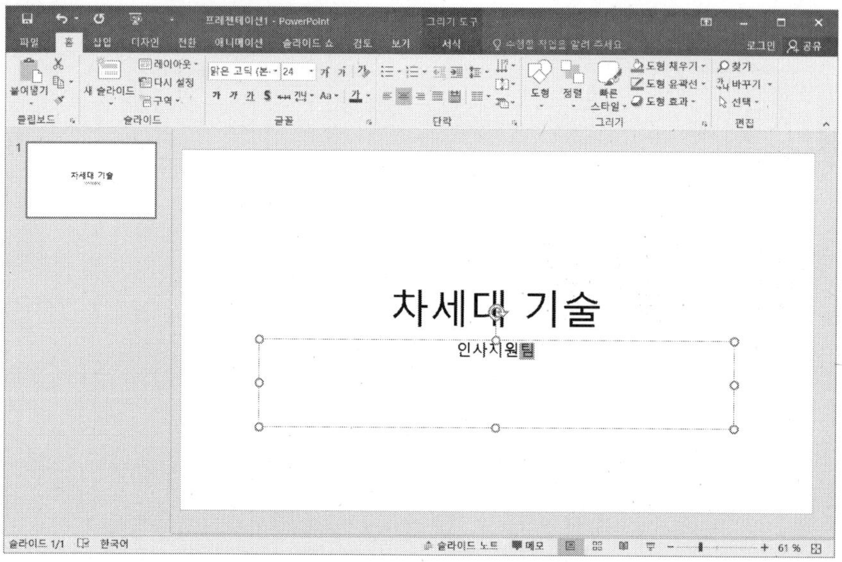

② 슬라이드 2를 선택하여 제목 개체 틀을 클릭한 다음 제목 텍스트를 '목차'로 입력한다.

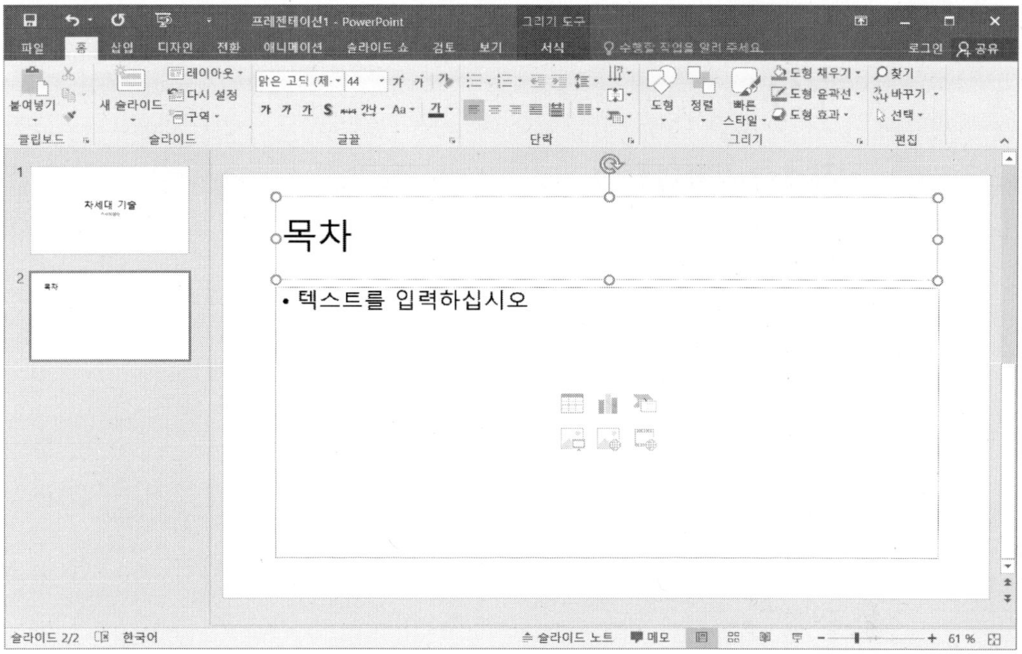

③ 내용 개체 틀을 클릭한 후 다음과 같이 첫 번째 내용을 입력하고 Enter↵ 키를 누른다. 다음 줄로 커서가 이동하면서 자동으로 첫 번째 줄과 같은 글머리 기호가 나타난다.

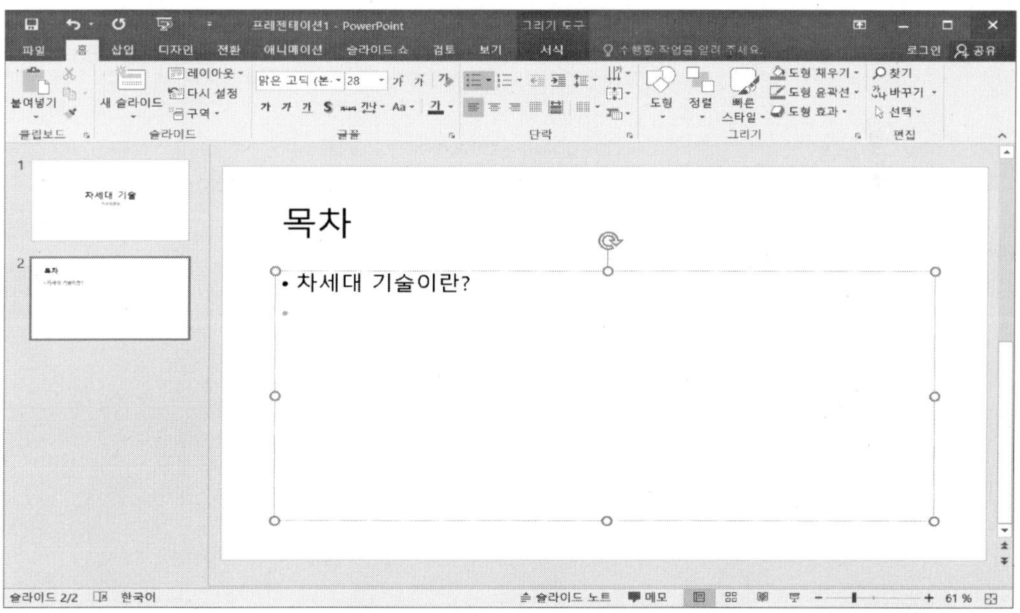

④ 다음과 같이 내용 개체 틀에 텍스트를 입력한다.

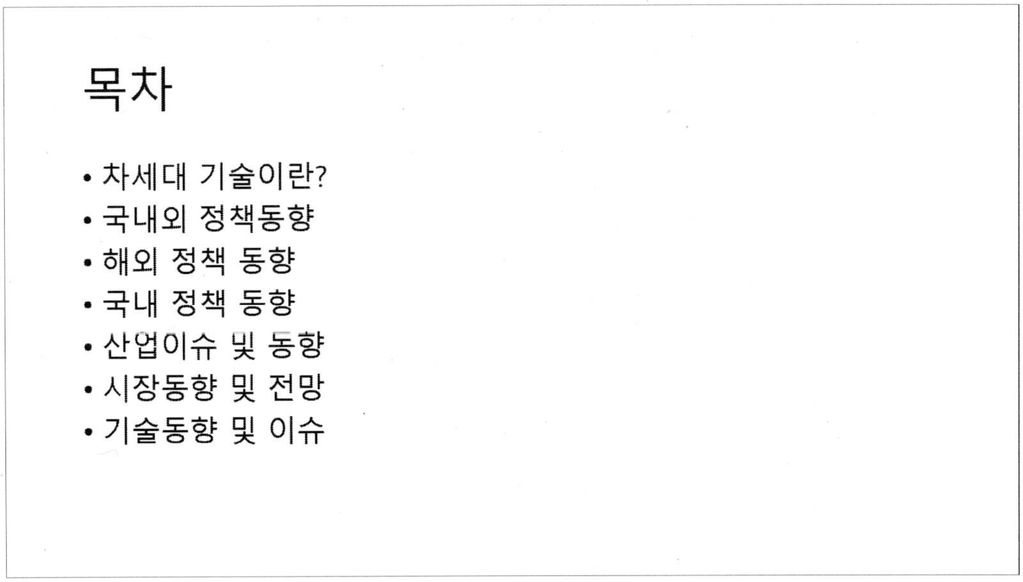

4-2 글머리 기호 및 번호 매기기

글머리 기호는 단락 맨 앞에 항목을 쉽게 구분하기 위해서 사용하며 색과 크기 등을 조정할 수 있으며 글머리기호를 다양한 모양으로 변경가능하며 사용자가 원하는 이미지, 회사로고나 프레젠테이션에 어울리는 이미지로 컴퓨터에 저장하여 글머리기호로 사용할 수 있다. 또한 개요 목록에 번호목록으로 변경이 가능하며 영문자, 한자, 원, 괄호 등을 사용한 번호 형식이 있다.

예제파일 : 메모의 기술.pptx

1 글머리 기호

글머리 기호를 변경하고 크기 및 색을 변경해 본다.

① 슬라이드 2의 내용 개체 틀의 텍스트를 마우스로 드래그 하여 블록을 잡거나 텍스트 박스를 클릭한다.

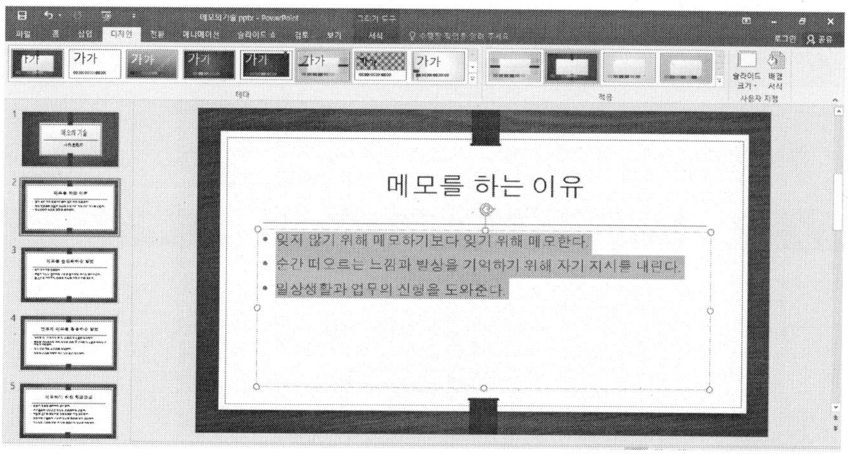

② [홈] 탭–[단락] 그룹–[글머리 기호] 목록에서 [글머리 기호 및 번호 매기기]를 선택한다.

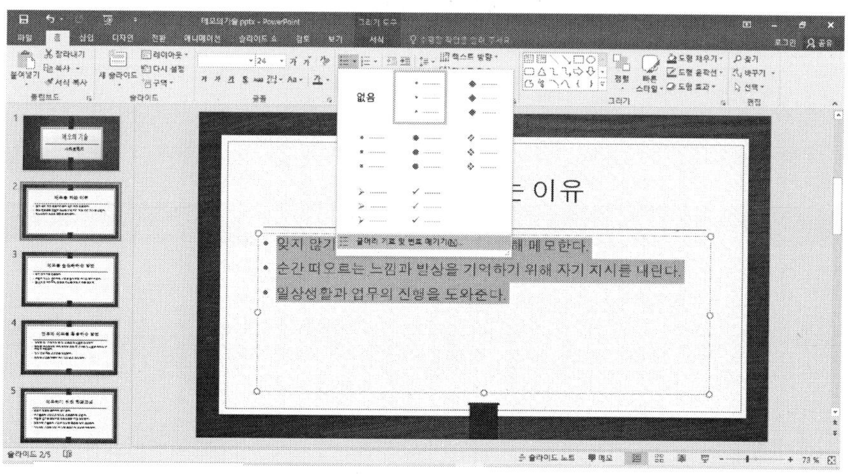

③ [글머리 기호 및 번호 매기기]대화상자에서 [별표 글머리]–[텍스트크기:100]–[색: 진한빨강]을 설정한 후 [확인] 버튼을 클릭한다.

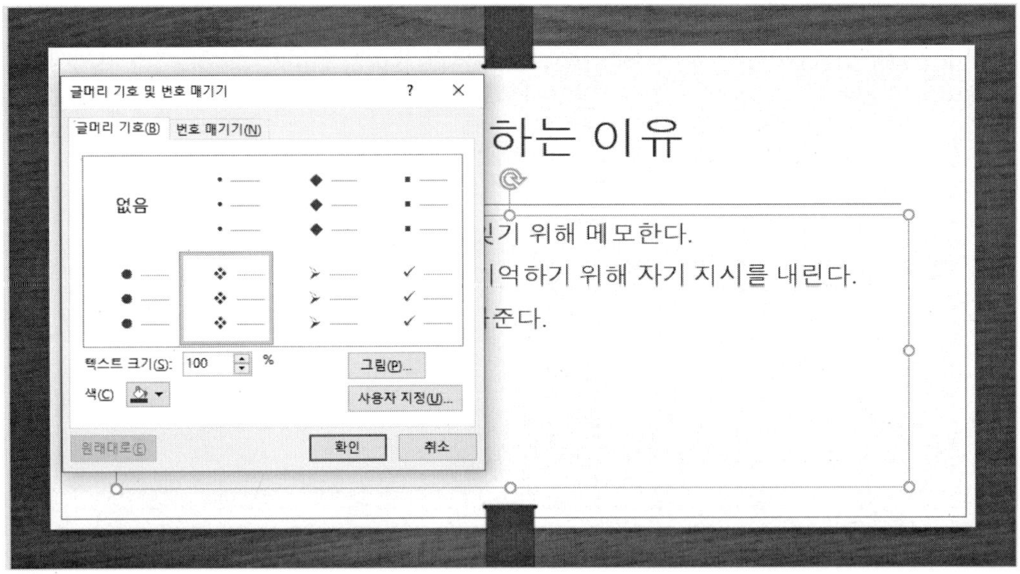

④ 내용 개체 틀의 목록이 다음과 같이 별표 글머리 기호로 변경되었다.

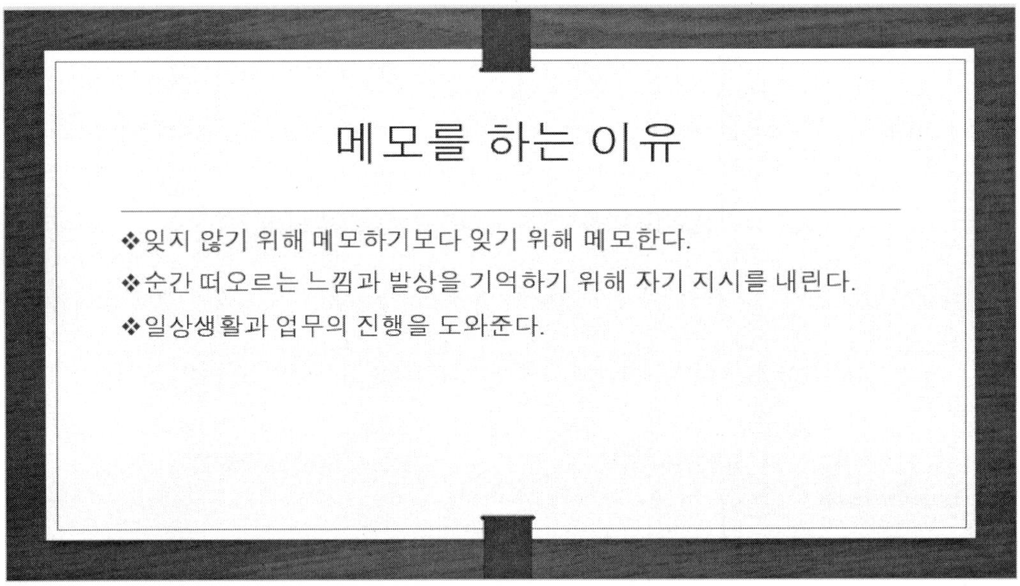

2 번호 매기기

글머리 기호로 지정된 목록을 번호 목록으로 변경해본다.

① 슬라이드 3의 내용 개체 틀의 텍스트를 마우스로 드래그 하여 블록을 잡거나 텍스트 박스를 클릭한다.

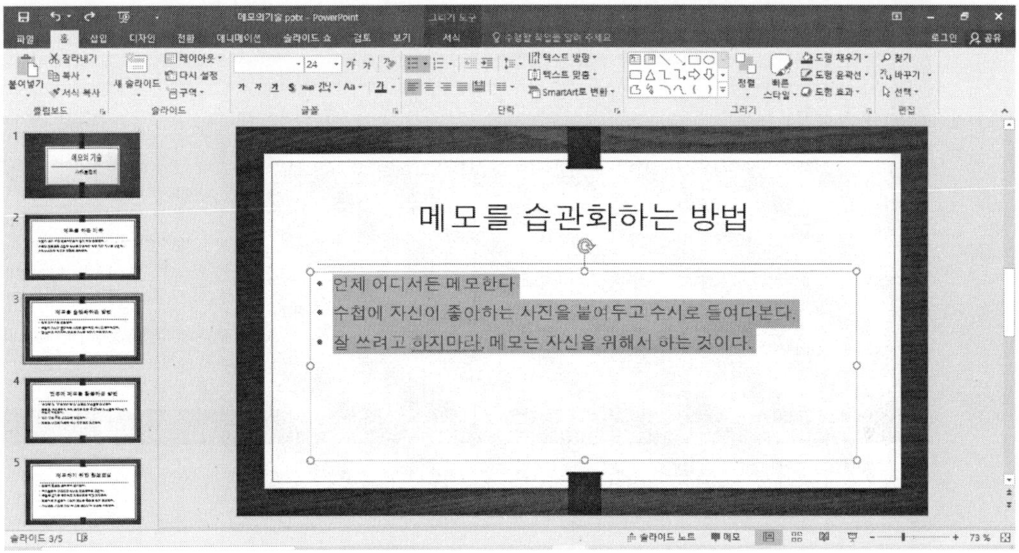

② [홈] 탭-[단락] 그룹-[번호 매기기] 목록에서 [글머리 기호 및 번호 매기기]를 선택한다.

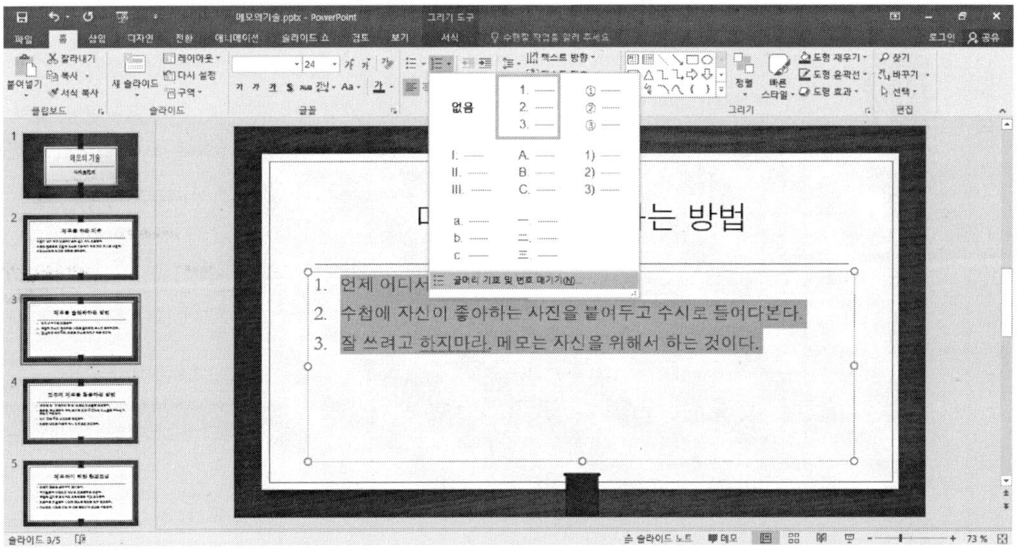

③ [글머리 기호 및 번호 매기기] 대화상자에서 [A, B, C]–[텍스트크기:120]–[색:녹색]으로 설정 한 후 [확인]버튼을 클릭한다.

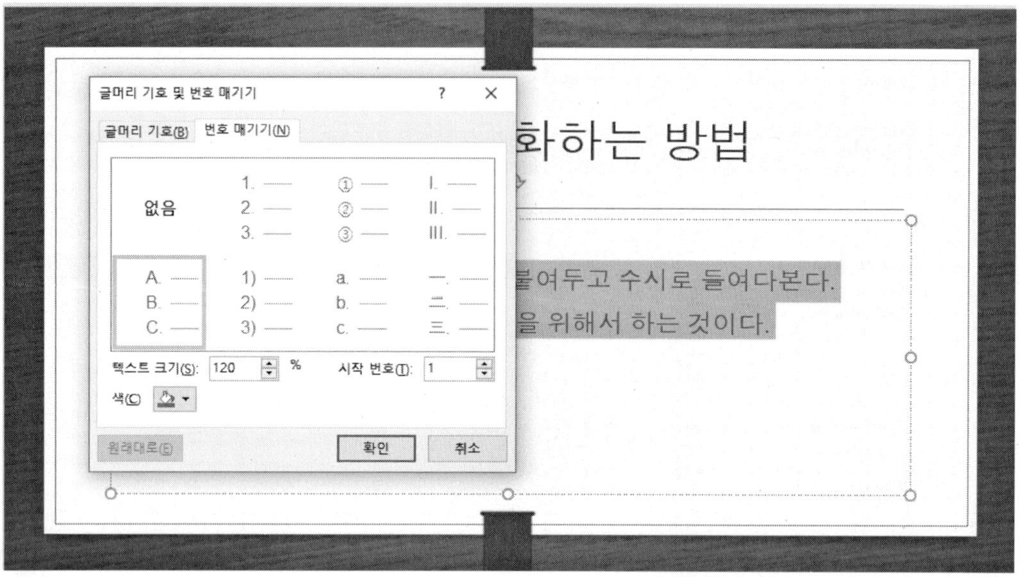

④ 내용 개체 틀의 목록이 다음과 같이 번호 목록으로 변경되었다.

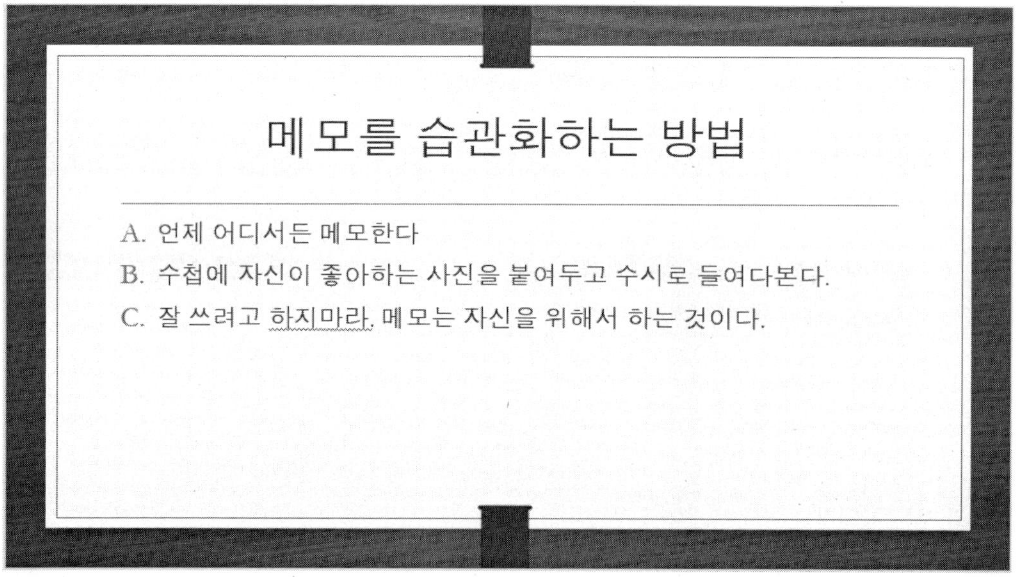

3 목록 수준 지정하기

내용 개체 틀 내용 아래 내용과 구분해야 하는 경우 수준 목록을 변경해본다.

① 슬라이드 4의 내용 개체 틀 텍스트 중 수준을 조절할 내용을 마우스로 드래그 하여 블록을 잡는다.

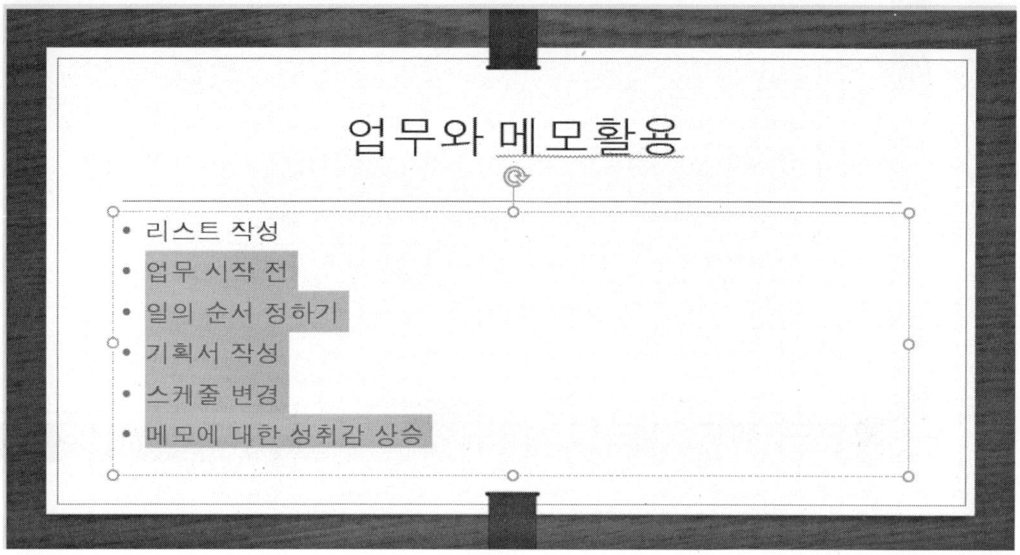

② [홈] 탭–[단락] 그룹–[목록 수준 늘림]  을 클릭한다.

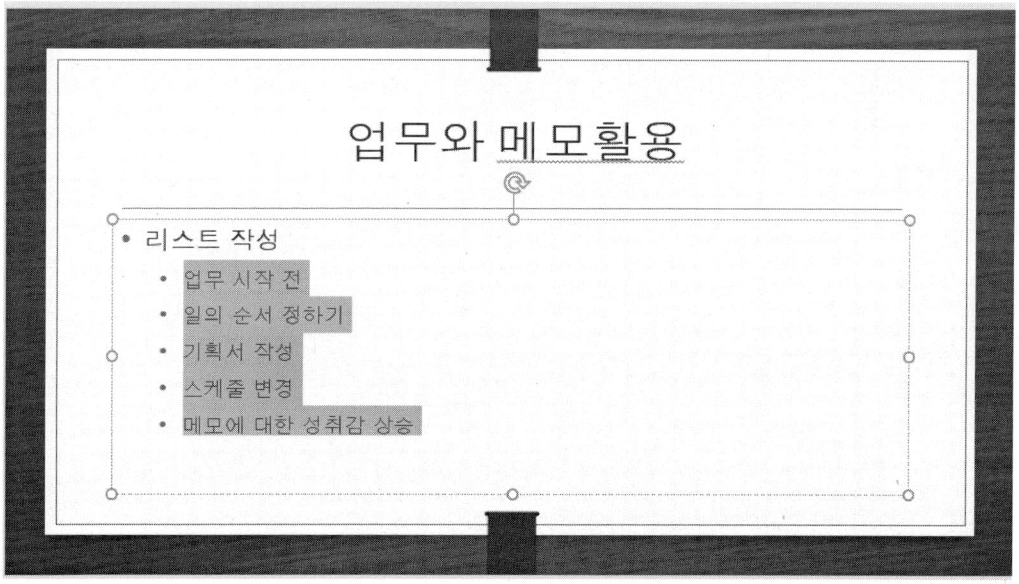

③ 슬라이드 5의 두 번째 수준 단락에 블록을 잡고 [홈] 탭–[단락] 그룹–[목록 수준 줄임] 을 클릭한다.

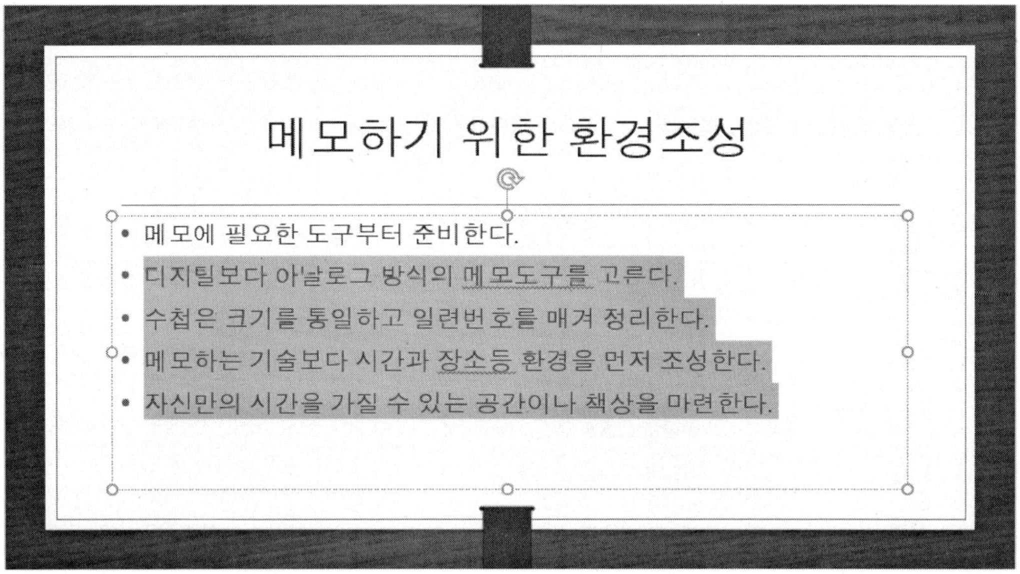

TIP | 글머리기호 수준지정

- 키보드의 [Tab]키를 누르면 목록 수준 늘림이 된다.
- Shift+[Tab]키를 누르면 목록 수준 줄임이 된다.
- 줄 바꿈이 필요한 위치에 앞에 커서를 두고 단축키 Shift+Enter키를 누른다.

4-3 줄 간격/단 조절하기

내용 개체 틀에 입력된 내용이 요약이 되어 있어서 줄이 많이 않거나 간격이 좁은 줄 간격을 조절하여 개체 틀 안에 넓게 영역을 지정하여 사용할 수 있다.

예제파일 : 비만의 원인.pptx

1 줄 간격 조절하기

내용 개체 틀 내용 간격을 조절하여 텍스트를 더 읽기 쉽게 표현할 수 있다.

① 슬라이드 2의 내용 개체 틀 텍스트를 블록을 잡는다.

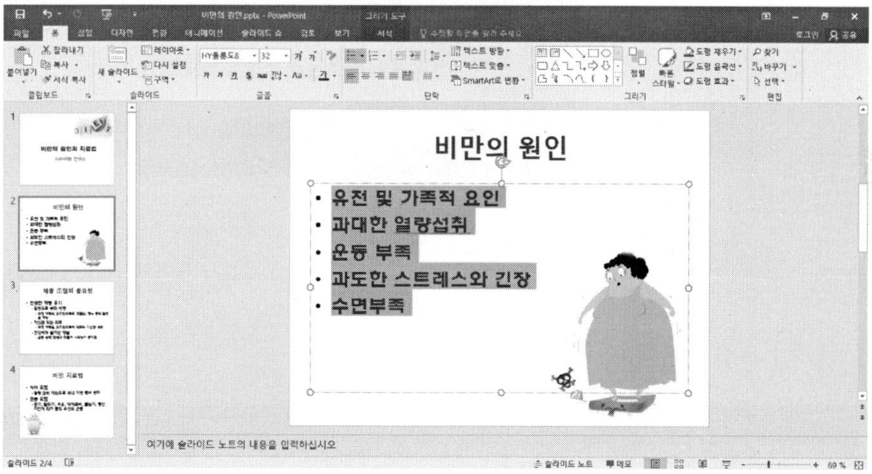

② [홈] 탭–[단락] 그룹–[줄 간격]–[1.5]를 선택한다. 입력된 내용 개체 틀의 줄과 줄 사이의 간격이 넓어진 것을 알 수 있다.

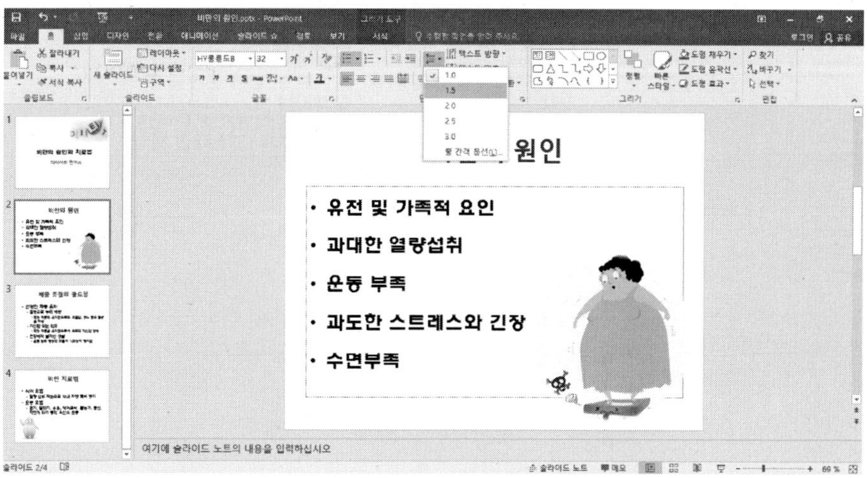

2 단 조절하기

단 설정은 워드의 다단처럼 하나의 텍스트 상자 안에 여러 개의 단으로 편집하고 단 간격을 설정할 수 있다.

① 슬라이드 5의 내용 개체 틀 텍스트를 블록을 잡는다.

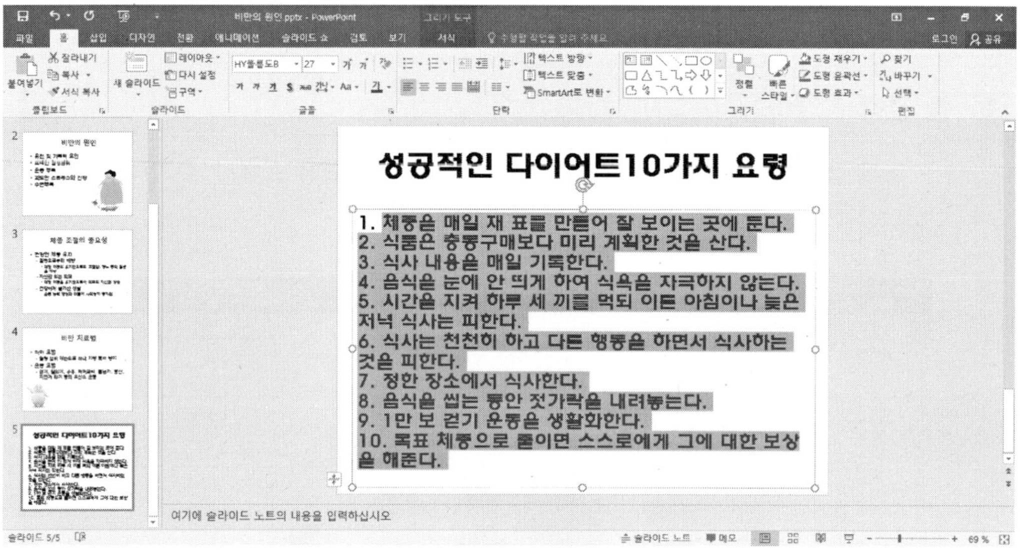

② [홈] 탭–[단락] 그룹–[≣ ▾]–[2단]를 선택한다.

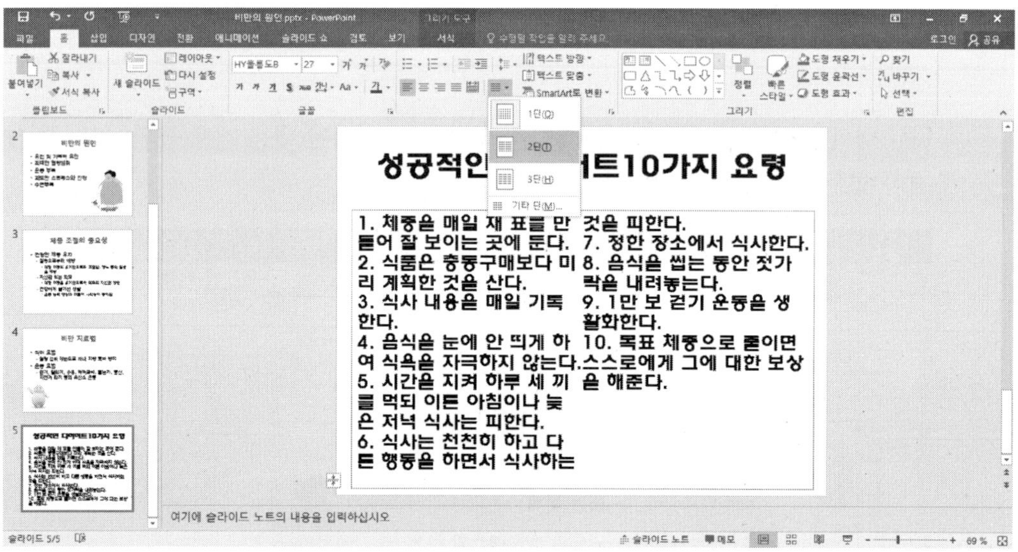

③ 자동으로 내용이 내용 개체 틀 안에 두 열로 나누어 진 것을 볼 수 있다.

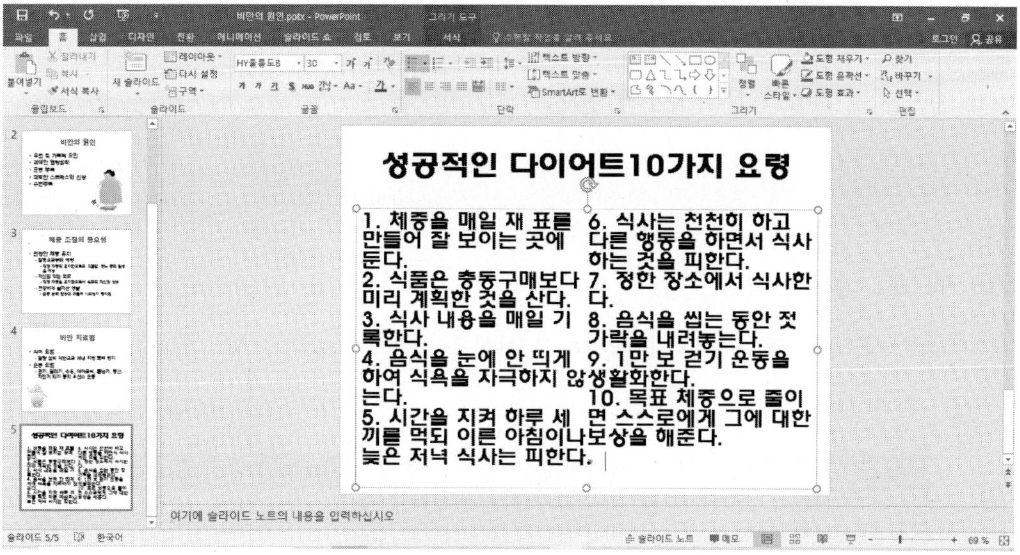

TIP | [단락] 대화상자

- [홈] 탭–[단락] 그룹–[단락] 명령–[자세히]( )를 눌러 [단락] 대화상자를 통해 설정할 수도 있다.

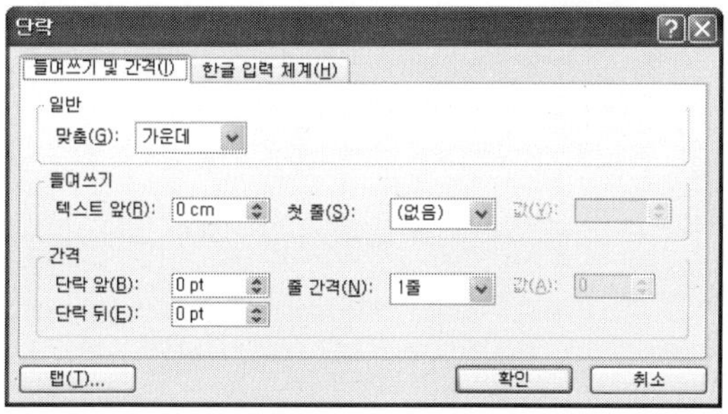

- 단락 들여쓰기 및 간격

  일반 – 맞춤 : 왼쪽, 가운데, 오른쪽, 양쪽맞춤, 균등 분할을 선택할 수 있다.

  들여쓰기 – 텍스트 앞 : 단락 왼쪽에서 간격을 적용한다.

  들여쓰기 – 첫줄 : 여러 줄로 구성된 단락에서 첫 줄을 들여쓰기 한다.

  간격 – 단락 앞 : 단락 위쪽의 간격을 변경 해준다.

  간격 – 단락 뒤 : 단락 아래쪽 간격을 변경 해준다.

  간격 – 줄 간격 : 선택한 텍스트의 모든 줄 간격을 변경 해준다.

4-4 텍스트 상자 다루기

텍스트 상자는 텍스트가 강조되거나 드러나도록 문서에 추가하는 것으로 원하는 위치에 자유롭게 삽입할 수 있다. 텍스트 상자의 종류는 가로 텍스트 상자와 세로 텍스트 상자가 있다.

예제파일 : 텍스트삽입.pptx

1 텍스트 상자 삽입

텍스트 상자를 원하는 위치에 삽입하고 서식을 적용해본다.

① 슬라이드 1를 선택하고 [삽입] 탭–[텍스트] 그룹–[가로 텍스트 상자] 명령을 선택한다.

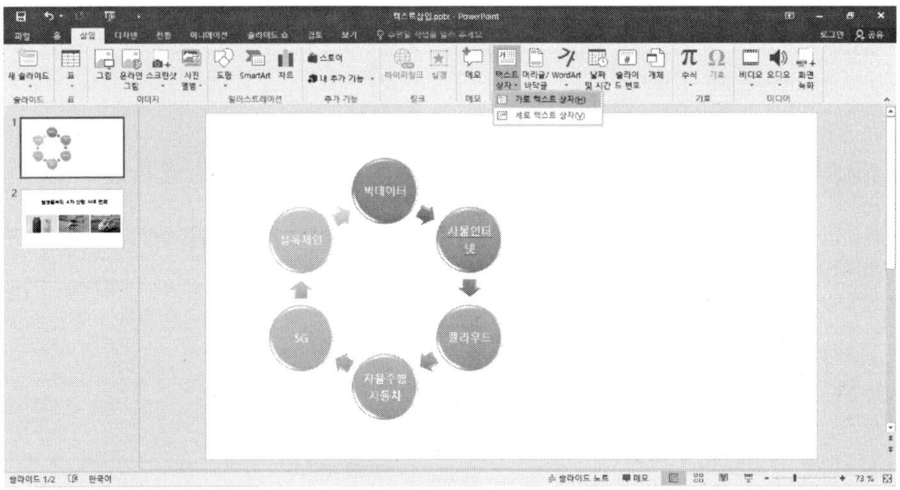

② 도형 오른쪽 위치에 마우스를 클릭한 후 '4차 산업이란?'을 입력한다.

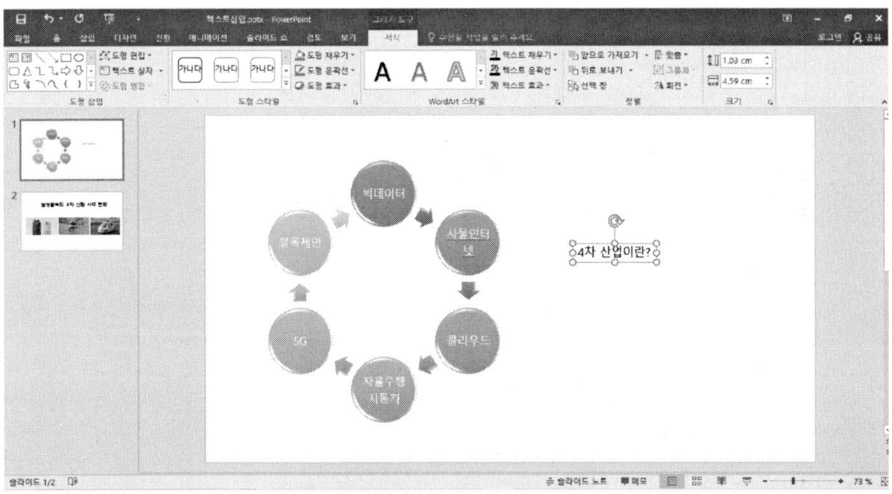

③ 텍스트를 선택한 후 [홈] 탭–[글꼴] 그룹–[글꼴]은 'HY헤드라인M', [글꼴 크기]는 '48pt', '굵게', [글꼴 색]은 '진한파랑'을 설정한다.

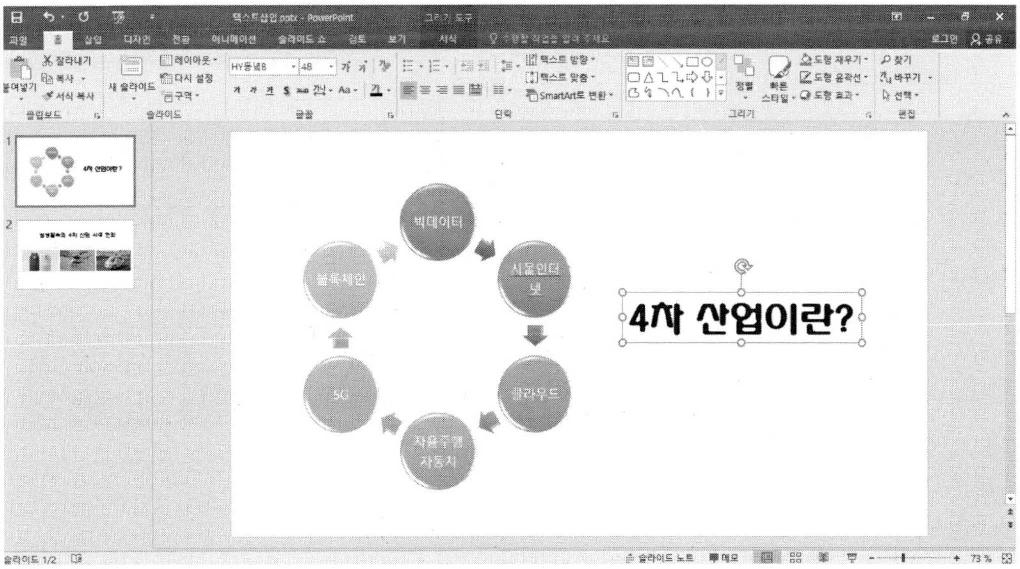

2 텍스트 상자 이동/복사

텍스트 상자를 원하는 위치에 삽입하고 서식을 적용해본다.

① 슬라이드 2를 선택하고 [삽입] 탭–[텍스트] 그룹–[가로 텍스트 상자] 명령을 선택한 뒤 스피커 이미지 아래에 '인공지능 스피커'라고 텍스트를 입력한다.

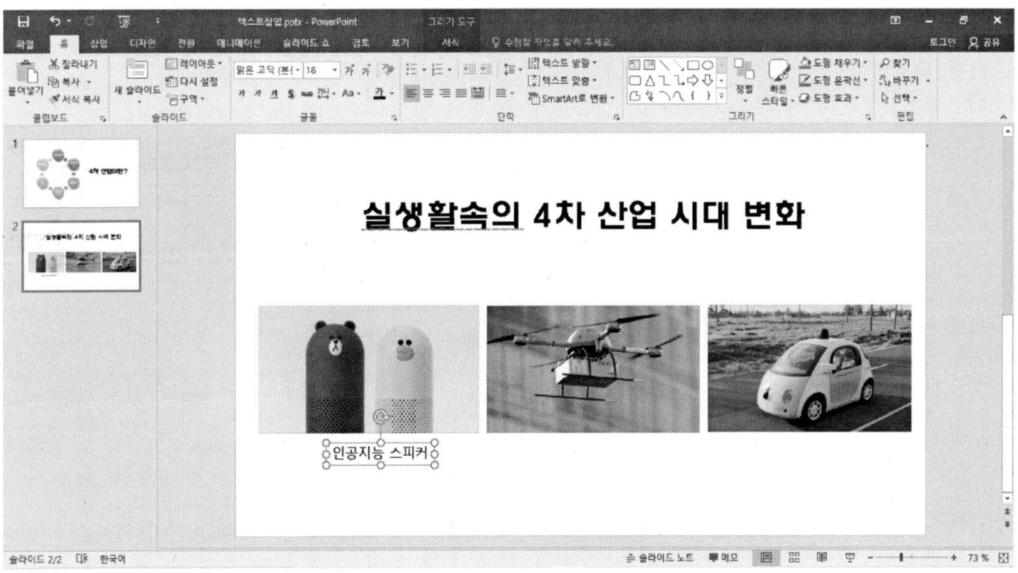

② 인공지능 스피커 텍스트 상자를 클릭한 후 Ctrl과 Shift을 동시에 누른 상태에서 마우스로 두 번째 이미지로 드래그 한다.

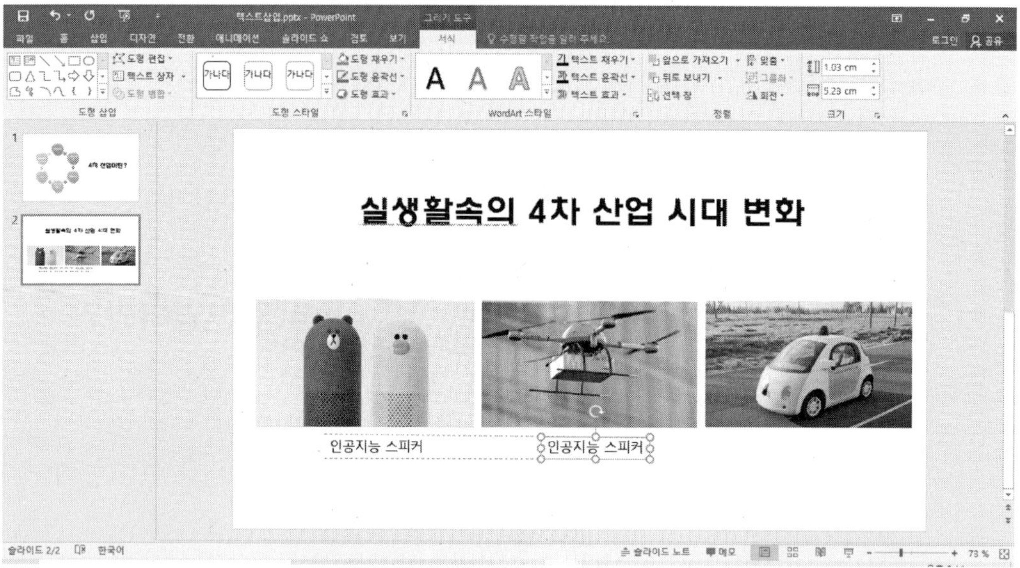

③ 복사된 '인공지능 스피커' 텍스트를 지우고 '드론'이라고 수정한다.

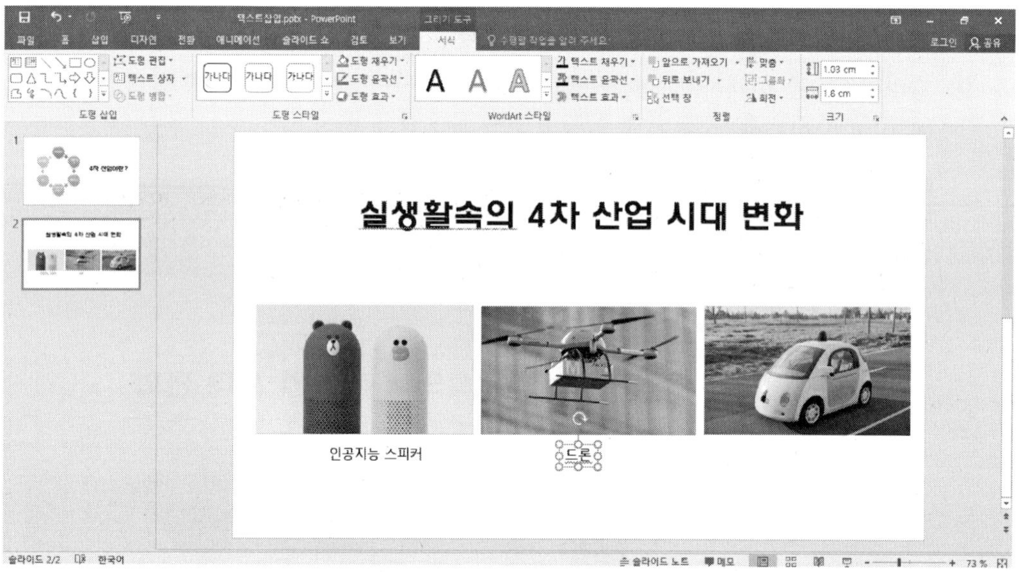

④ 드론 텍스트 상자를 클릭한 후 Ctrl과 Shift을 동시에 누른 상태에서 마우스로 세 번째 이미지로 드래그 하여 복사한 뒤 '자율주행 자동차'라고 텍스트를 수정한다.

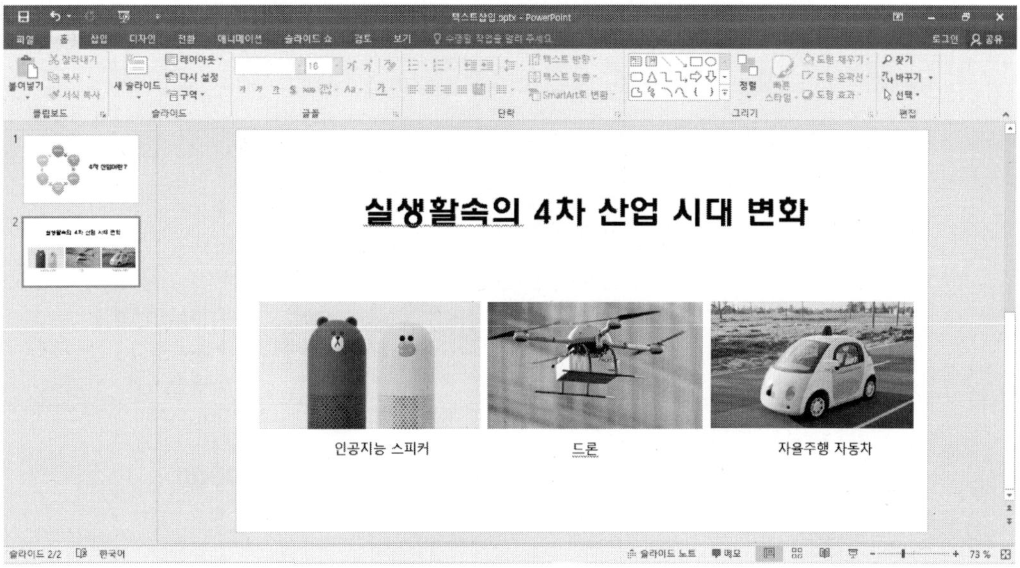

3 기호 삽입

텍스트상자 안에 원하는 기호를 삽입하여 강조되는 텍스트 박스를 만들어 본다.

① 과외모집.pptx 파일을 열어 '과외모집광고' 텍스트 앞에 [삽입] 탭-[기호] 그룹-[기호] 클릭한다.

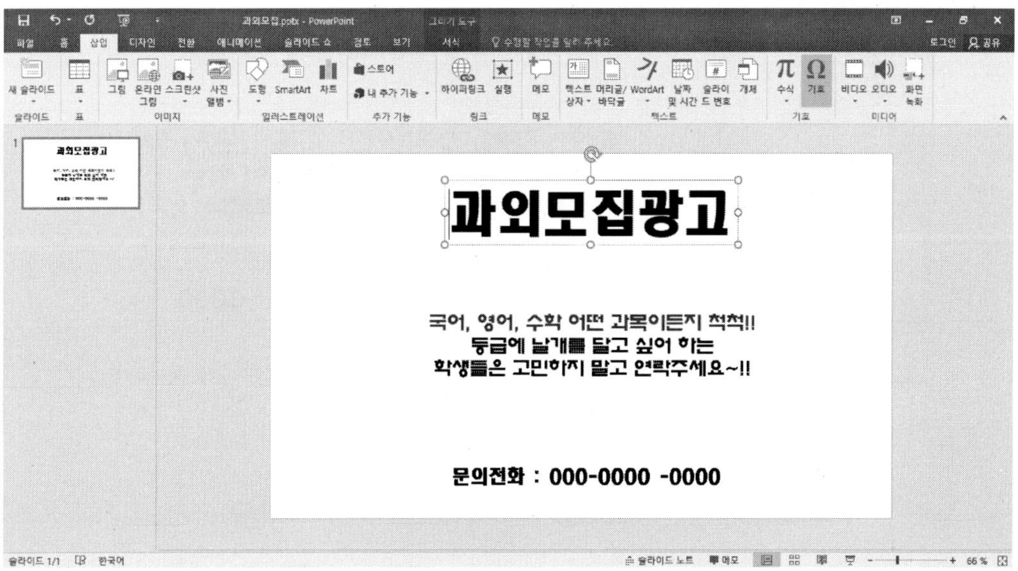

② [기호]대화상자의 '하위집합'-[도형기호]를 선택하여 '▶'를 선택한 뒤 [삽입]-[닫기] 버튼을 클릭한다.

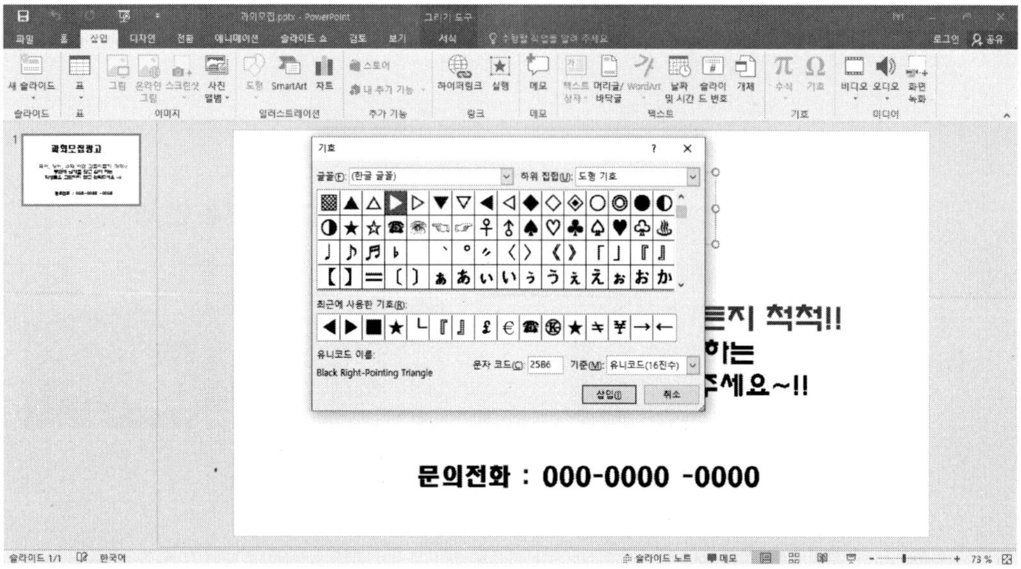

③ 커서 위치의 텍스트 앞에 '▶'가 다음과 같은 기호가 삽입이 된 것을 볼 수 있다.

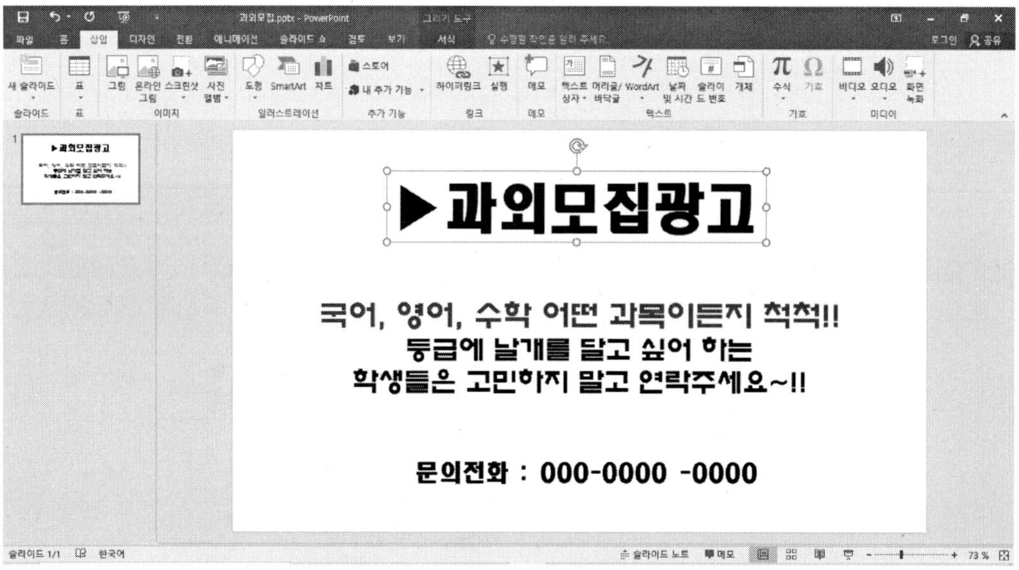

④ '과외모집광고' 텍스트 뒤에 클릭하고 [삽입]-[기호]대화상자의 '하위집합'-[도형기호]를 선택하여 '◀'를 선택한 뒤 [삽입]-[닫기] 버튼을 클릭한다.

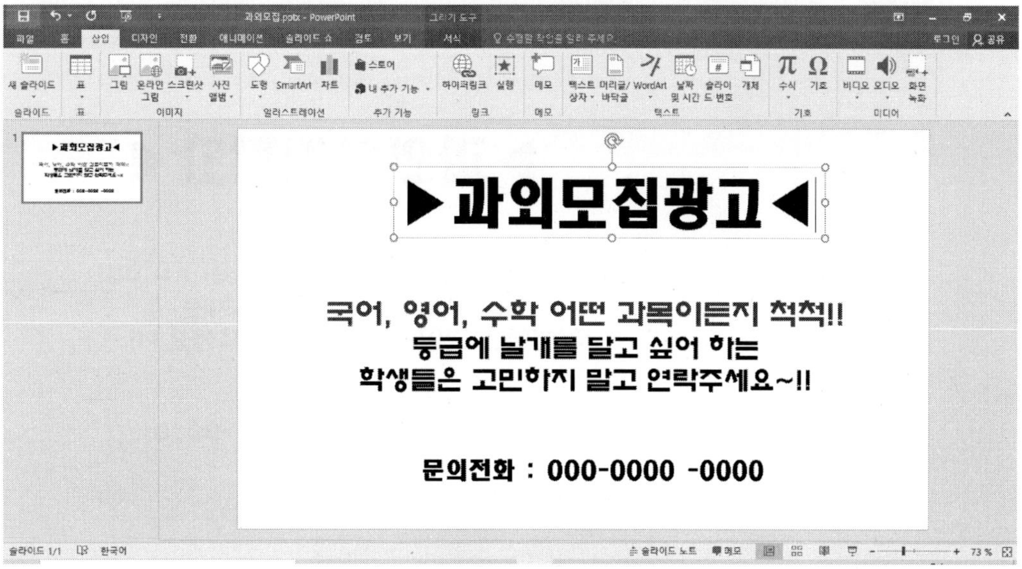

⑤ '문의전화' 텍스트 앞에 커서를 두고 자음 'ㅁ' 키를 입력하고 [한자]키를 누른다. 다양한 특수기호를 메뉴를 통하지 않고 직접 선택할 수 있다.

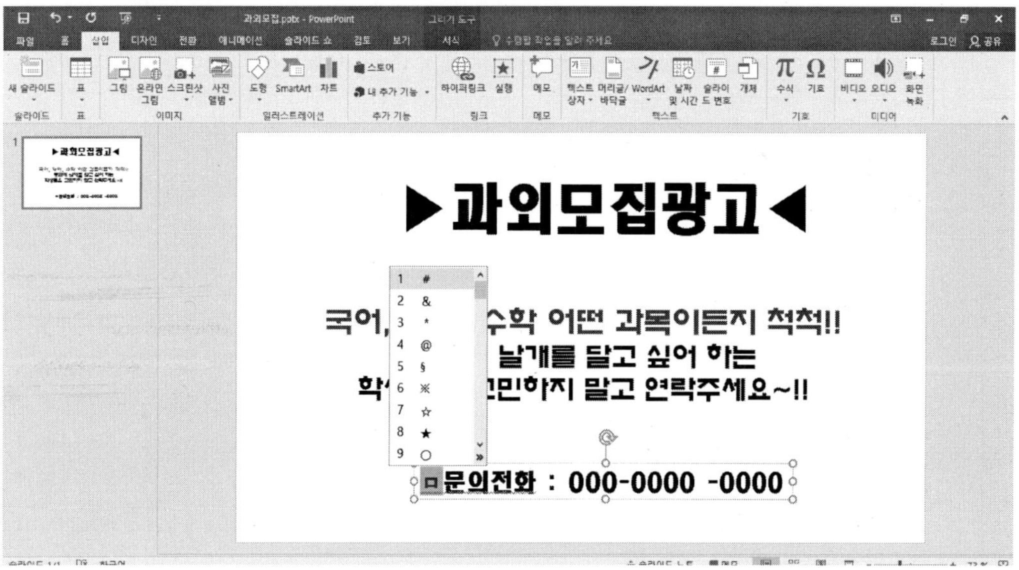

⑥ 특수기호 목록상자 스크롤 막대를 드래그 하여 전화기(☎) 모양의 기호를 선택한다.

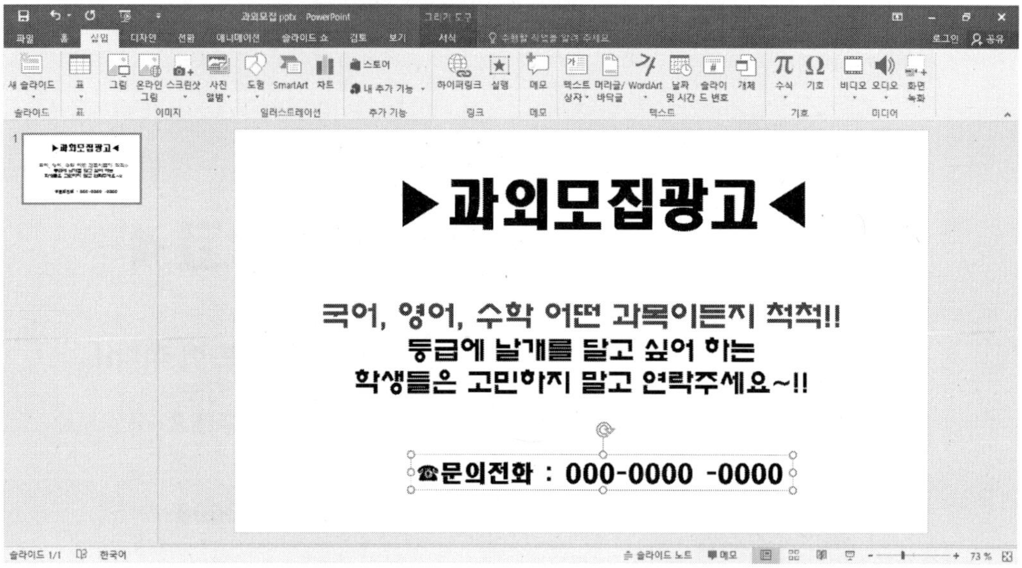

4-5 텍스트 상자 스타일 변경

텍스트 상자에 등록된 스타일을 선택하여 텍스트 상자를 강조하거나 개체 틀 서식, 배경 등을 텍스트 박스에 바로 적용 할 수 있다.

예제파일 : 과외모집(완성).pptx

1 워드아트 스타일 적용

입력된 텍스트에 워드아트 스타일 적용하거나 워드아트 개체를 직접 슬라이드에 입력하여 사용할 수 있다. 워드아트 스타일 서식에는 그림자, 반사, 네온, 입체 효과, 3차원 회전, 변환 등 다양한 형태가 있으며 텍스트에 선택하여 쉽게 서식을 적용할 수 있다.

① 제목 개체 틀을 선택한 후 [그리기 도구]–[서식] 탭–[WordArt 스타일] 그룹–[빠른 스타일] 목록에서 [자세히 버튼 ▾]을 클릭한다.

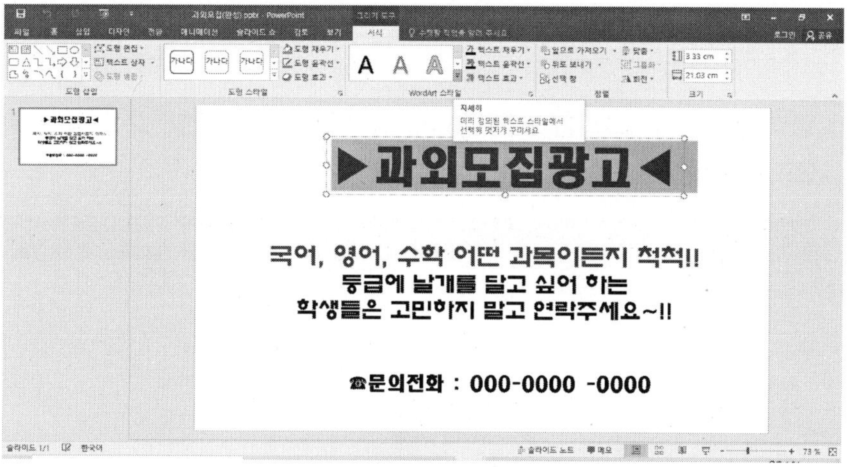

② [WordArt 스타일] 목록 중–[채우기:파랑,강조1,윤곽선–배경1, 진한 그림자–강조1]을 선택한다.

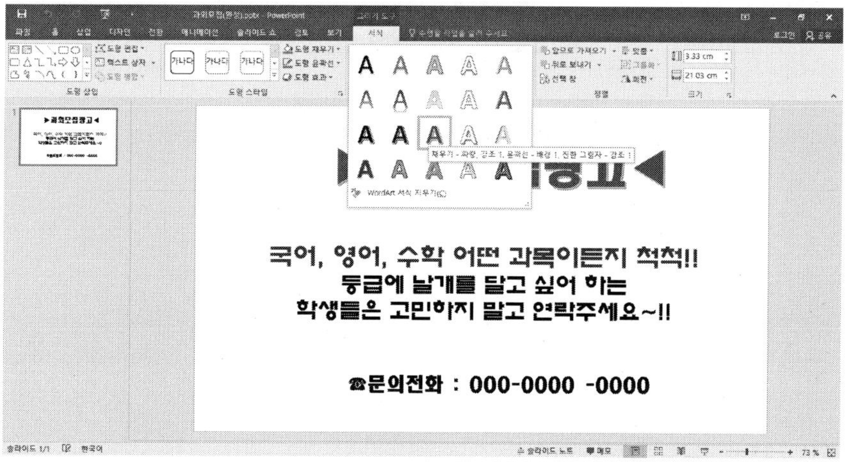

③ 선택된 제목에 워드아트 스타일이 적용된 것을 볼 수 있다.

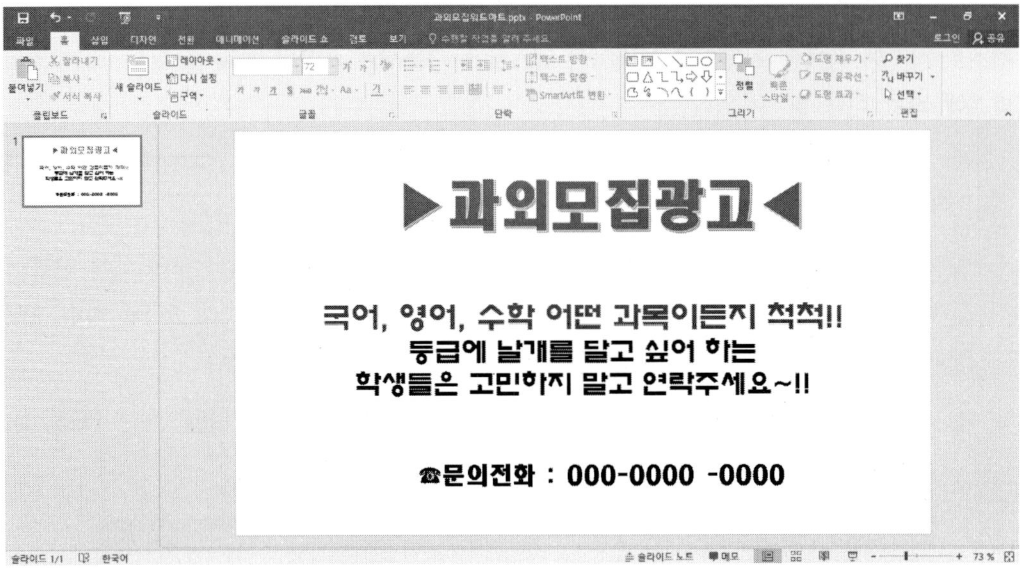

④ 제목 개체 틀을 선택한 후 [그리기 도구]-[서식] 탭-[WordArt 스타일] 그룹-[텍스트 효과]-[그림자]-[오프셋 왼쪽]을 클릭한다.

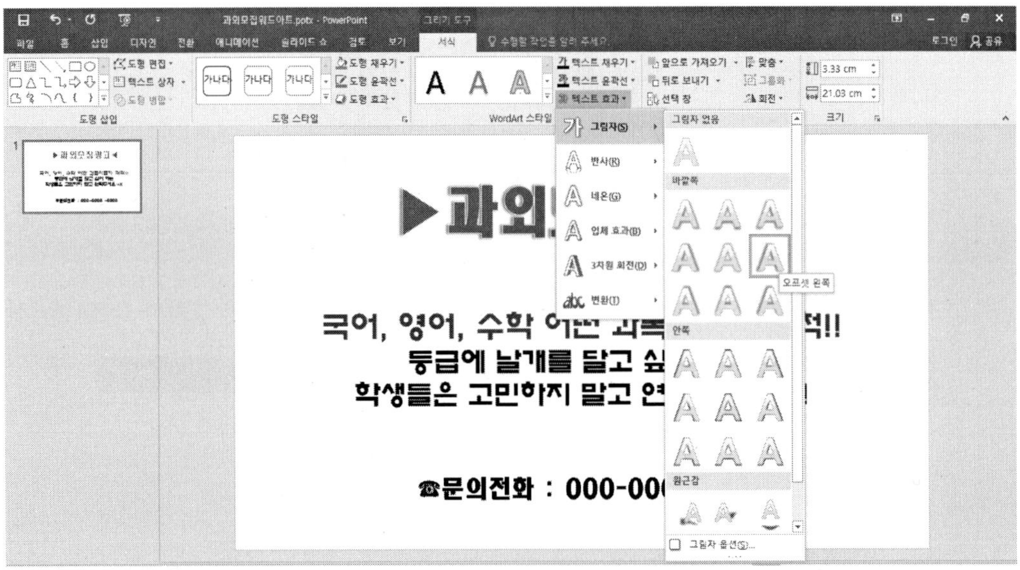

⑤ 제목 개체 틀을 선택한 후 [그리기 도구]-[서식] 탭-[WordArt 스타일] 그룹-[텍스트 효과]-[네온]-[파랑, 11 pt 네온, 강조색 5]을 클릭한다.

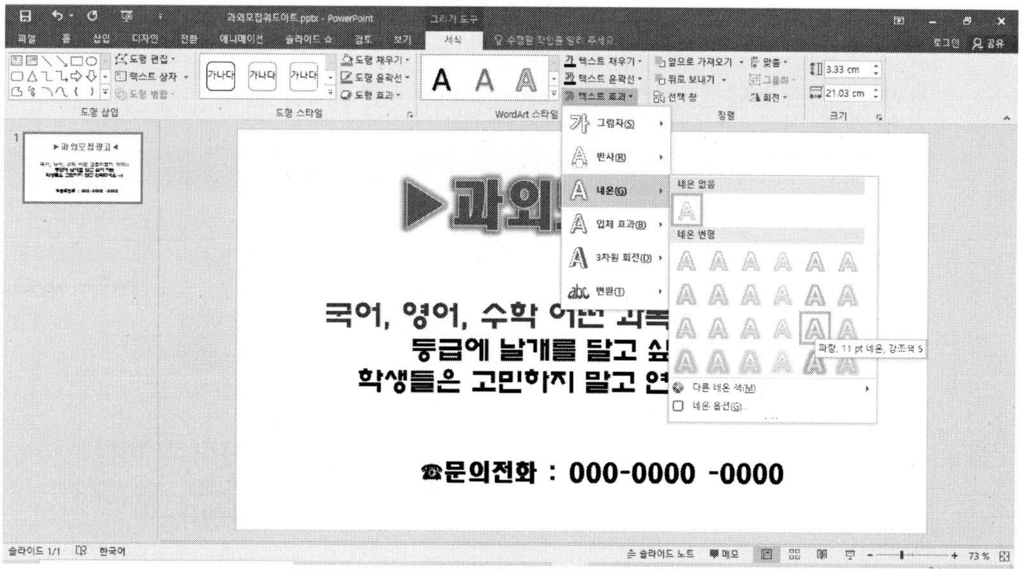

⑥ 제목 개체 틀을 선택한 후 [그리기 도구]-[서식] 탭-[WordArt 스타일] 그룹-[텍스트 효과]-[abc 변환]-[abcde 강조]을 클릭한다.

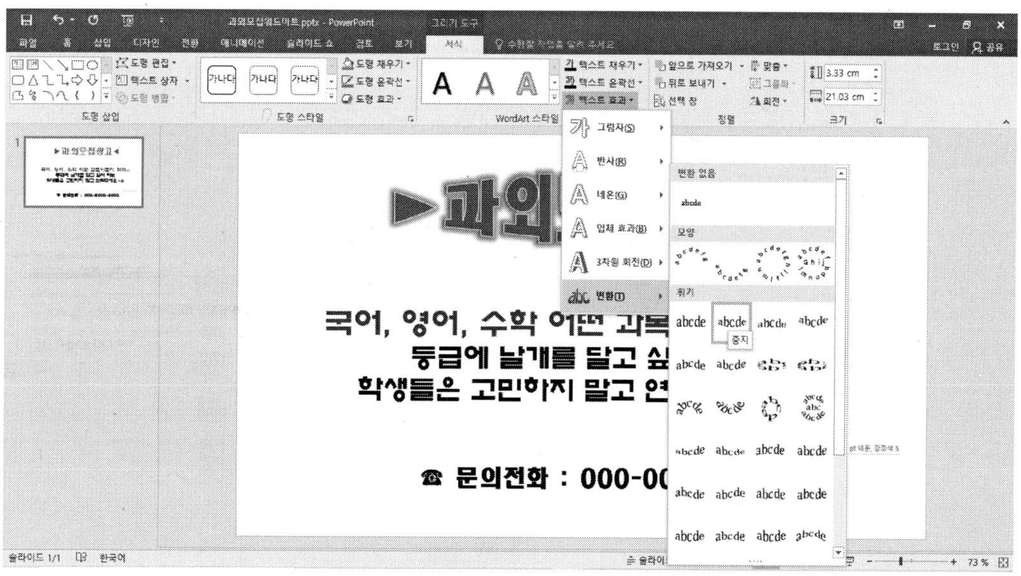

2 테마 스타일 적용

텍스트 상자를 텍스트 색 뿐만 아니라 이미 등록된 테마를 색을 지정해서 강조 할 수 있다.

① '문의전화' 텍스트 상자를 선택한 뒤 [홈]탭–[그리기]그룹–[빠른 스타일]을 클릭하거나 [그리기 도구]–[서식] 탭–[도형스타일] 그룹–[자세히 버튼 ▾]을 클릭한다.

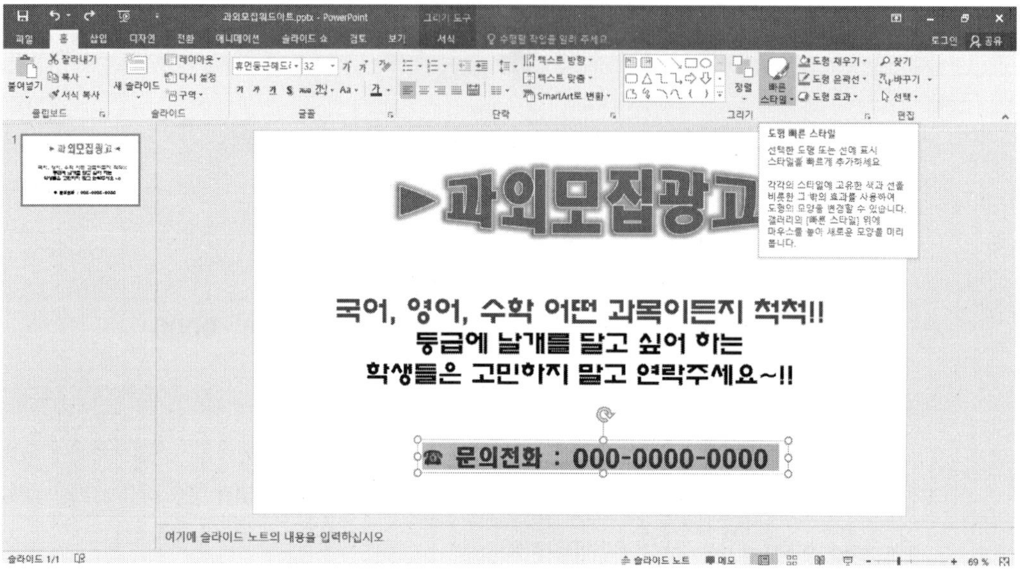

② [테마 스타일]–[강한 효과 – 검정 어둡게 1]을 선택한다.

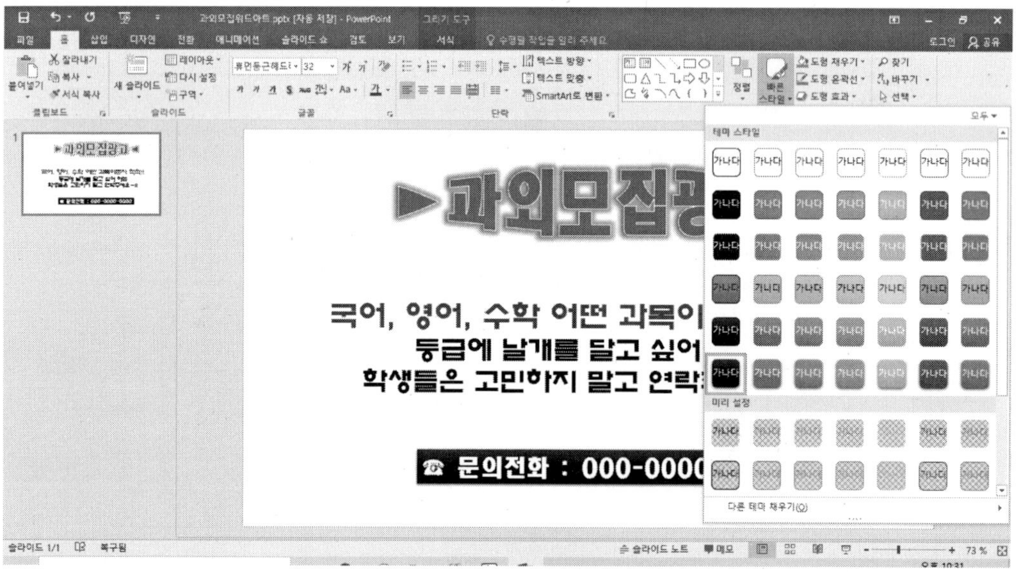

③ 선택한 '문의전화' 텍스트 박스에 배경색이 적용된 것을 볼 수 있다.

3 서식복사

서식복사는 텍스트에 설정되어 있는 서식을 다른 텍스트 복사하여 적용하여 파워포인트 작업속도를 향상시킬 수 있으며 외부 파워포인트에 있는 텍스트나 도형, 그림의 서식도 복사가 가능하며 연속적으로 붙여넣기도 가능하다.

예제파일 : 서식복사.pptx

① 슬라이드 2에서 '4차 산업 핵심기술' 글꼴 서식만 복사하려면 '4차 산업 핵심기술' 텍스트를 블록을 잡고 [홈] 탭-[클립보드] 그룹-[서식 복사 서식 복사] 명령을 선택한다.

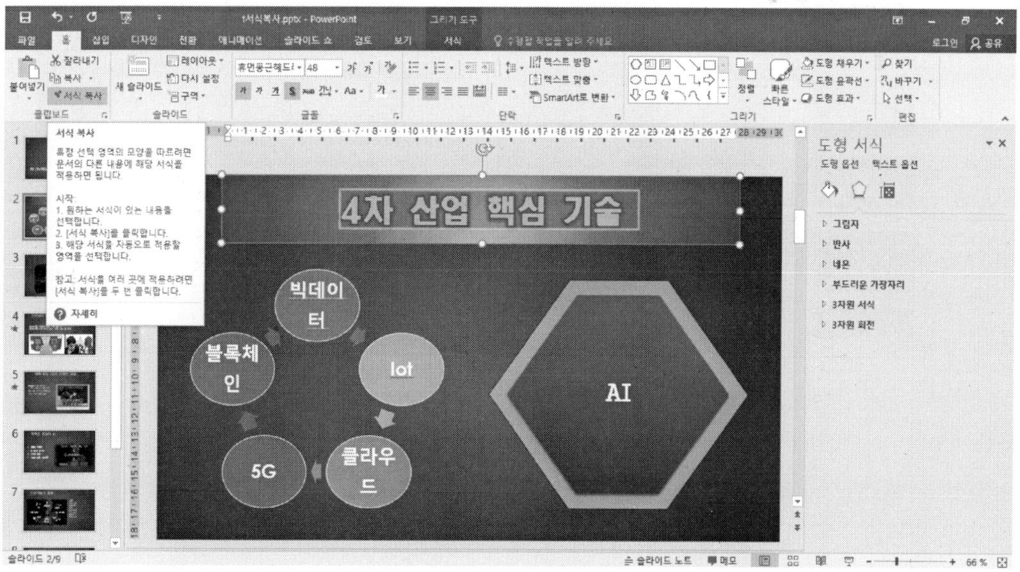

② 마우스 포인터 ( )가 변경되면 'AI' 텍스트를 마우스로 드래그 한다.

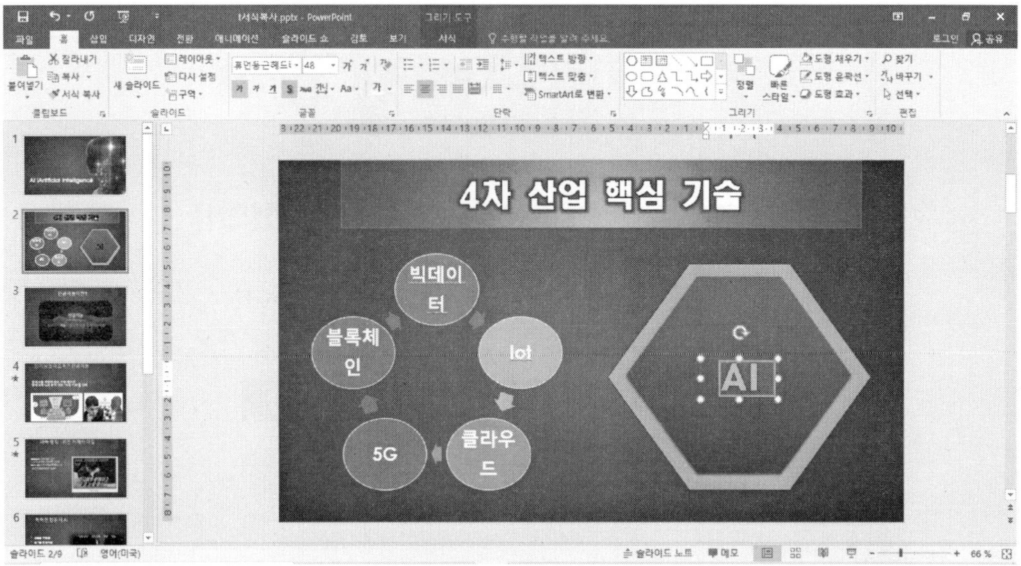

③ 텍스트박스에 적용된 모든 서식을 복사하려면 슬라이드 2에서 '4차 산업 핵심 기술' 텍스트 박스를 클릭하고 [홈] 탭–[클립보드] 그룹–[서식 복사 서식 복사] 명령을 선택한다.

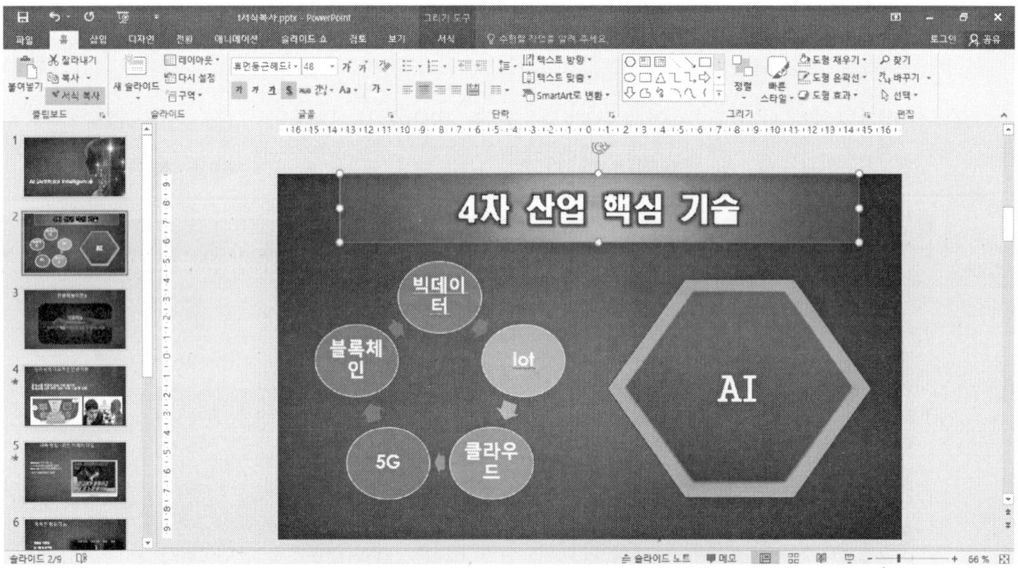

④ 슬라이드 3의 '인공지능이란 ' 텍스트 박스를 클릭한다. 슬라이드 2의 제목 개체 틀의 서식이 복사된 것을 볼 수 있다.

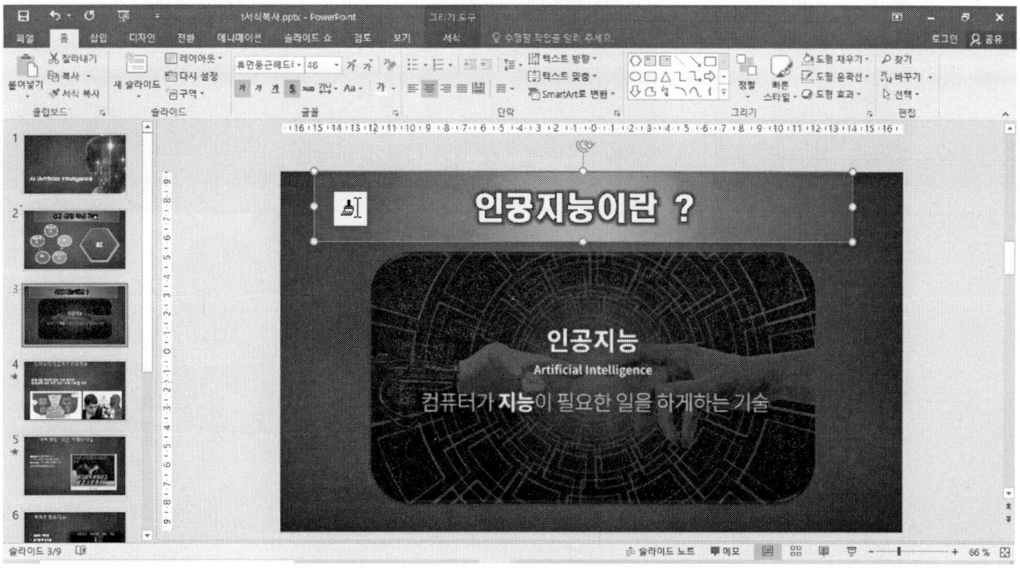

⑤ [홈] 탭-[클립보드] 그룹-[서식 복사 서식 복사] 명령을 더블 클릭하면 연속적으로 텍스트 박스의 서식을 붙여 넣을 수 있다. 슬라이드 3의 제목 개체 틀 '인공지능이란?' 개체 틀을 클릭하고 [홈] 탭-[클립보드] 그룹-[서식 복사 서식 복사] 명령을 더블 클릭한다.

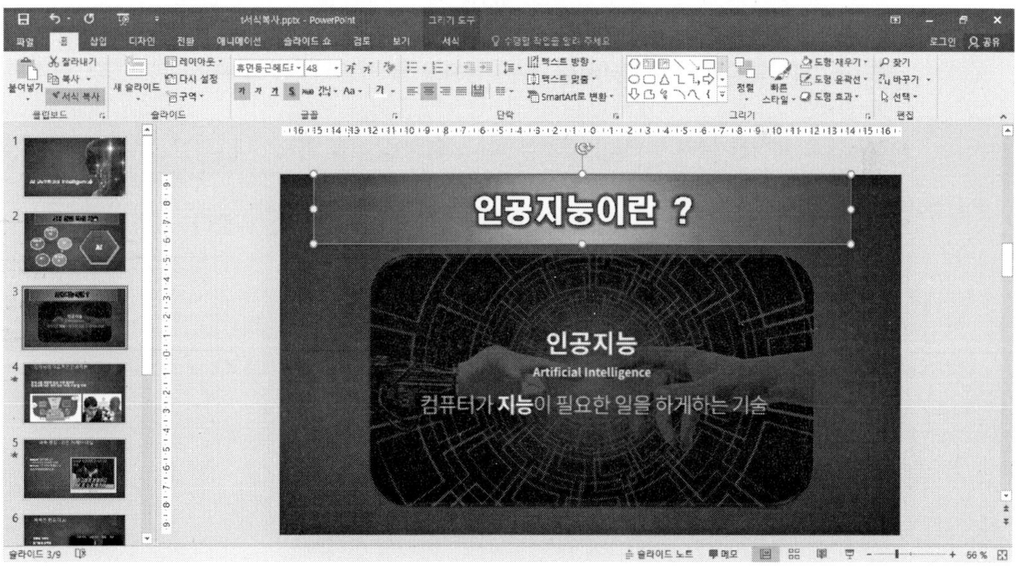

⑥ 4,5,6,7 슬라이드의 제목 개체 틀을 클릭하여 서식을 복사하여 붙여 넣는다.

⑦ 연속적인 서식 복사를 취소하려면 Esc 키를 누른다.

TIP | 서식 복사 추가 설명

- 텍스트에 설정되어 있는 글꼴 및 단락 서식만 또는 도형 서식가지 포함하여 다른 텍스트 상자나 도형에 복사하여 빠르게 재 사용할 수 있는 기능이다.
- 글꼴 서식만 복사하려면 텍스트 중간을 클릭한 후 [홈] 탭-[클립보드] 그룹-[서식 복사] 명령을 클릭한다. 마우스 포인터가 변경되면 적용할 다른 텍스트를 드래그 한다.
- 글꼴 서식과 더불어 맞춤 서식 및 도형까지 복사하려면 텍스트 상자 테두리를 클릭하여 선택한 후 [홈] 탭-[클립보드] 그룹-[서식 복사] 명령을 클릭한다. 마우스 포인터가 변경되면 다른 개체를 클릭한다.
- 2회 이상 서식을 붙여 넣으려면 [서식 복사] 명령을 더블 클릭한다. 다른 텍스트 상자를 차례로 클릭하여 서식복사를 해준다.
- 서식 복사를 종료하려면 [서식 복사] 명령을 클릭하거나 Esc키를 누른다.

연습문제 04

문제파일 : 문제4.pptx / 정답파일 : 문제4(완성).pptx

01 슬라이드 3의 글머리 기호를 번호 매기기 '1. 2. 3.'을 적용한다.

02 슬라이드 4의 글머리 기호를 '별표 글머리 기호'로 변경한다.

03 슬라이드 6의 내용 개체 텍스트 상자 단락을 2단으로 나누고, 단 간격은 '1.5'로 설정한다.

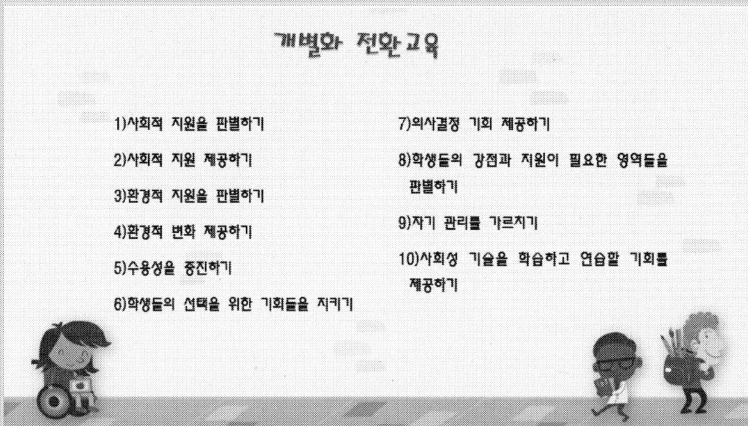

04 슬라이드 3의 제목 개체 틀의 적용된 서식을 복사하여 슬라이드 4~8까지의 제목에 적용한다.

05 슬라이드 7의 왼쪽에 '평가의 단계'라는 가로 텍스트상자를 삽입하고 글꼴 '휴먼매직체', 글꼴크기 '40pt', 글꼴 색 '진한 빨강'을 설정하고 텍스트 앞에 '※' 기호를 삽입한다.

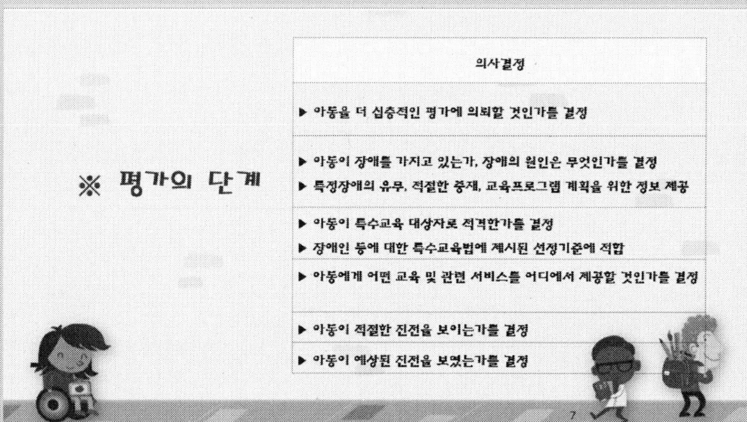

CHAPTER 05

도형 활용

CHAPTER 05 | 도형 활용

학습목표

- 도형을 삽입하고 편집할 수 있다.
- 도형의 스타일 및 서식을 변경할 수 있다.

예제파일 : 도형.pptx

5-1 도형 삽입과 편집

파워포인트는 여러 종류의 원, 사각형, 블록 화살표, 순서도, 별, 현수막 등 미리 만들어진 다양한 도형을 이용하여 프레젠테이션에 시각적인 효과를 줄 수 있다.

1 도형 삽입

다양한 도형을 삽입하고 정원 및 정사각형 등 도형을 그리는 방법에 대해 알아본다.

① [삽입] 탭-[일러스트레이션] 그룹-[도형] 목록에서 [기본 도형]의 [타원] 선택하고 타원을 드래그 하여 임의의 크기로 그려준다.

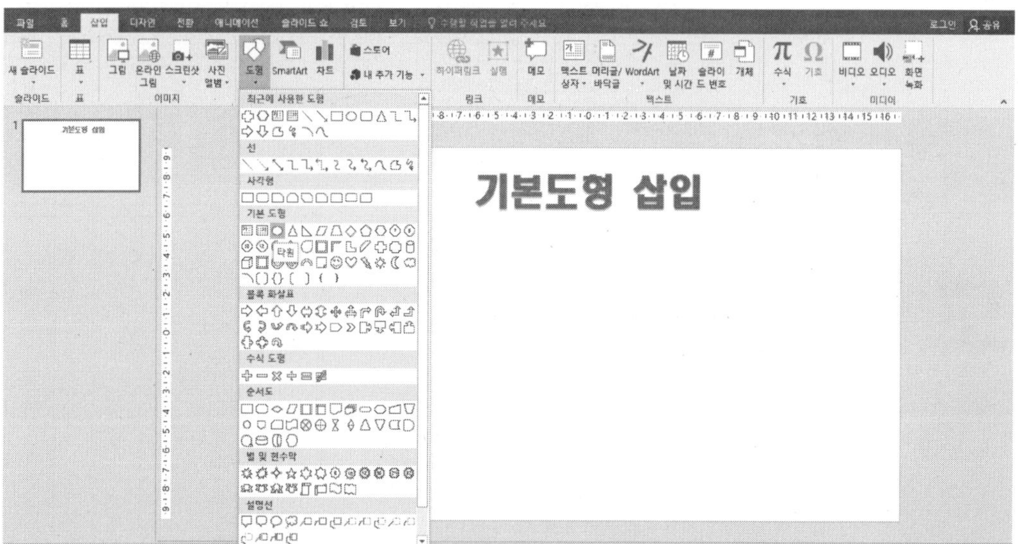

② 타원을 선택하고 Shift 키를 누른 채 드래그 하면 정원으로 도형이 삽입된다.

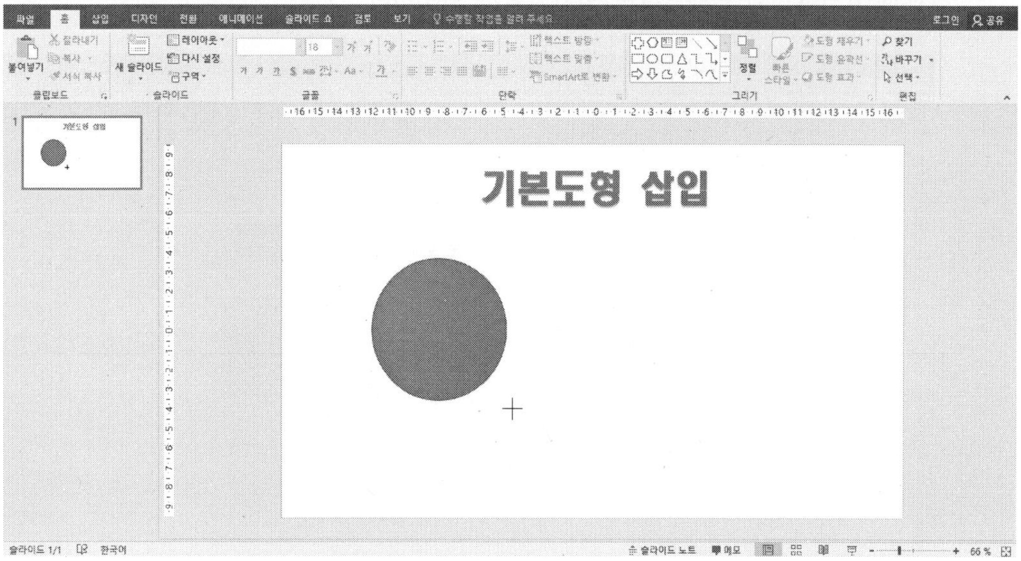

③ [삽입] 탭–[일러스트레이션] 그룹–[도형] 목록에서 [기본 도형]의 [직사각형을] 선택한 뒤 Ctrl 을 누른 채 드래그하면 직사각형이 그려진다.

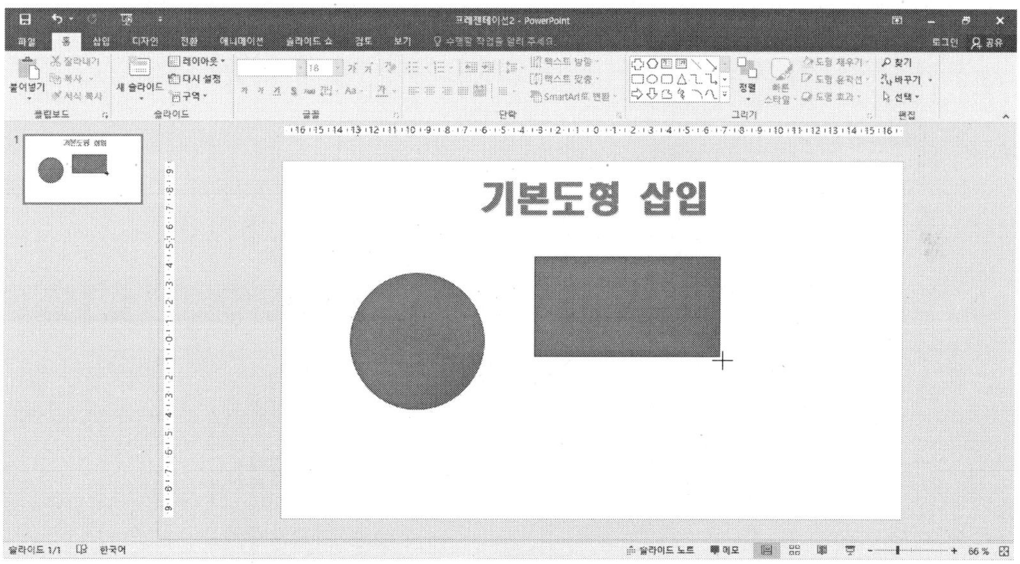

④ [삽입] 탭-[일러스트레이션] 그룹-[도형] 목록에서 [기본 도형]의 [직사각형]을 선택한 뒤 Shift 을 누른 채 드래그하면 정사각형이 그려진다.

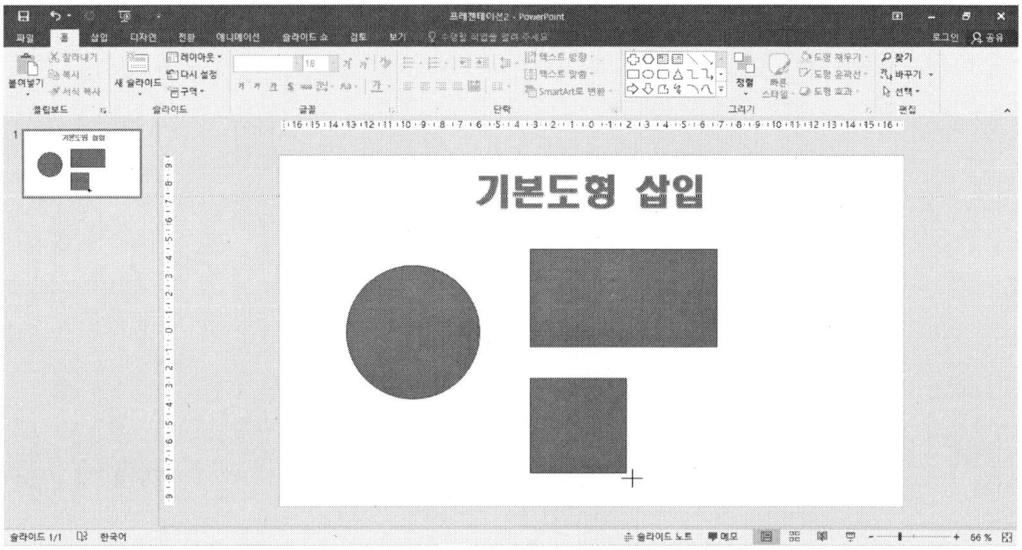

⑤ [삽입] 탭-[일러스트레이션] 그룹-[도형] 목록에서 [선]-[선]을 선택하고 Shift 를 누른 채 제목 개체 틀 아래에서 오른쪽으로 드래그 하면 선이 직선으로 그려진다.

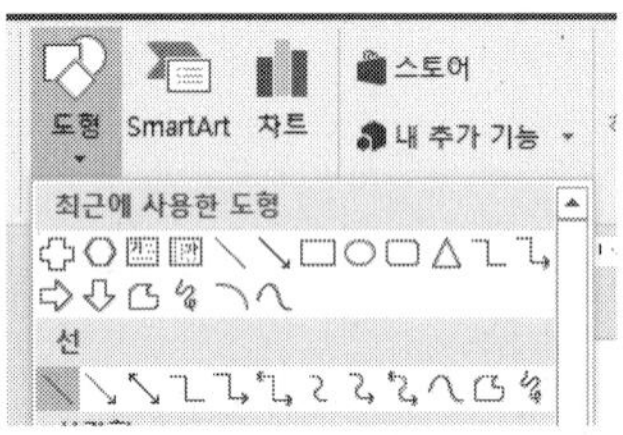

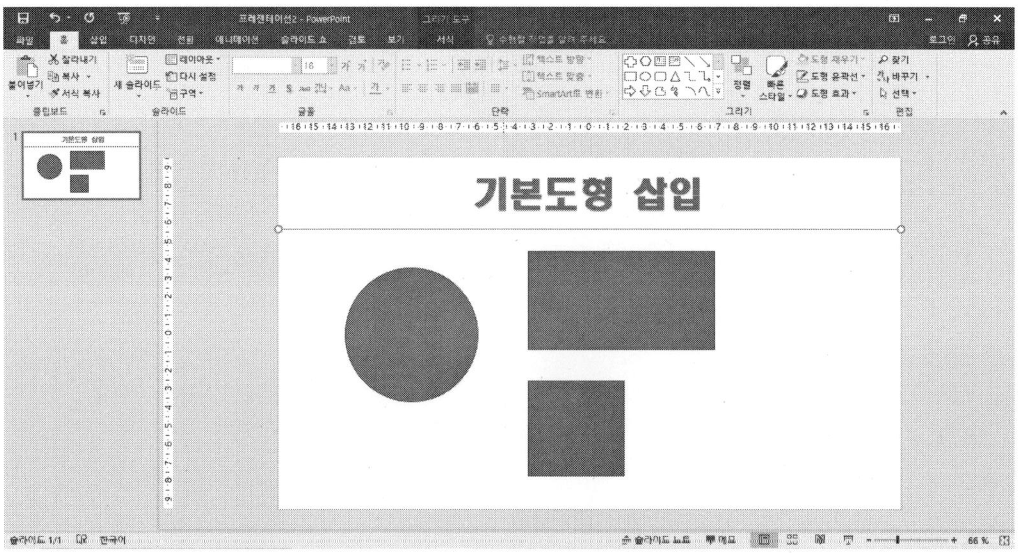

2 도형 선택

도형에 서식을 일괄적으로 적용하고자 할 때 마우스나 키보드를 사용하여 도형을 한꺼번에 선택하여 도형의 서식을 적용하거나 맞춤을 일괄 지정할 수 있다.

① 기본도형 삽입.pptx 파일을 열고 슬라이드 2에 도형이 블록 안으로 포함 되도록 넓게 드래그 하여 도형을 선택한다.

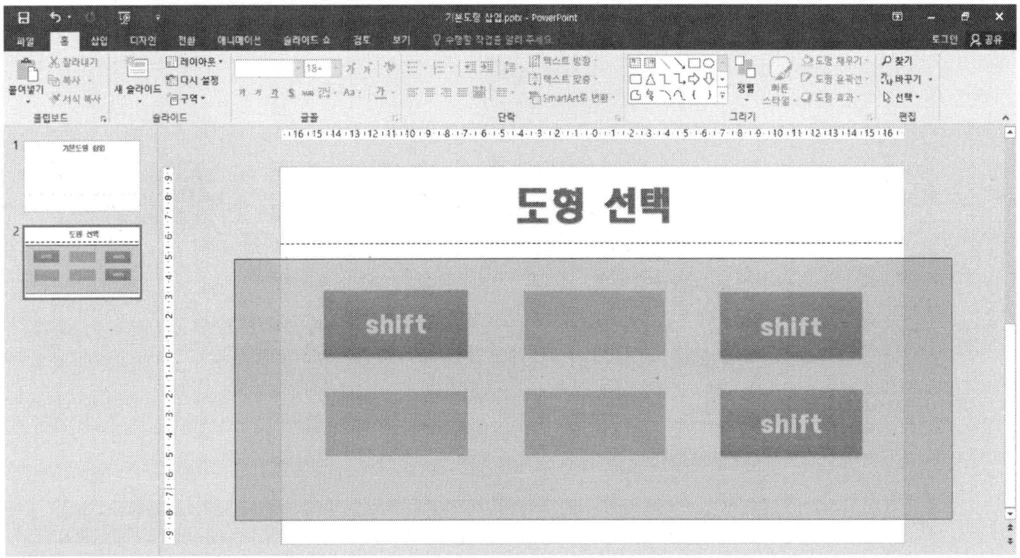

② 슬라이드 2에 도형이 범위 내의 도형이 모두 선택된다. 선택을 취소할 경우 Esc키를 누르거나 배경을 클릭한다.

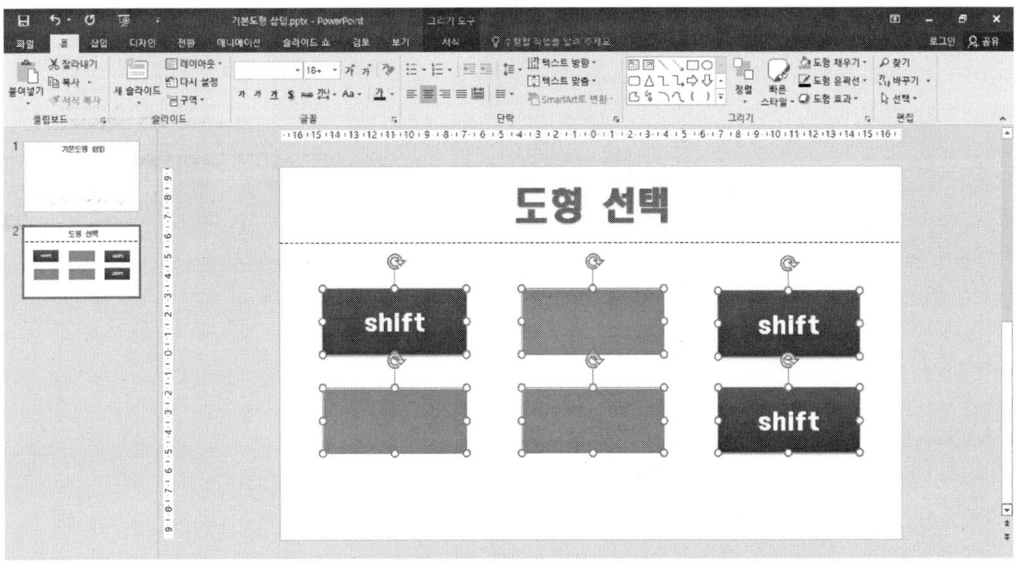

③ 슬라이드 2에 'shift' 텍스트가 들어 있는 도형에 Shift 키를 누르고 마우스로 클릭한다.

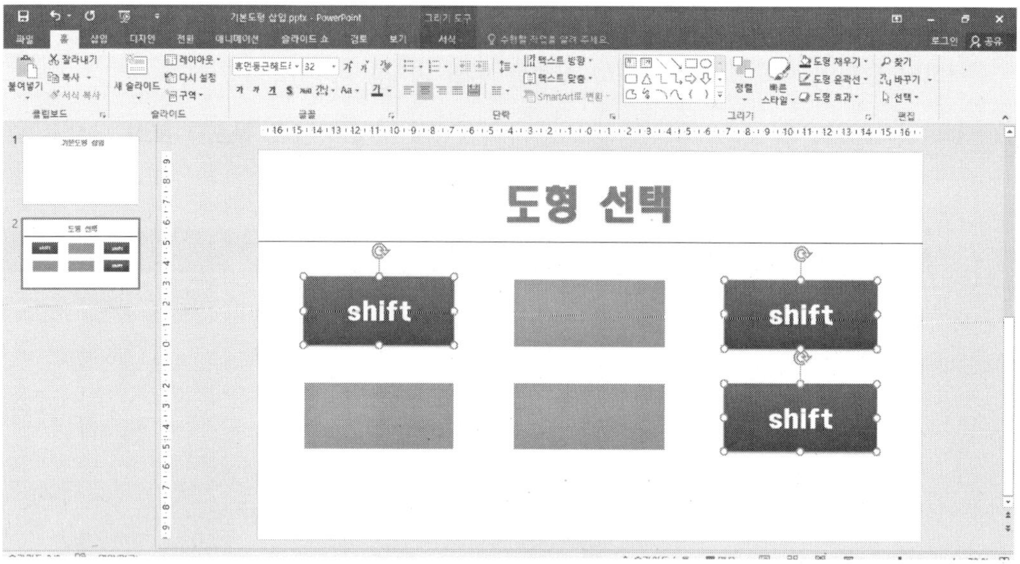

④ 도형이 선택 된 후 회전 핸들[◎]이 도형 위쪽에 표시되면 회전 핸들을 클릭하여 오른쪽으로 드래그 하여 회전한다.

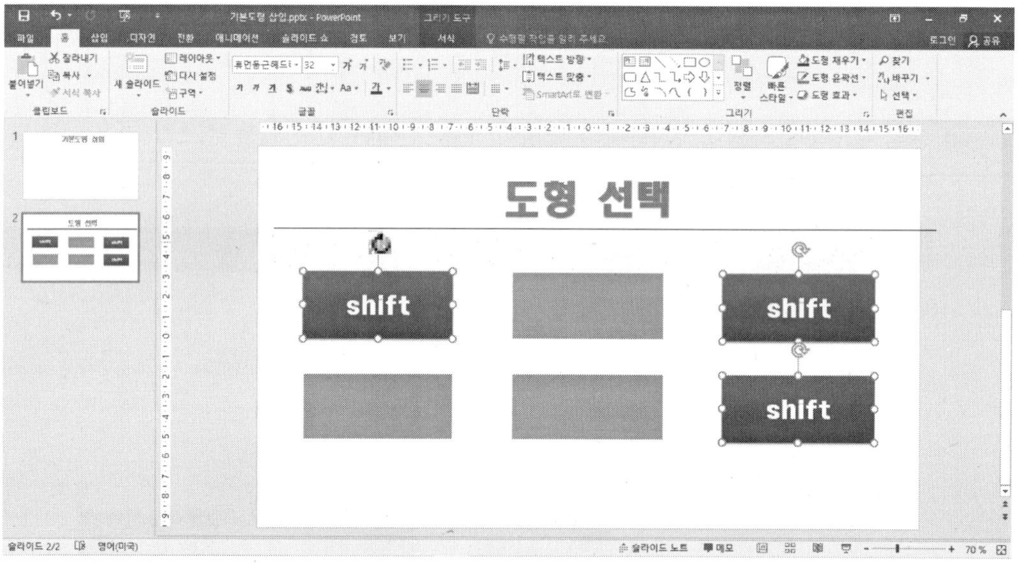

⑤ 선택 된 도형만 회전이 된 것을 볼 수 있다.

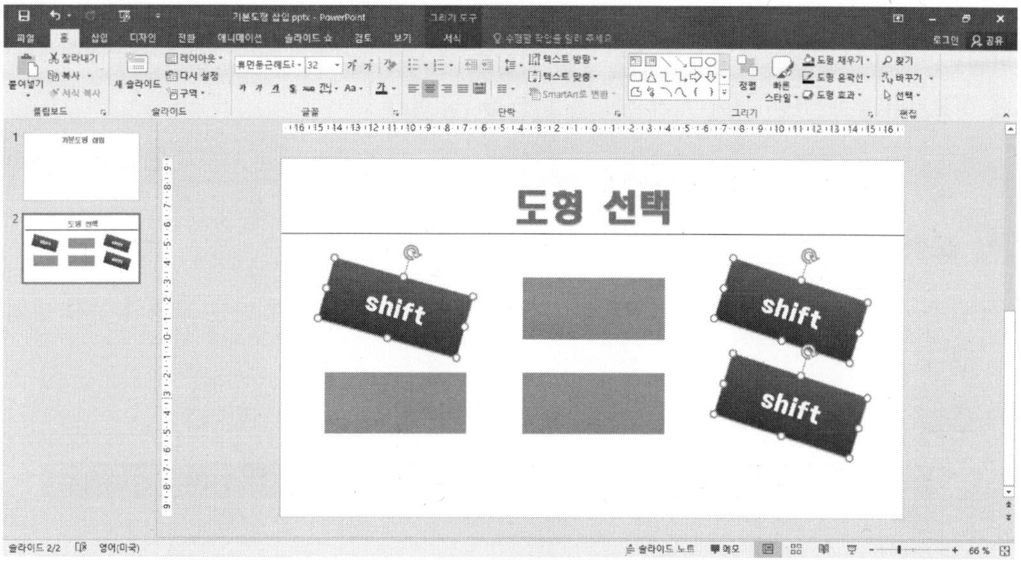

5-2 도형 복사 방법

파워포인트는 여러 종류의 원, 사각형, 블록 화살표, 순서도, 별, 현수막 등 미리 만들어진 다양한 도형을 이용하여 프레젠테이션에 시각적인 효과를 줄 수 있다.

예제파일 : 복사기능.pptx

1 도형 복사

같은 서식이나 사이즈를 파워포인트에 삽입하고자 할 때 필요에 따른 도형의 복사 방법을 알아본다.

① 슬라이드 1의 상단 다섯 개 사각형 도형을 드래그 하여 선택한다.

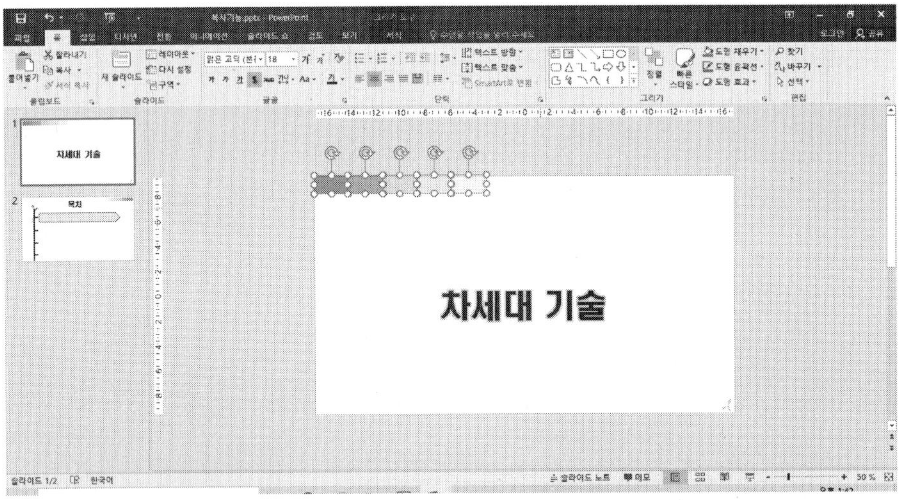

② 선택된 도형을 Ctrl 키를 누른 채 오른쪽 하단에 드래그 한다.

③ 드래그 한 위치에 복사가 된 것을 볼 수 있다.

④ 간격을 유지하면서 복사하기 위해 슬라이드 2의 첫 번째 도형을 클릭한다.

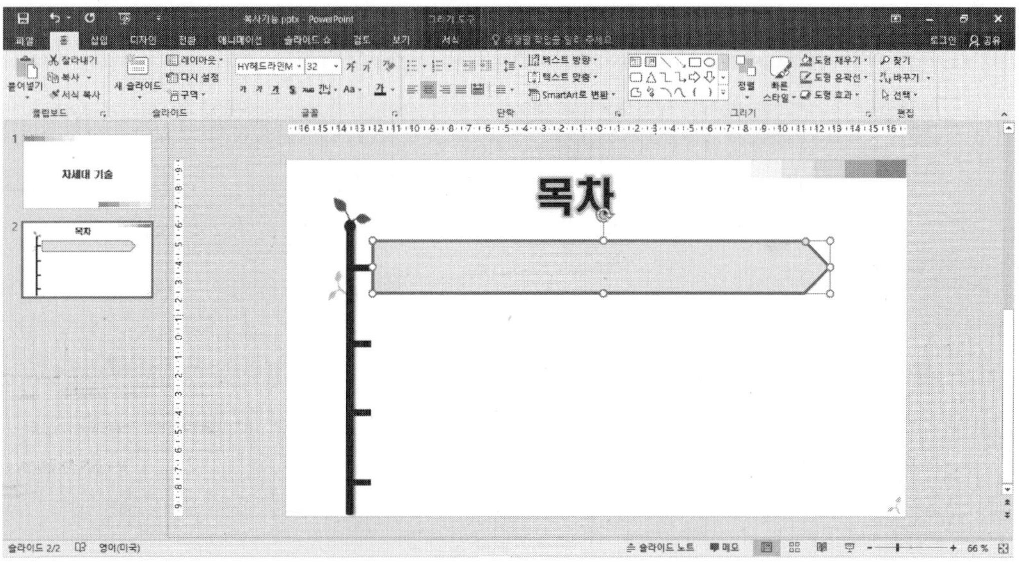

⑤ Ctrl 키와 Shift 키를 동시에 누르고 아래로 드래그 한다. Ctrl 키를 눌렀을 때는 마우스가 자유롭게 움직였지만 Shift 키를 동시에 눌렀을 경우 상하 좌우만 마우스가 움직이는 것을 알 수 있다.

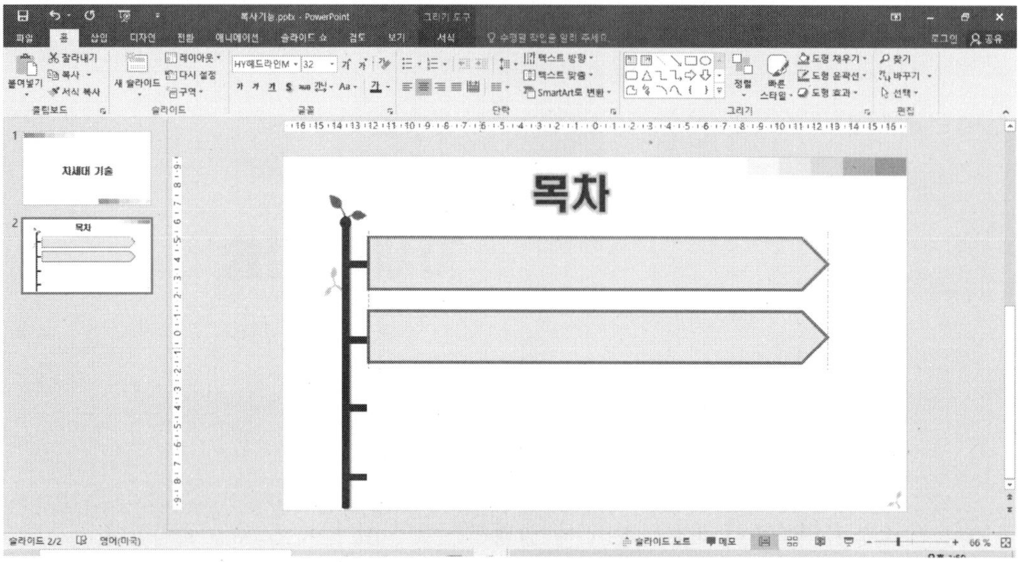

⑥ Ctrl 키와 Shift 키를 이용해 아래의 두 개의 도형도 완성해 본다.

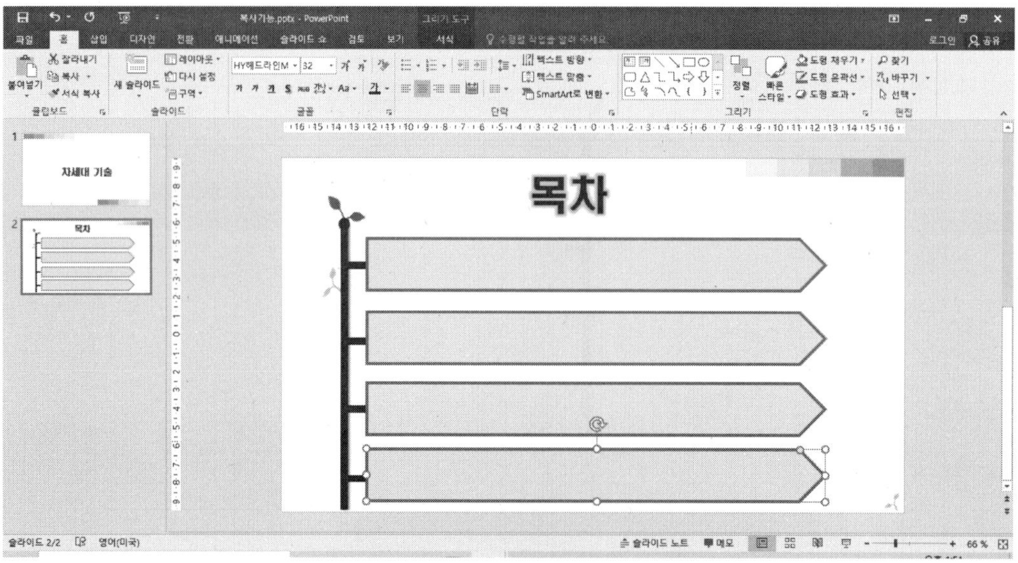

5-3 도형 정렬과 그룹

슬라이드에 삽입한 도형이나 텍스트 상자, 그림 등 다른 개체에 맞추어 같은 위치에 배치하거나 두 개 이상의 개체를 한 개의 개체로 묶어 그룹으로 만들어 한꺼번에 서식을 적용하거나 이동 및 복사 크기 조절을 할 수 있다.

예제파일 : 도형 그룹과 정렬.pptx

1 그룹/그룹해제

두 개 이상의 개체를 한 개의 개체로 묶어 그룹으로 만들어 한꺼번에 서식을 적용하거나 이동 및 복사 크기 조절해 본다.

① 슬라이드 2의 도형이 모두 포함되도록 선택하고 마우스 오른쪽 단추를 클릭해 [그룹화]-[그룹] 선택하거나 [그리기 도구]-[서식]탭-[정렬] 그룹에 [그룹화]-[그룹]을 선택한다.

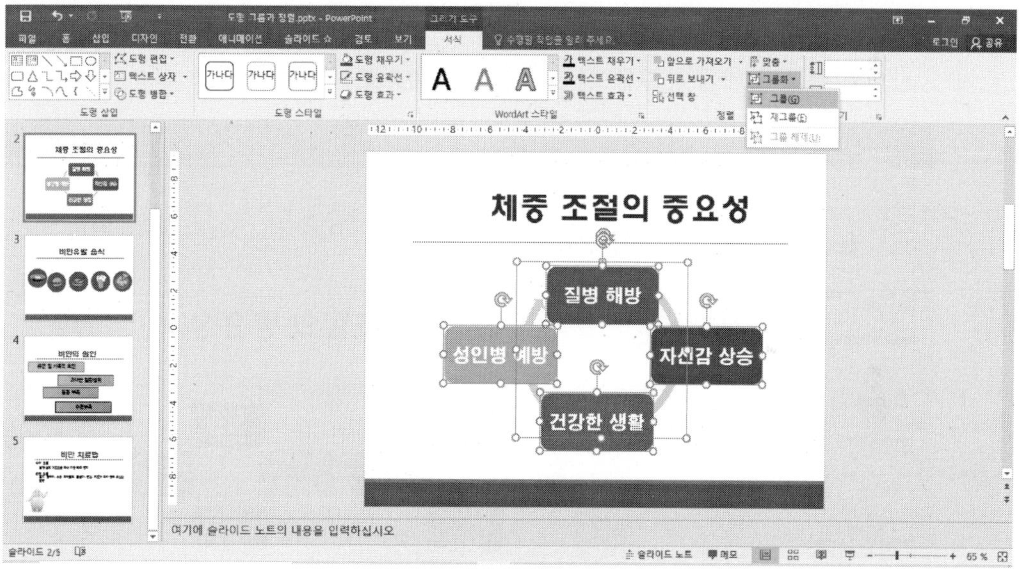

② 그룹으로 지정된 도형박스를 클릭하고 크기 조절점을 이용하여 크기를 임의로 작게 드래그하여 줄여준다. 그룹이 지정된 도형은 모양이 유지된 상태로 크기 조절이 가능하다.

③ 선택된 도형을 왼쪽으로 드래그 하여 이동한다.

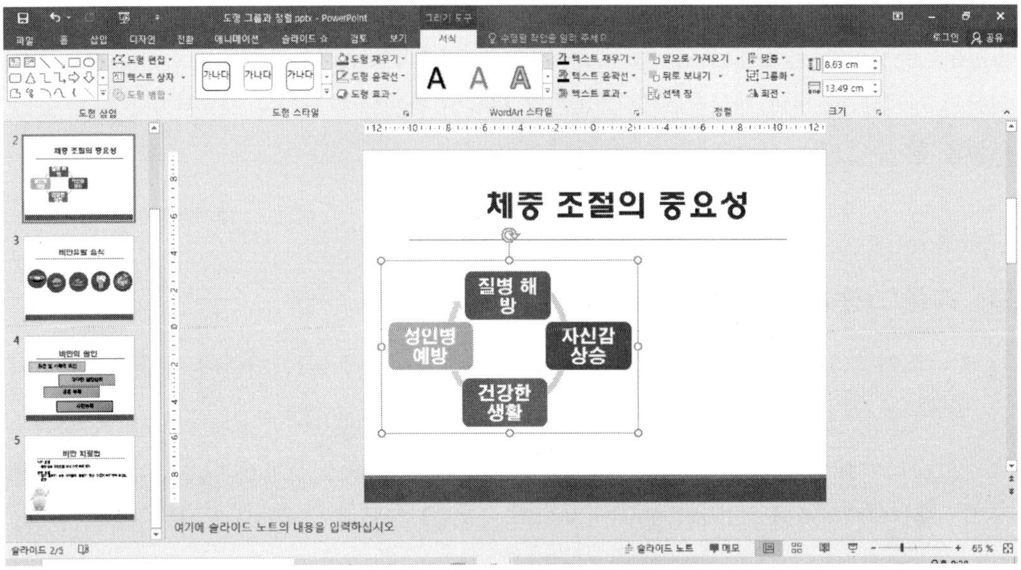

④ Ctrl 키를 누른 상태에서 그룹 된 도형을 오른쪽으로 복사한다.

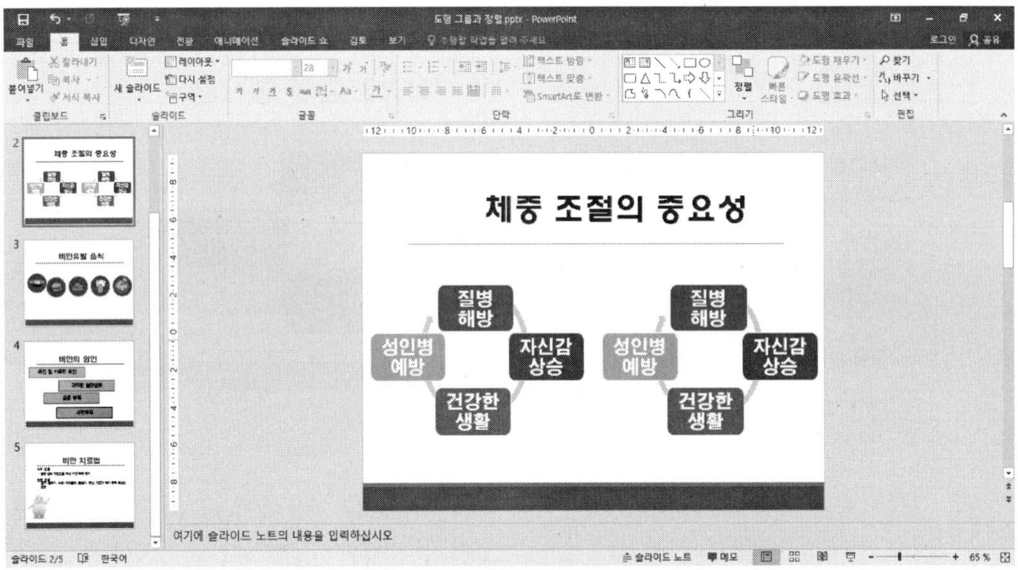

⑤ 그룹을 해제하고자 할 때는 오른쪽에 복사된 그룹 된 박스를 클릭하고 마우스 오른쪽 단추를 클릭 [그룹화]-[그룹해제] 선택하거나 [그리기 도구]-[서식]탭-[정렬] 그룹-[그룹화]-[그룹해제]를 선택한다.

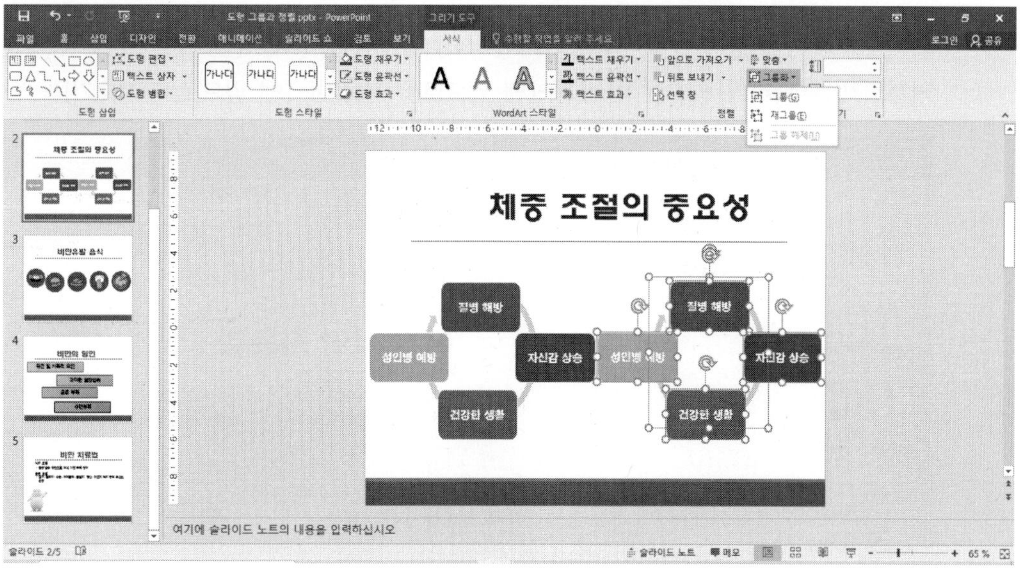

⑥ 해제된 상태의 도형의 크기를 조절해 보면 왼쪽에 그룹 된 도형은 모양이 유지된 상태에서 이동과 크기가 가능하지만 그룹이 지정되지 않으면 크기 지정 시 다음과 같이 객체가 서로 다르게 크기가 각각 조절이 되는 차이를 알 수 있다.

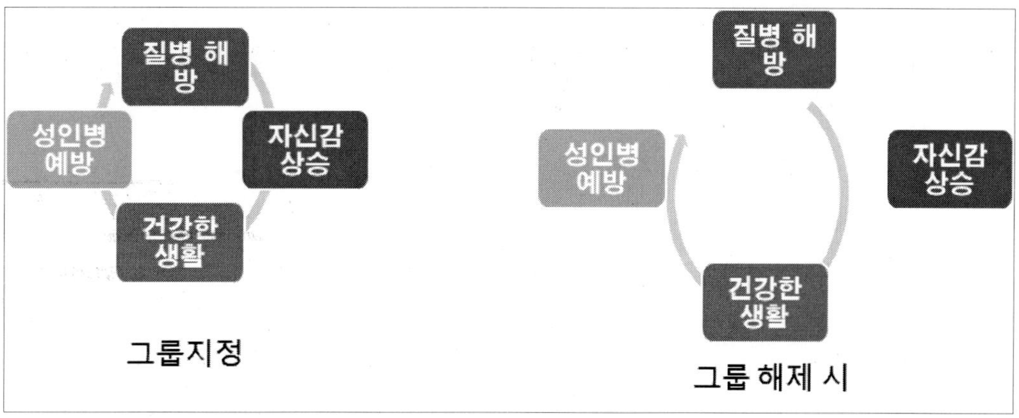

2 도형 순서 및 정렬

파워포인트는 먼저 삽입된 개체가 맨 아래 순서가 된다. 두 개 이상의 개체를 겹쳐서 사용하는 경우 먼저 삽입된 개체가 아래로 내려온다. 삽입된 순서에 상관없이 도형의 순서를 변경해 본다.

① 슬라이드 4의 도형을 클릭하고 [도구]–[서식] 탭–[정렬] 그룹–[앞으로 가져오기]–[맨 앞으로 가져오기] 클릭하거나 오른쪽 버튼–[맨 앞으로 가져오기]–[맨 앞으로 가져오기]를 클릭한다.

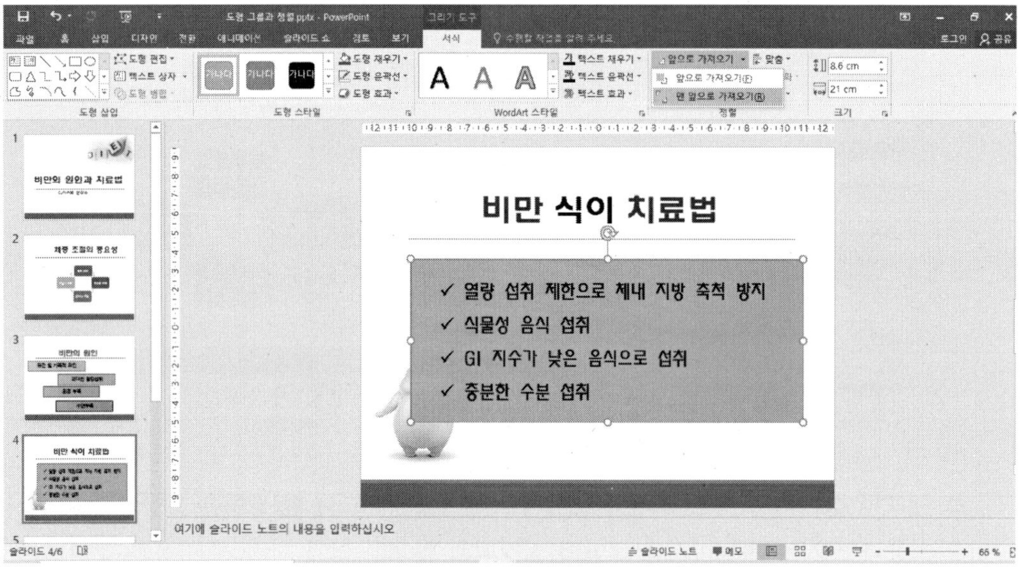

② 슬라이드 5의 정렬할 도형을 모두 드래그 하여 선택한다.

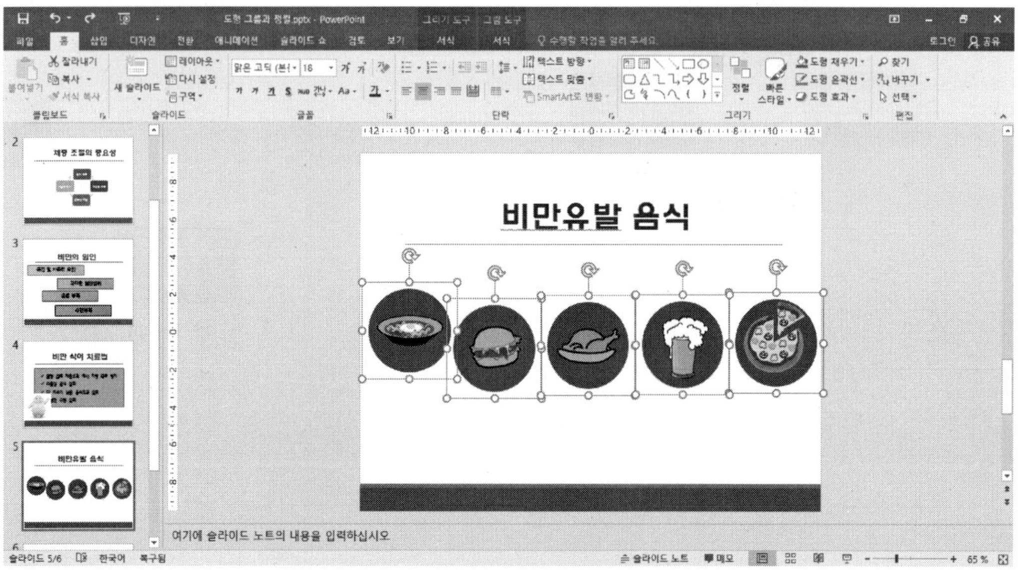

③ [그림 도구]-[서식] 탭-[정렬] 그룹-[맞춤]-[위쪽 맞춤]을 선택한다.

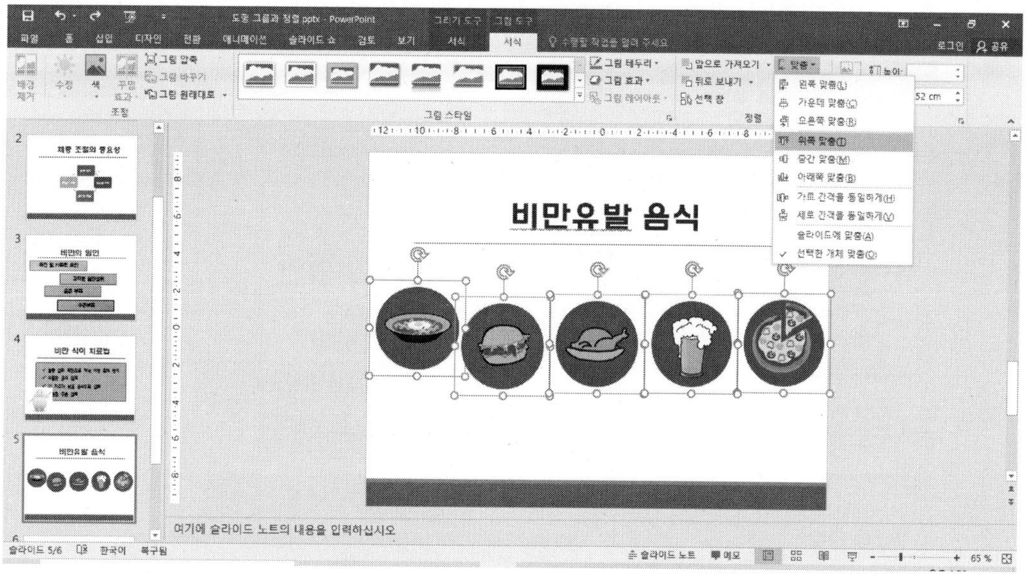

④ 선택된 도형이 모두 일괄 왼쪽 맞춤으로 정렬이 된 것을 볼 수 있다.

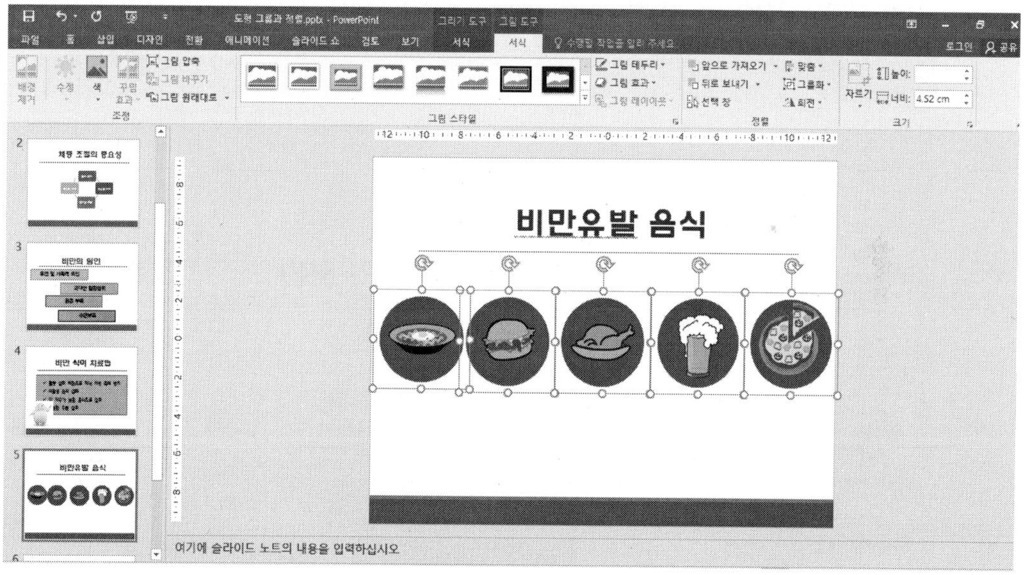

⑤ 슬라이드 3의 세로로 작성된 도형을 모두 선택하여 [그림 도구]–[서식] 탭–[정렬] 그룹–[맞춤]–[왼쪽 맞춤]을 클릭하여 왼쪽 기준으로 도형을 맞춘다.

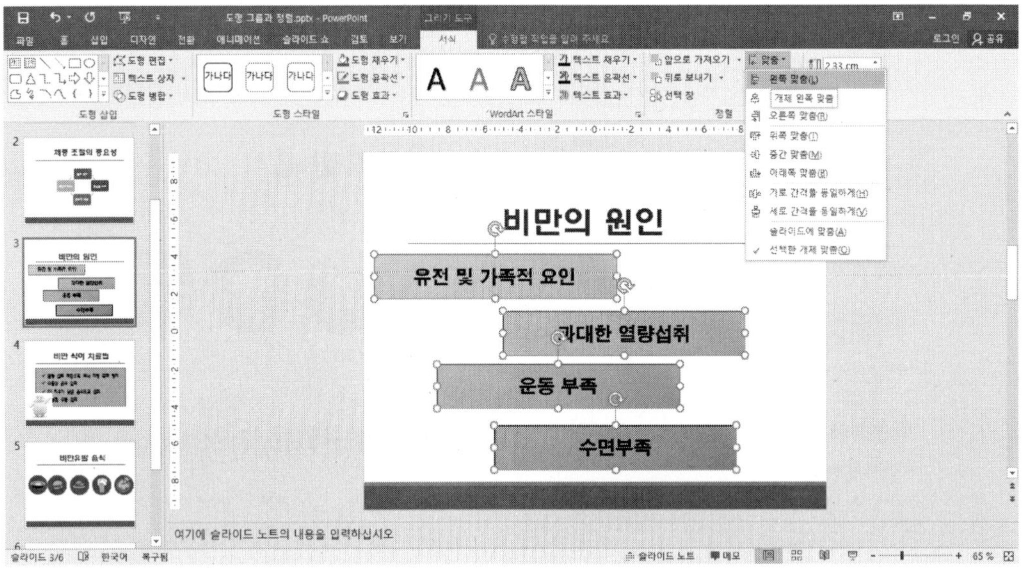

⑥ [그림 도구]–[서식] 탭–[정렬] 그룹–[맞춤]–[세로 간격을 동일하게]를 클릭한다.

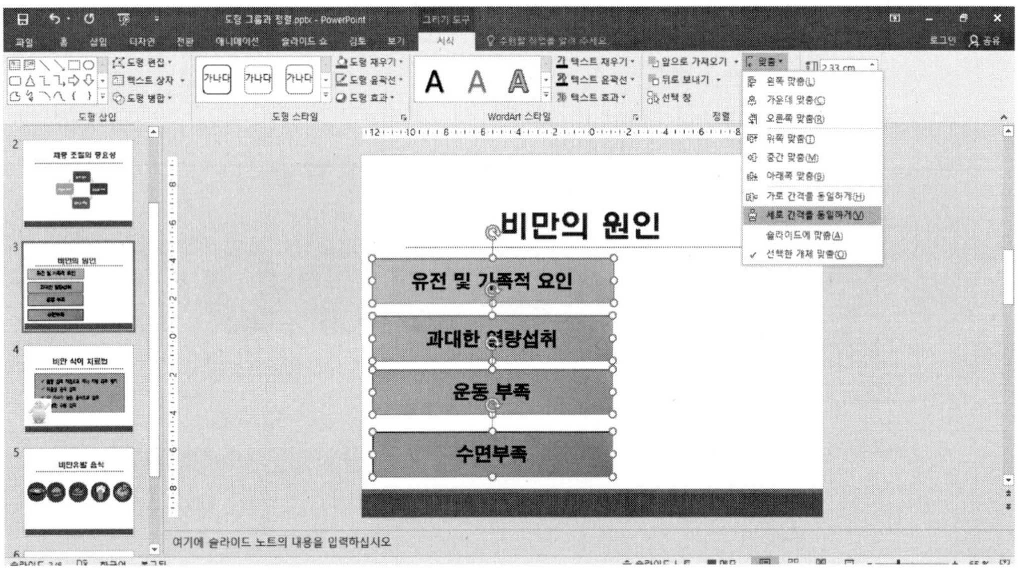

⑦ 왼쪽 정렬 및 세로 간격이 동일하게 맞춰 진 것을 볼 수 있다.

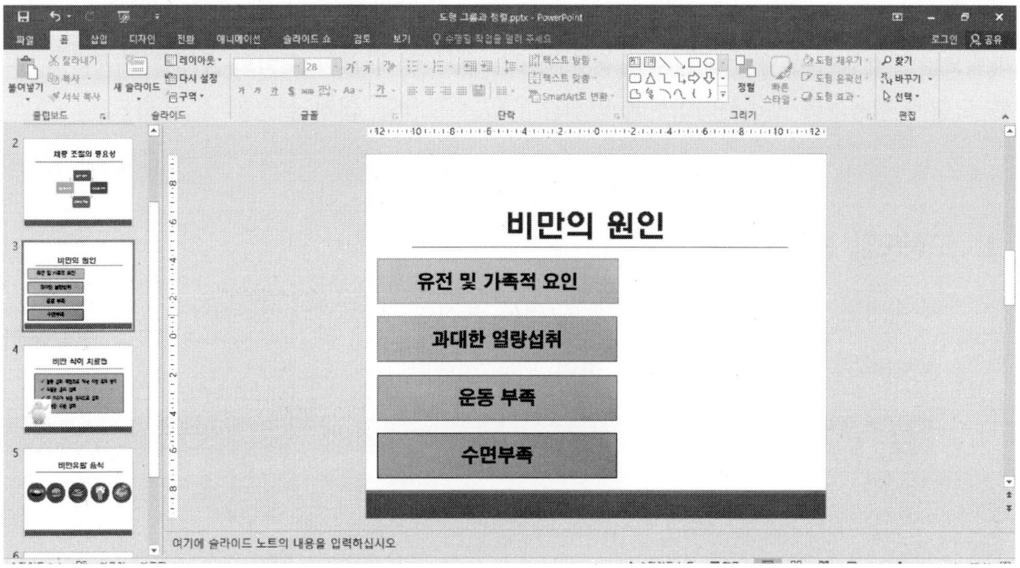

5-4 도형 서식 설정

파워포인트 삽입된 도형의 배경서식, 3차원효과, 반사 및 다양한 도형의 효과를 제공한다. 여러 효과를 도형에 적용하여 프레젠테이션에 입체감이 있는 도형을 쉽게 설정할 수 있다.

예제파일 : 도형스타일.pptx

1 도형모양 변경

이미 작성된 도형의 서식과 모양을 그대로 유지된 채 모양만 변경할 수 있다.

① 슬라이드 2의 도형을 드래그 하여 모두 선택한다.

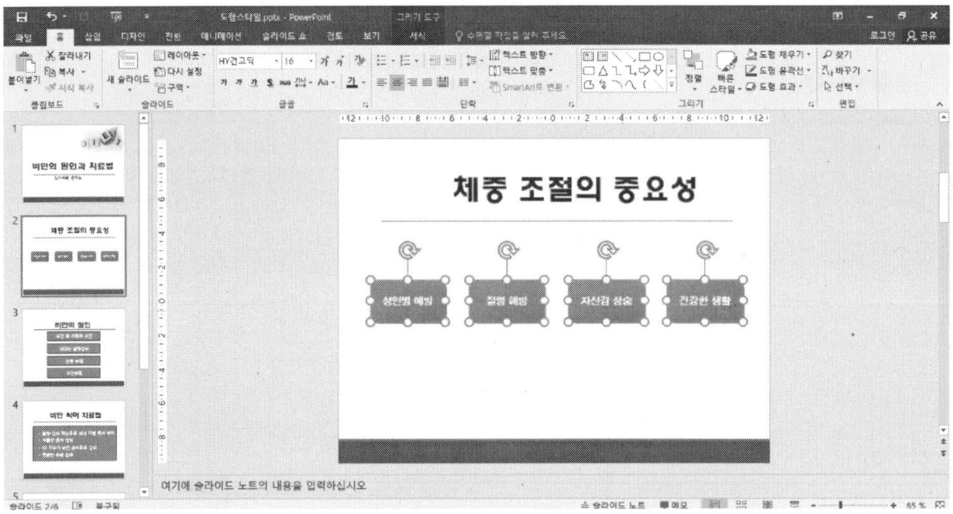

② [그리기도구]-[서식]탭-[도형 편집]-[도형 모양 변경]에 [눈물 방울] 도형을 선택한다.

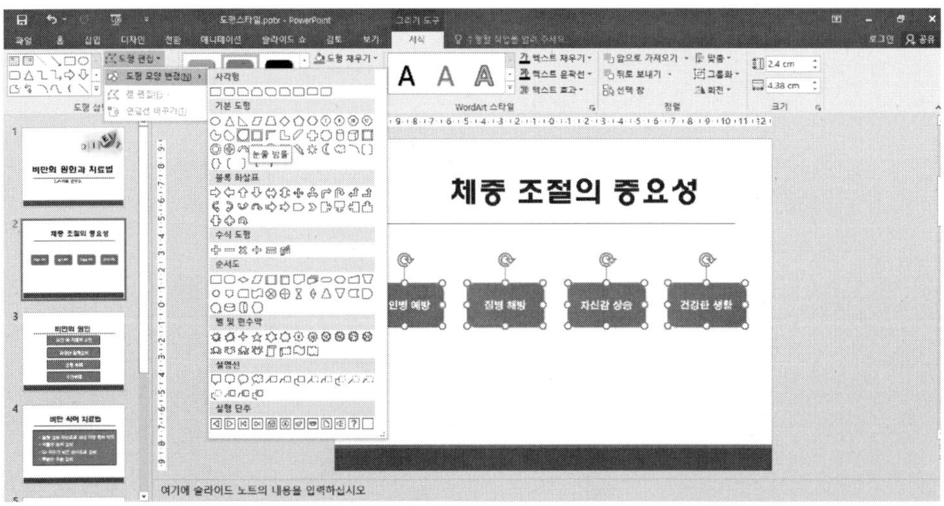

③ 선택된 도형들이 모두 [눈물 방울] 도형으로 변경된 것을 볼 수 있다.

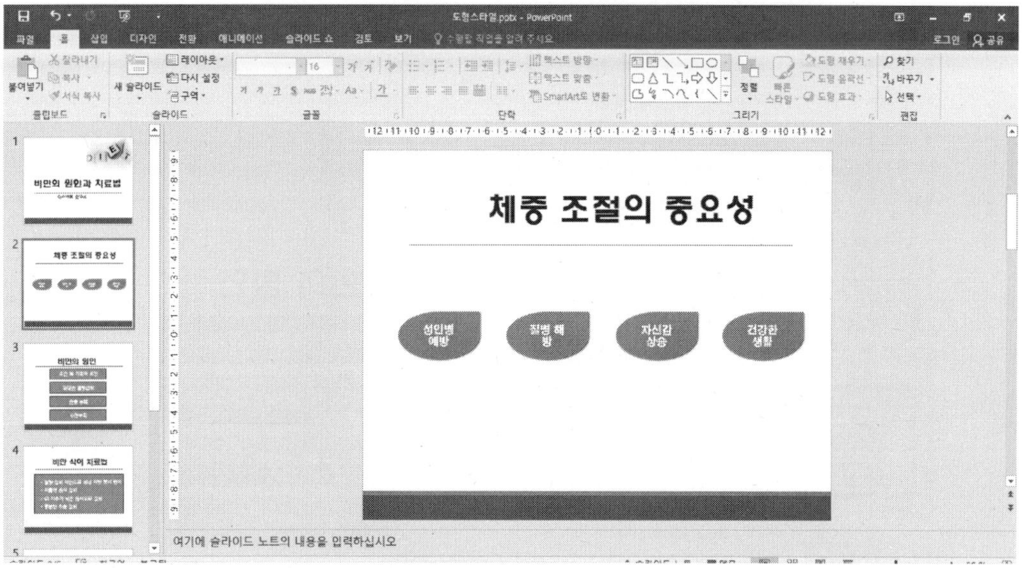

2 도형 채우기

작성된 도형의 스타일을 이용해서 이미 등록된 도형 배경색을 채우거나 [도형 채우기] 메뉴를 선택하여 원하는 색상을 선택하여 배경을 지정할 수 있다.

① 슬라이드 3의 도형을 드래그 하여 모두 선택한다.

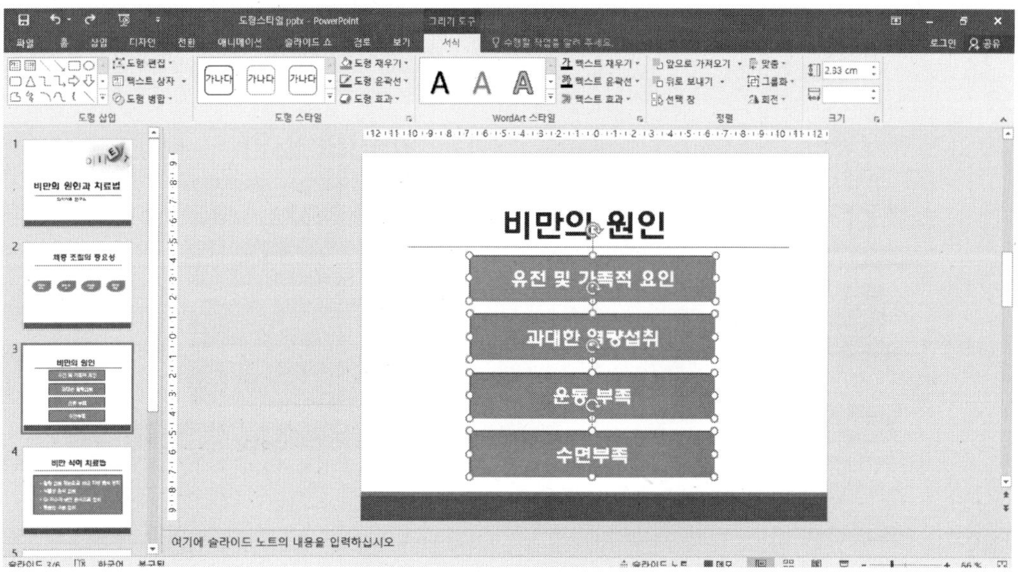

② [그리기도구]-[서식]탭-[도형스타일]그룹에-[자세히 ▾] 버튼을 클릭하고 '강한 효과-녹색, 강조6'을 선택한다.

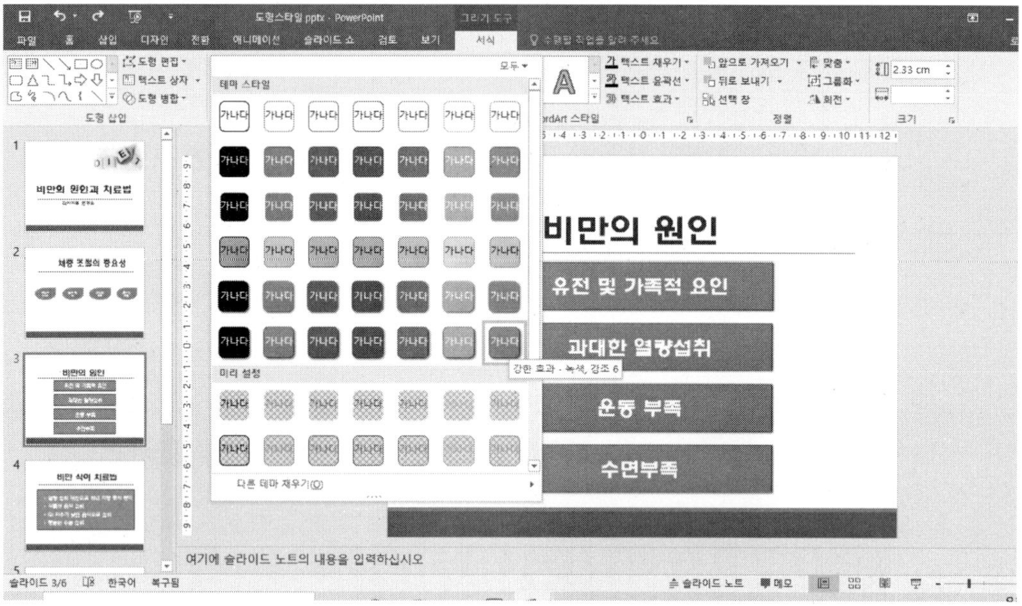

③ 모든 도형이 선택된 도형 스타일 '강한 효과-녹색, 강조6'로 변경된 걸 볼 수 있다.

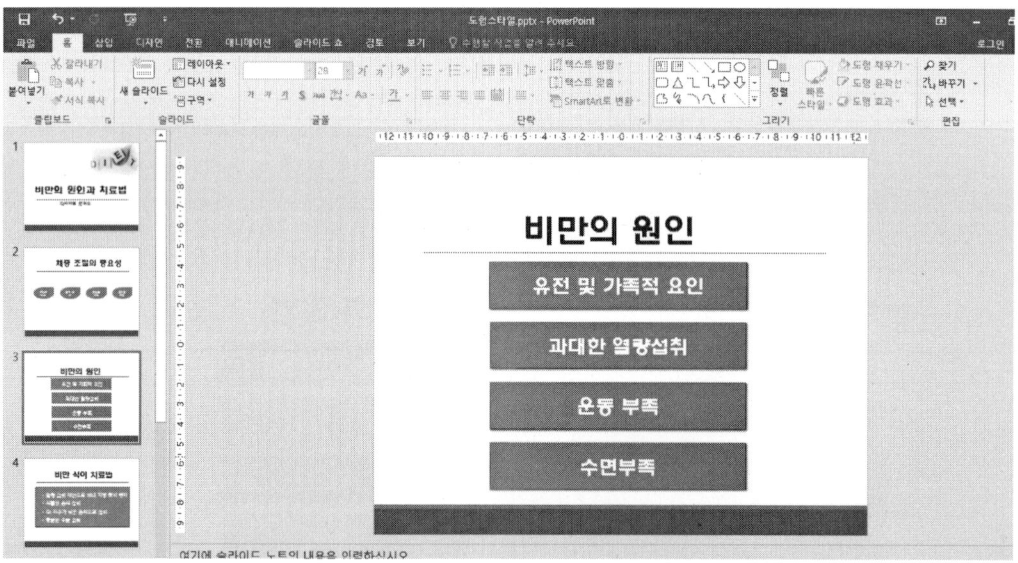

④ 슬라이드 4를 선택하여 사각형 도형을 선택한다.

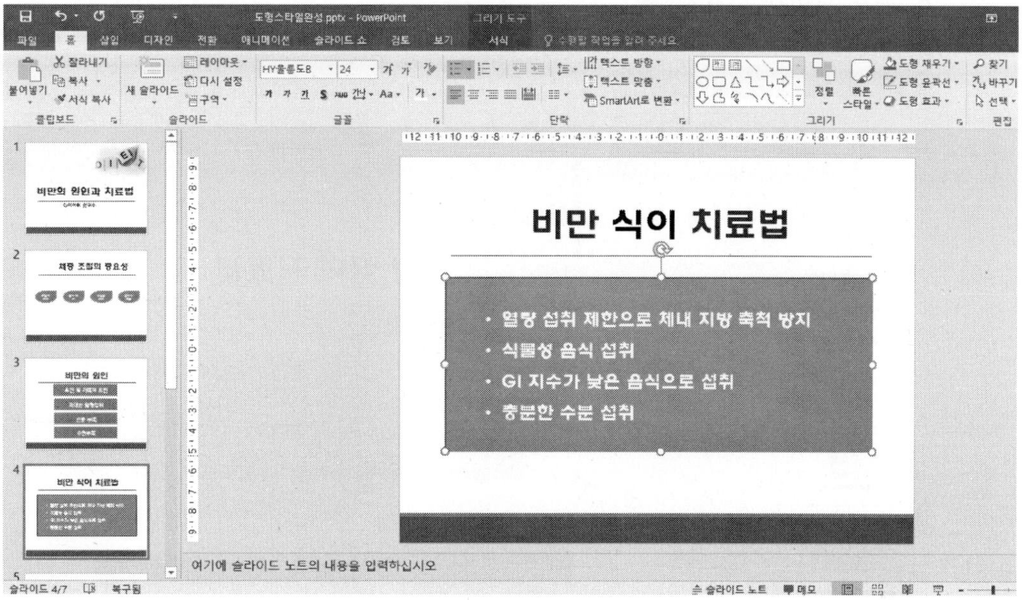

⑤ [그리기도구]-[서식]탭-[도형 스타일]그룹에-[도형 채우기]-[황록색, 텍스트 2-40% 더 밝게]를 클릭하여 도형 배경색을 변경한다.

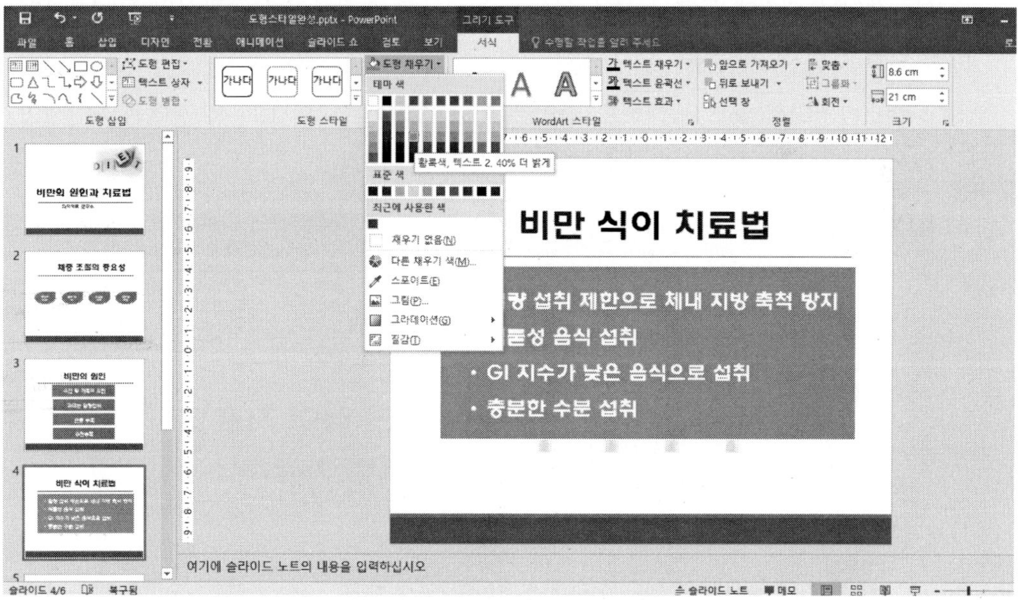

⑥ [그리기도구]-[서식]탭-[도형 스타일]그룹에-[도형 윤곽선]-[윤곽선 없음] 을 선택하여 도형의 선을 투명으로 설정한다.

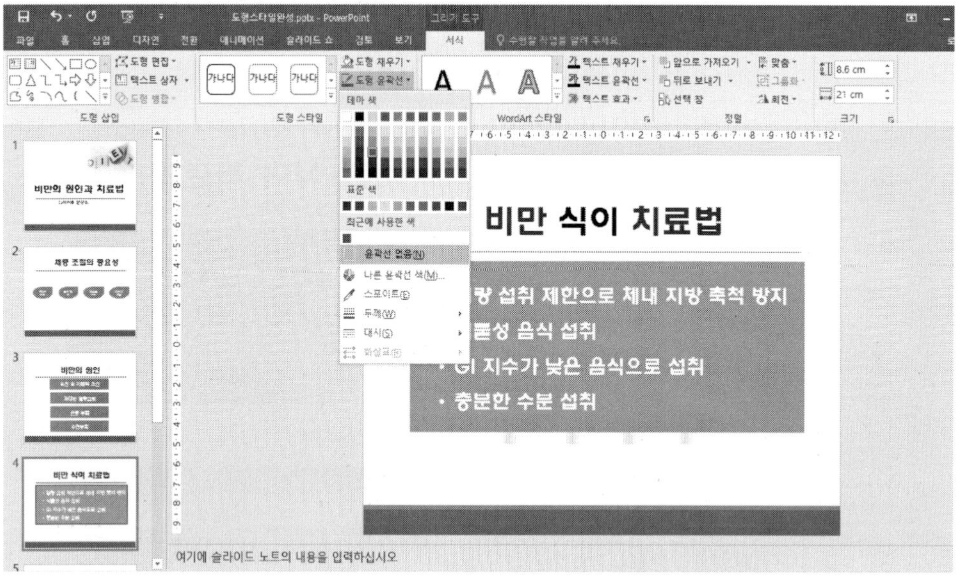

3 도형 서식

적용된 색이나 배경에 도형 서식을 이용해 투명도를 지정하거나 윤곽선의 두께를 옵션을 지정하여 값을 설정 할 수 있다.

① 도형스타일완성.pptx 슬라이드 파일을 열고 슬라이드 4의 도형을 선택한 뒤 [그리기도구]-[서식]탭-[도형스타일]그룹-[도형 서식]을 클릭한다.

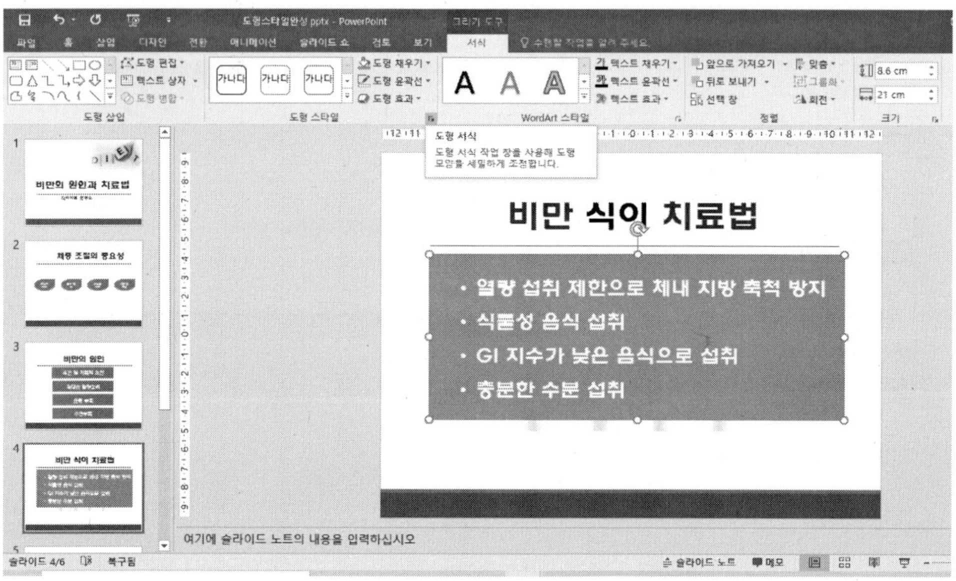

② 오른쪽 [도형 서식] 작업 창에서 [채우기]-[투명도]-[35%]를 설정한다.

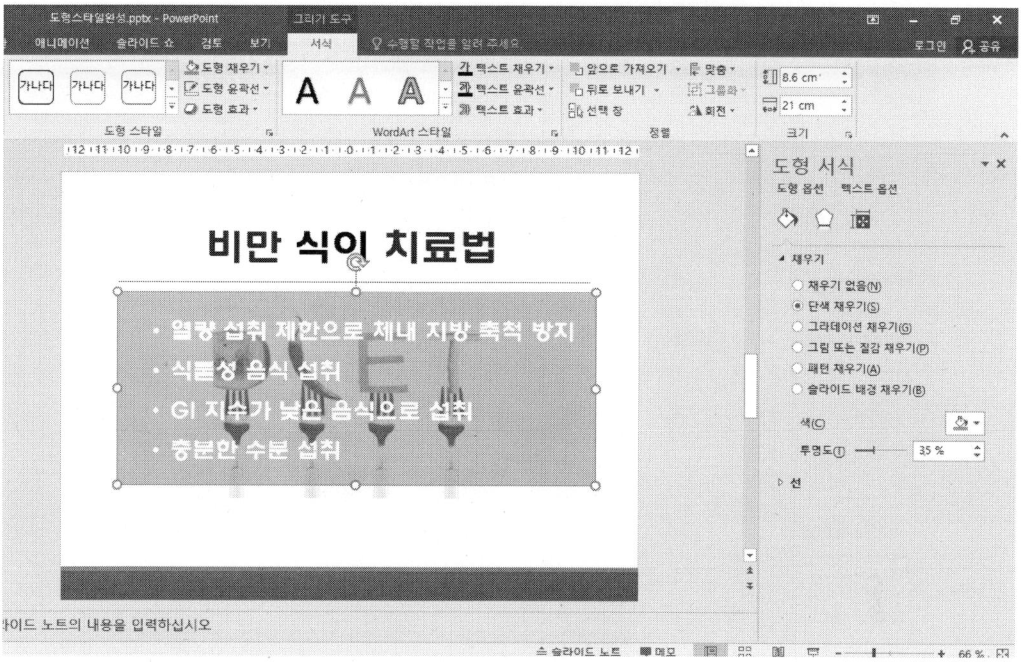

③ 슬라이드 5의 원형 도형만 Shift 키를 누른 채 선택한다.

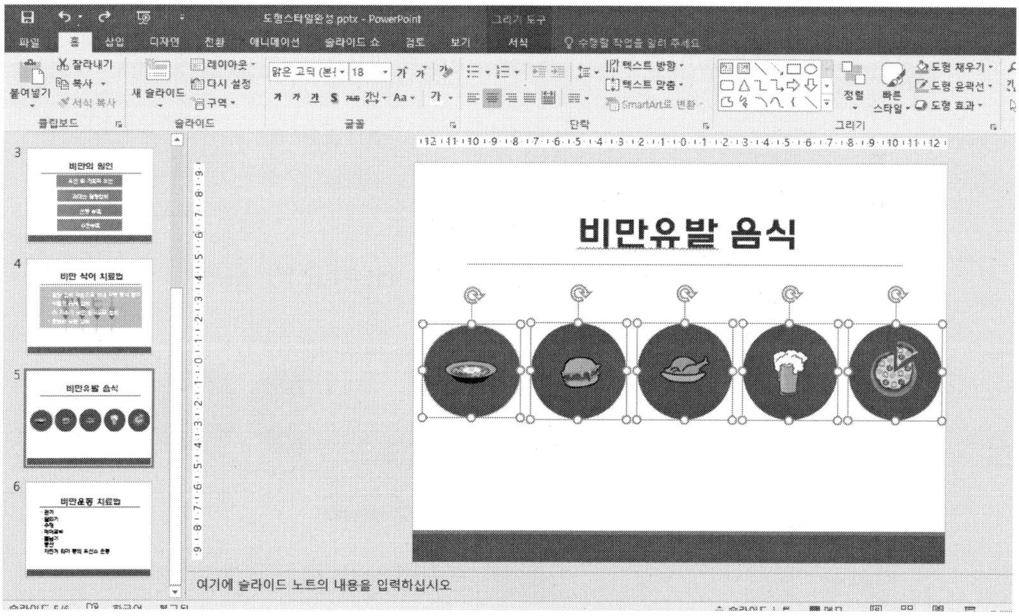

④ 도형을 선택한 뒤 [그리기도구]-[서식]탭-[도형 스타일]그룹-[도형 윤곽선]-[주황, 강조 1, 40% 더 밝게]를 클릭한다.

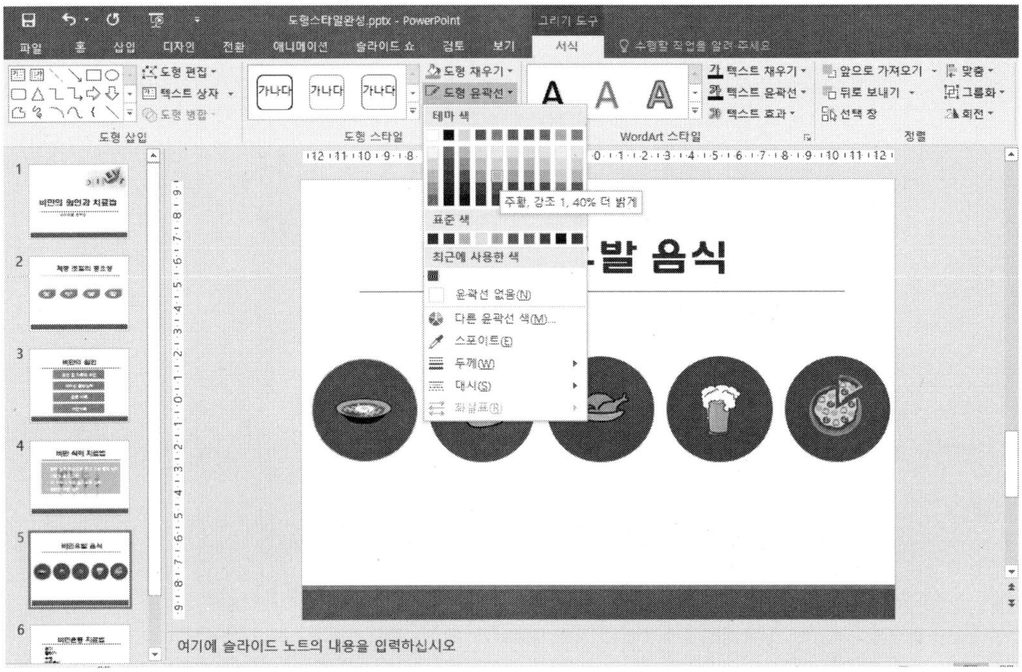

⑤ [그리기도구]-[서식]탭-[도형 스타일]그룹-[도형 윤곽선]-[두께]-[6pt]를 클릭한다.

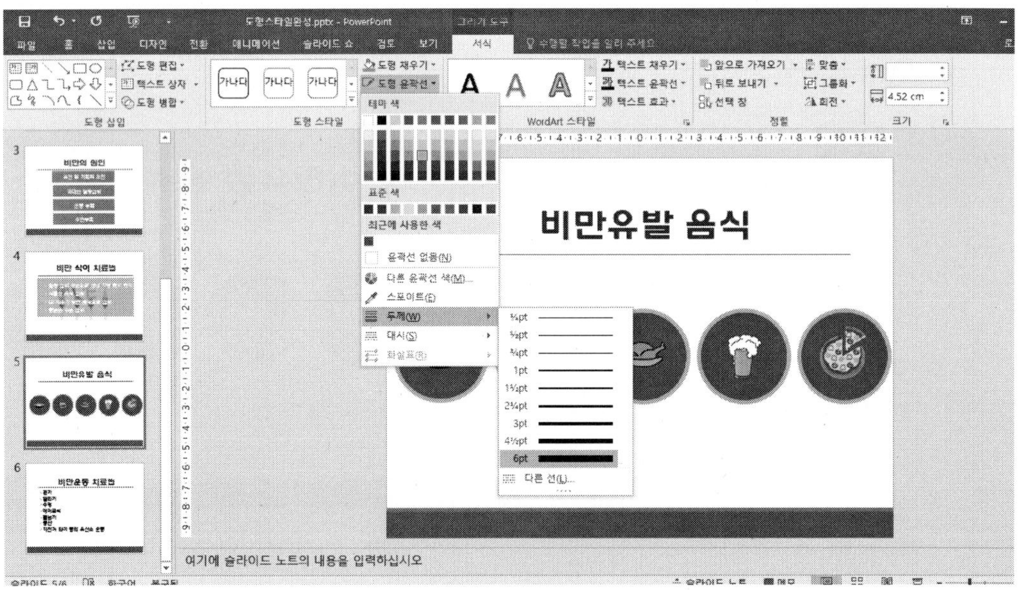

⑥ [그리기도구]-[서식]탭-[도형 스타일]그룹-[⧉ 도형 서식]을 클릭한다.

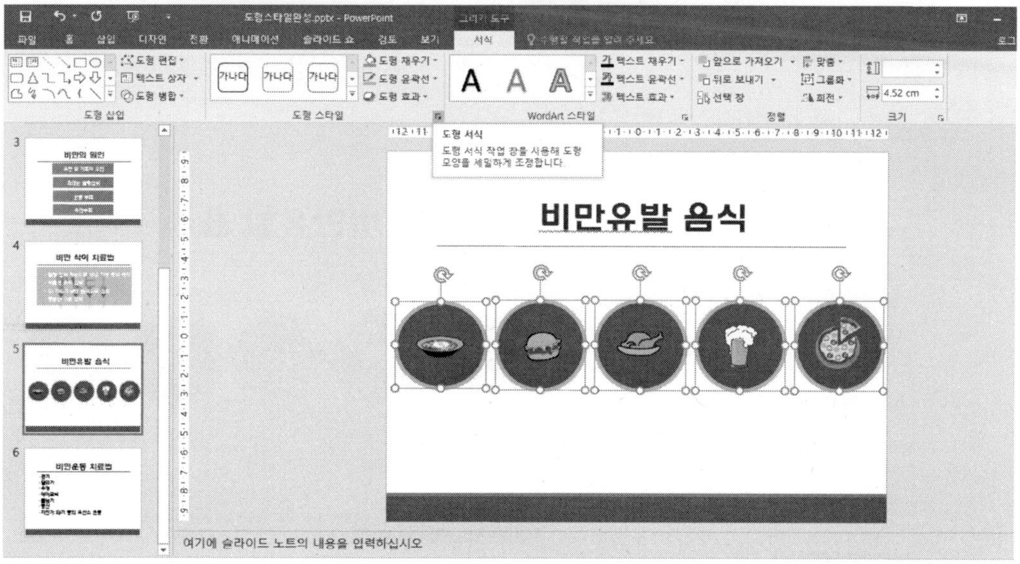

⑦ [도형 서식] 작업 창에서 [선]-[너비]-[10]를 설정한다.

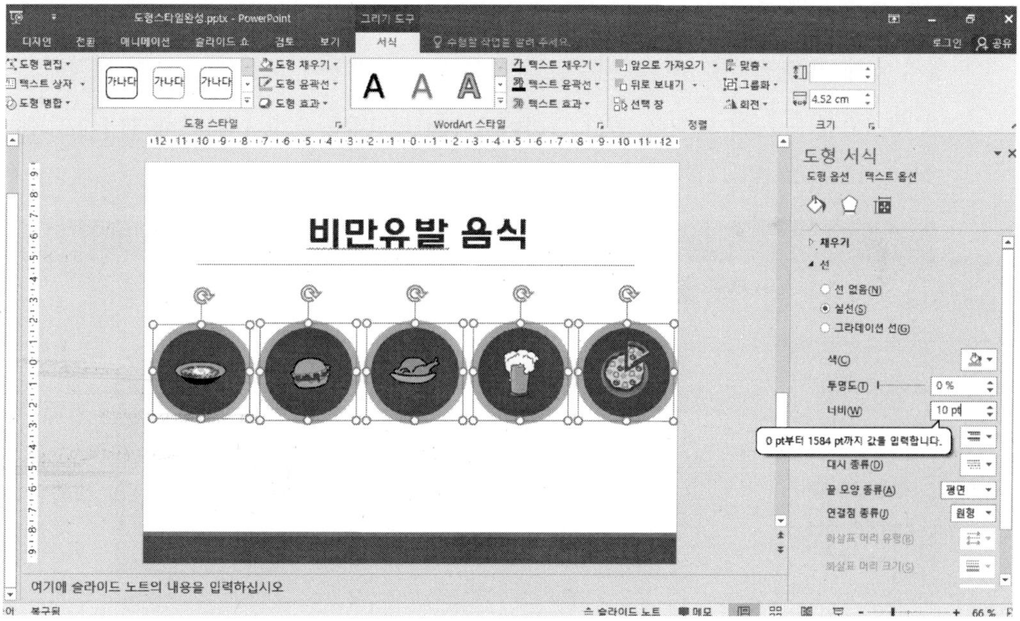

⑧ 모든 도형에 두께가 적용이 된 것을 볼 수 있다.

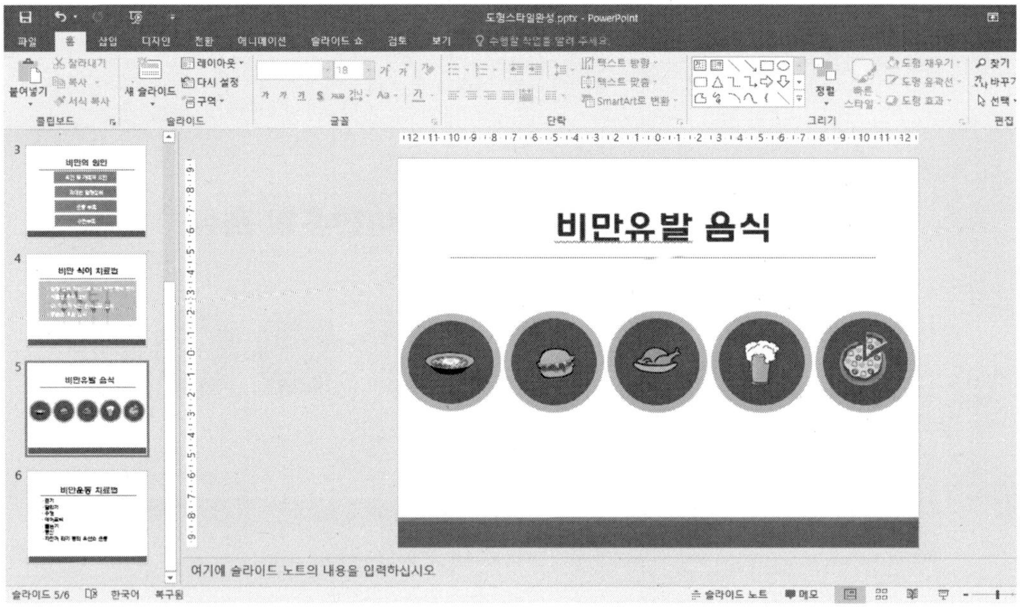

4 도형 효과

도형의 입체 효과, 그림자효과, 네온, 반사 효과를 지정하여 도형에 효과를 지정해 본다.

① 도형스타일.pptx의 파일을 열고 슬라이드 7의 첫 번째 도형을 선택한 뒤 [그리기도구]-[서식]탭-[도형스타일]그룹-[도형 효과]를 클릭한다.

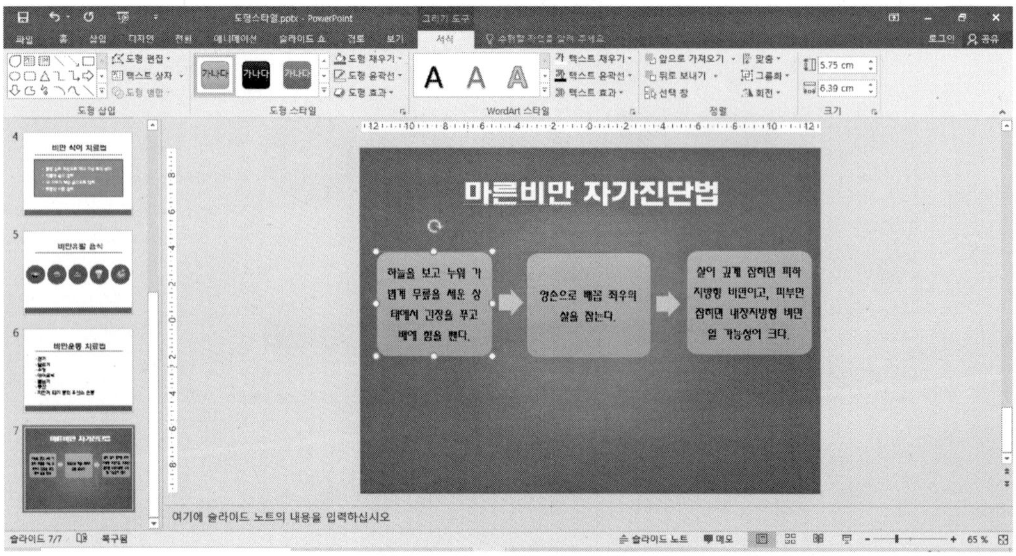

② [기본 설정]-미리보기 목록에 [기본 설정 1]을 선택한다.

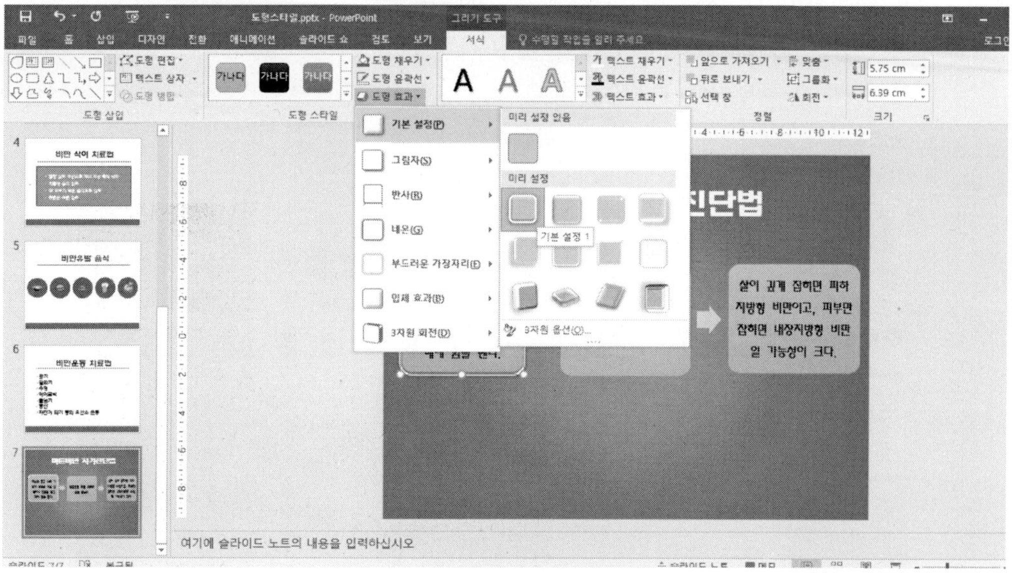

③ 두 번째 도형을 선택한 뒤 [그리기도구]-[서식]탭-[도형 스타일]그룹-[도형 효과]-[기본 설정]-미리보기 목록에 [기본 설정 2]을 선택한다.

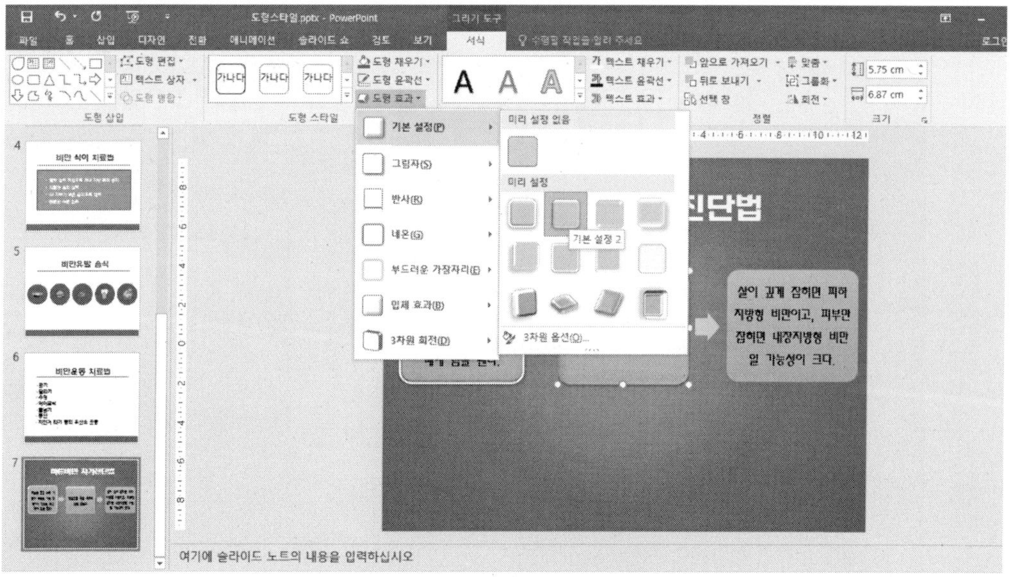

④ 세 번째 도형을 선택한 뒤 [그리기도구]-[서식]탭-[도형 스타일]그룹-[도형 효과]-[기본 설정]-미리보기 목록에 [기본 설정 3]을 선택한다.

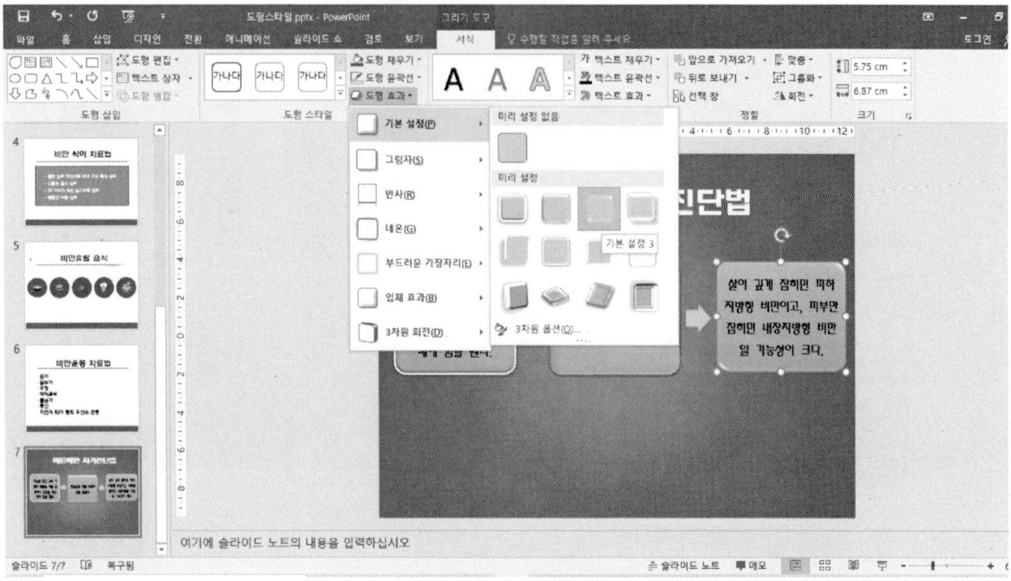

⑤ 각각의 도형에 지정된 효과가 적용된 것을 볼 수 있다.

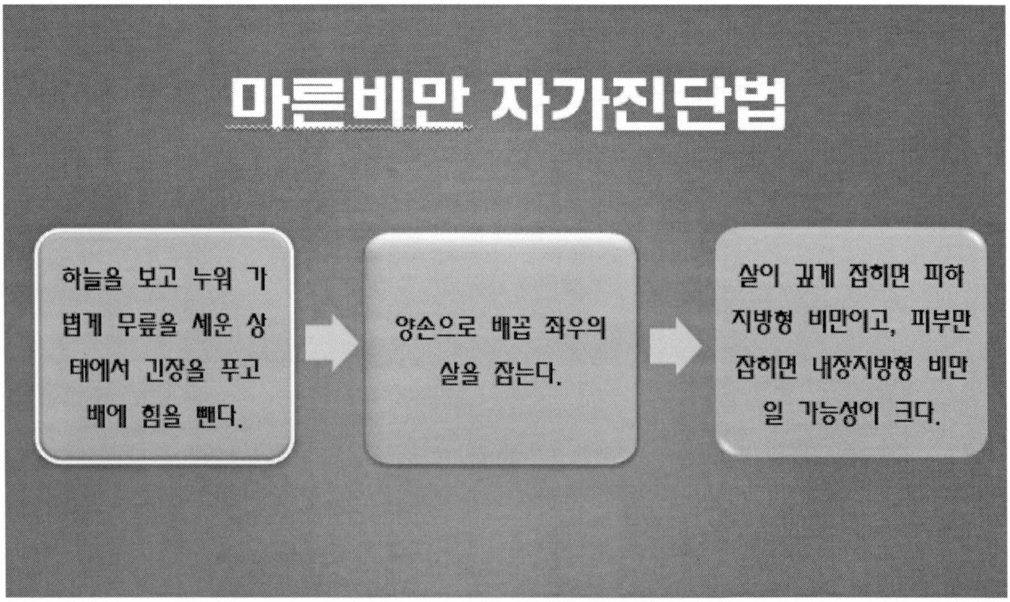

⑥ 적용된 효과를 없애기 위해서 세 개의 도형을 Shift 키로 각각 선택한다.

⑦ [그리기도구]-[서식]탭-[도형스타일]그룹-[도형 효과]-[기본 설정]-미리보기 설정 없음 목록에 [없음]을 선택한다.

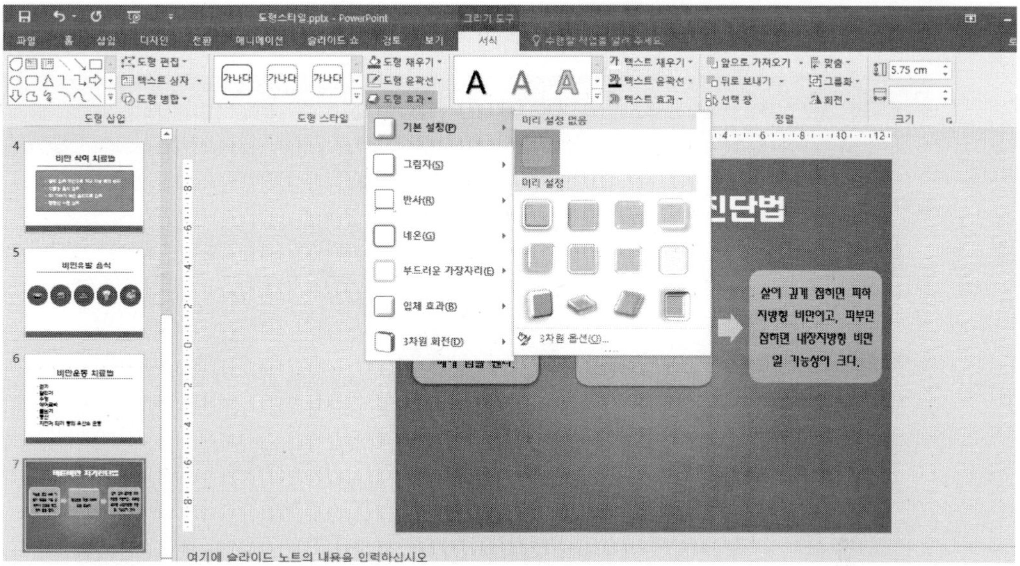

⑧ 적용된 기본효과가 없어진 것을 볼 수 있다.

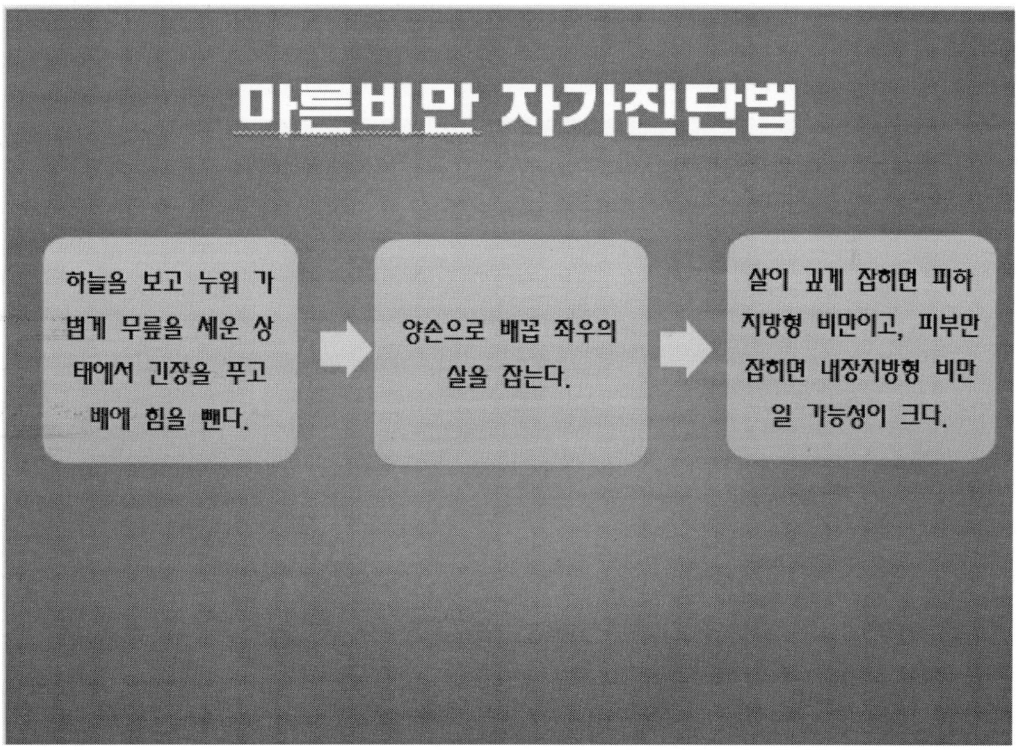

5 일괄 도형 효과지정

① 슬라이드 7에 도형을 Shift 키로 선택한 후 [그리기도구]–[서식]탭–[도형스타일]그룹–[도형효과]를 클릭한다.

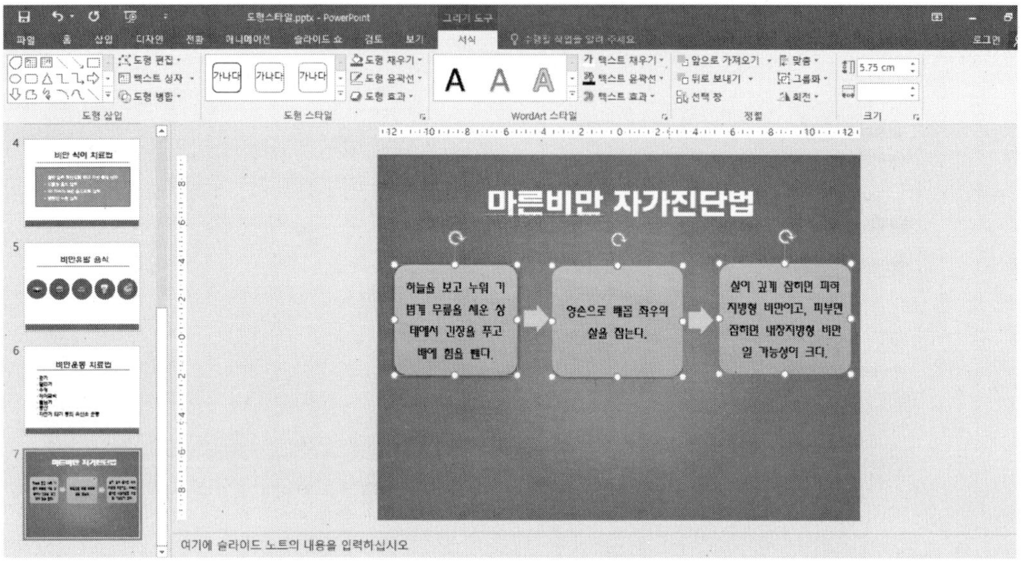

② [그리기도구]–[서식]탭–[도형스타일]그룹–[도형 효과]–[반사]–[1/2반사, 4pt 오프셋]을 선택하면 도형에 반사효과가 생긴다.

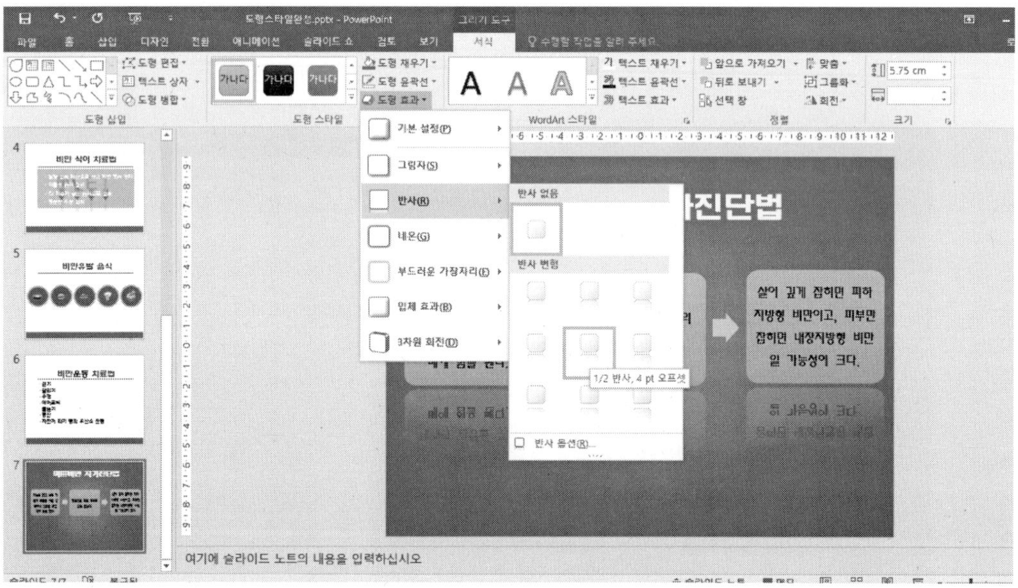

③ [그리기도구]-[서식]탭-[도형스타일]그룹-[도형 효과]-[입체 효과]-[각지게]를 선택하면 도형에 입체감 있는 도형의 효과가 적용이 된다.

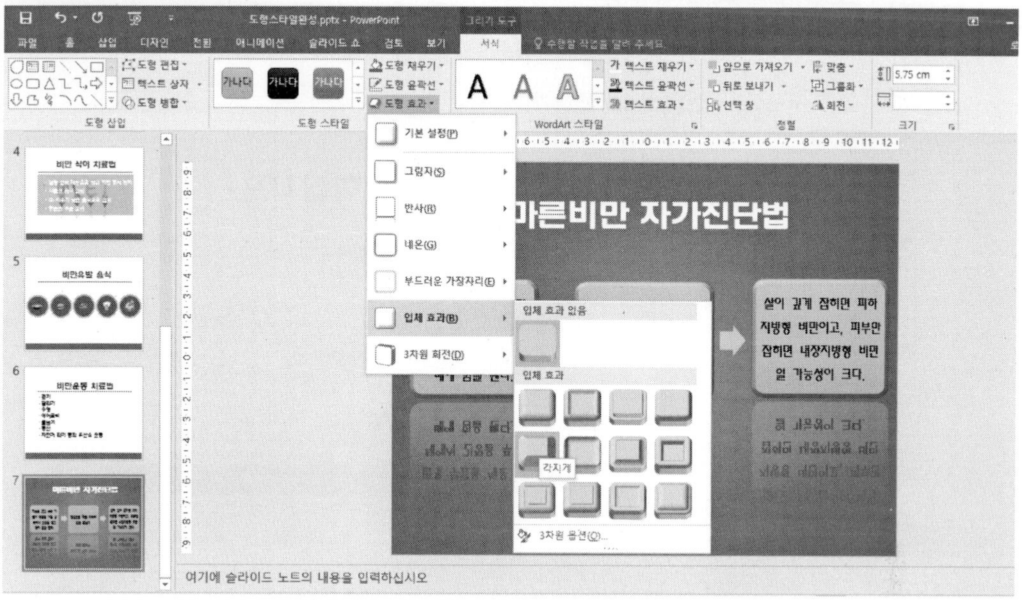

④ 슬라이드 3를 선택하여 Enter↵ 키를 눌러 새 슬라이드를 삽입한다.

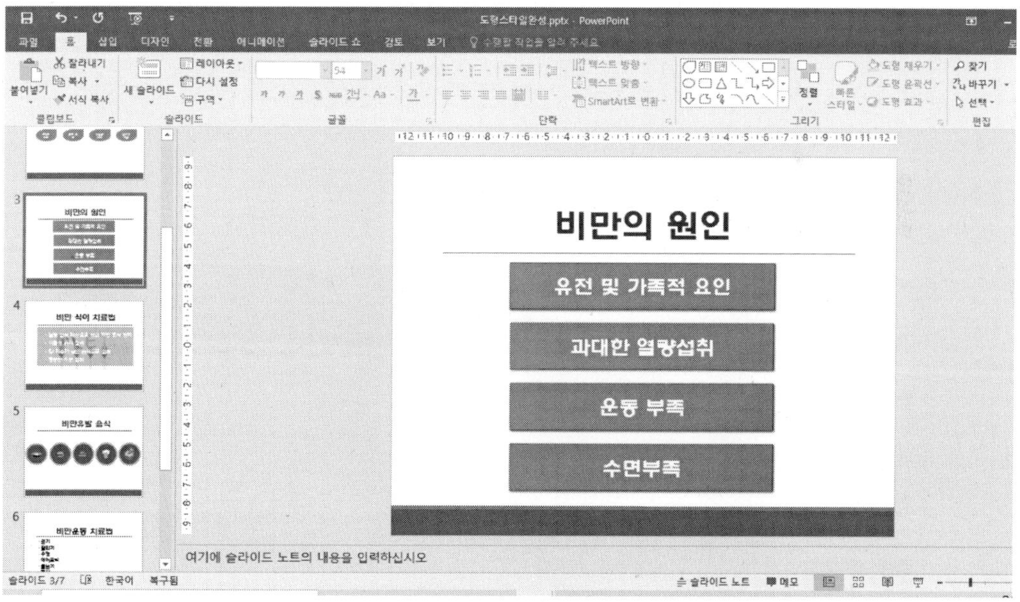

⑤ [홈]탭–[레이아웃]–[빈 화면] 레이아웃을 선택한다.

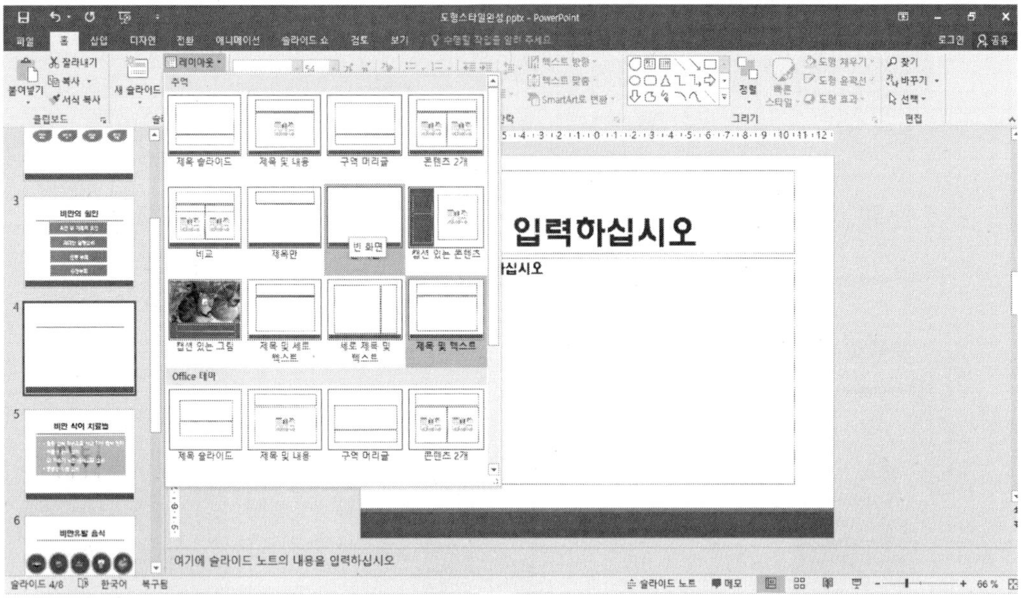

⑥ [홈]탭–[그리기] 그룹에 사각형을 그리거나 [삽입]탭–[일러스트레이션]그룹–[도형]–[사각형] 도형을 슬라이드 4에 드래그 하여 삽입한다.

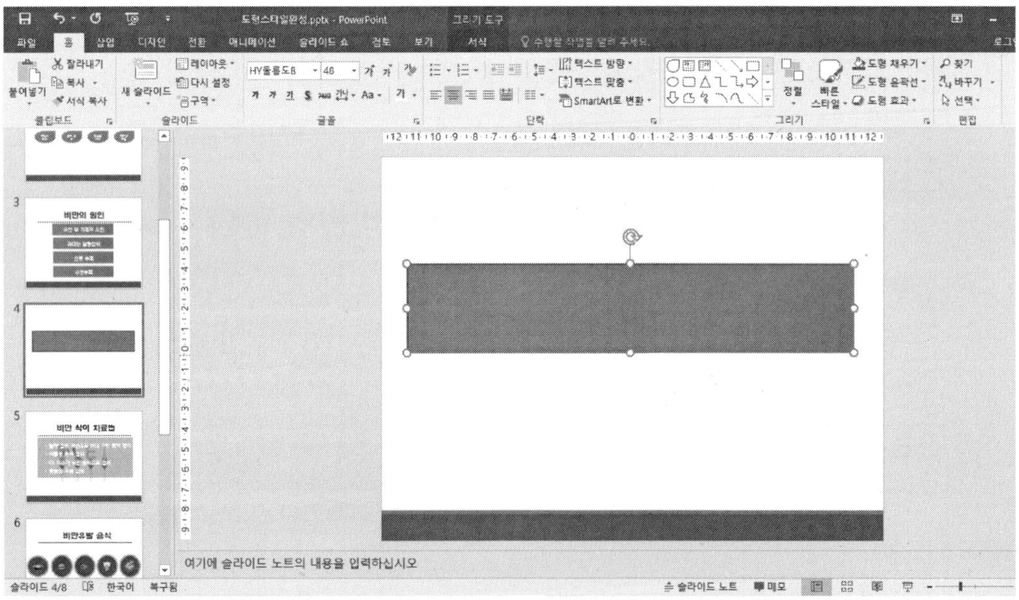

⑦ 사각형 도형을 클릭한 후 '비만의 치료법'이라는 텍스트를 입력한 후 글씨체는 'HY울릉도B', 크기는 '48pt'의 서식을 적용한다.

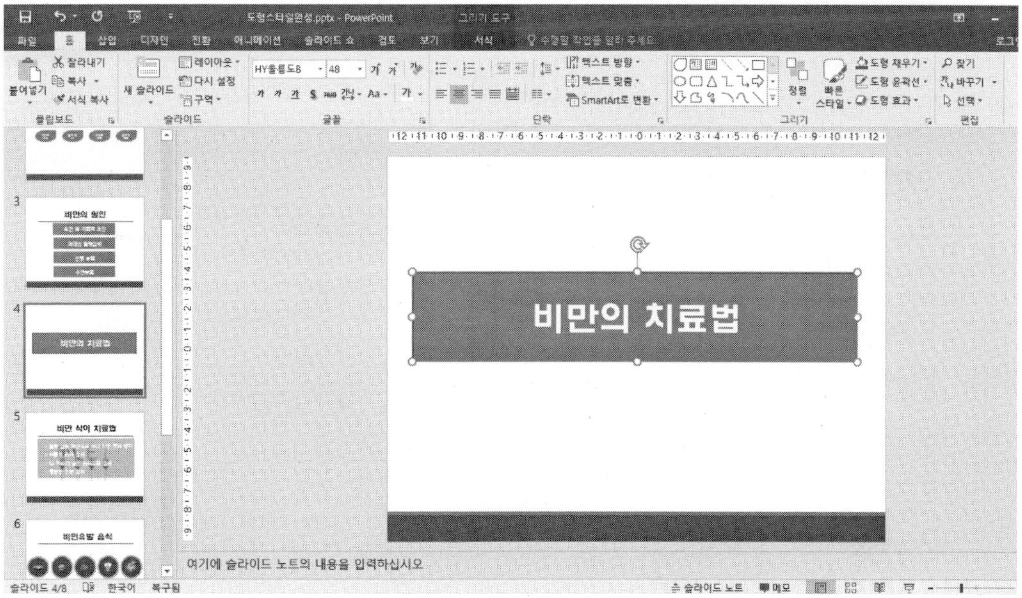

⑧ 사각형 도형을 선택 후 [그리기도구]-[서식]탭-[도형 스타일]그룹-[도형 효과]-[그림자]-[원근감]-[원근감 대각선 오른쪽 위]를 선택한다.

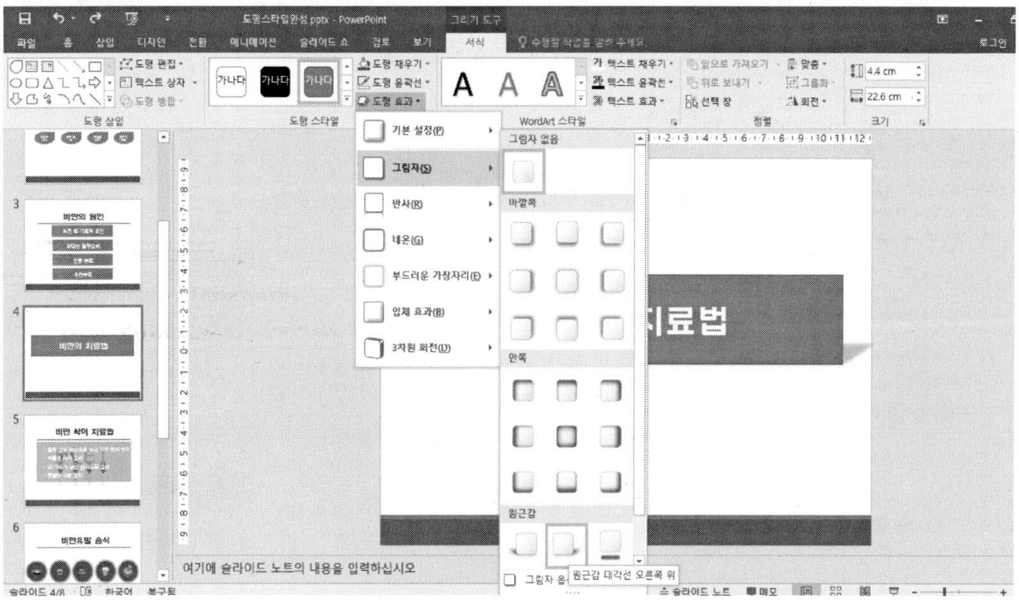

⑨ [그리기도구]-[서식]탭-[도형 스타일]그룹-[도형 효과]-[네온]-[밤색, 11pt 네온, 강조색 3]을 선택한다.

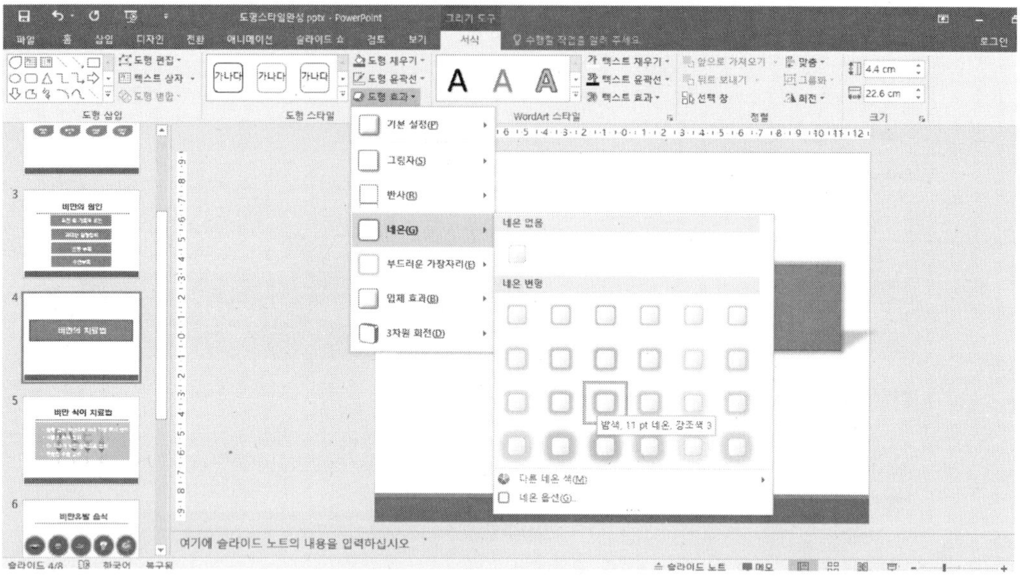

⑩ [그리기도구]-[서식]탭-[도형 스타일]그룹-[도형 효과]-[3차원 회전]-[원근감 대조적으로(왼쪽)]으로 선택한다.

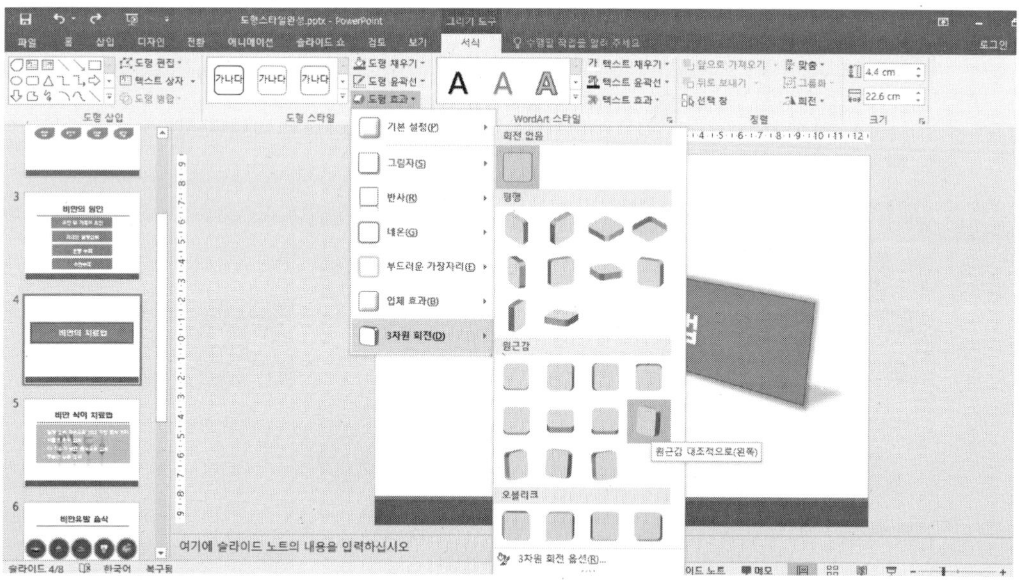

⑩ 각 도형 효과를 적용한 결과를 볼 수 있다.

TIP |

- 원하는 서식이 지정된 도형을 클릭 후 [서식복사 – 서식 복사]를 더블클릭하여 도형을 선택하면 모양이 다른 도형에도 서식을 복사하여 유용하게 활용이 가능하다.
- 기본적으로 제공하는 도형의 모양을 자유롭게 변경이 가능하다. [그리기 도구]–[서식] 탭–[도형 삽입] 그룹–[도형편집]–[자유형으로 변환]–[점 편집] 또는 [그리기 도구]–[서식] 탭–[도형 삽입] 그룹–[도형편집]–[점 편집]명령을 이용해 자유롭게 변형할 수 있다.

연습문제 05

문제파일 : 문제5.pptx / 정답파일 : 문제5(완성).pptx

01 슬라이드 4의 기본도형 '사각형' 을 도형 높이 '3.56 cm', 도형 너비 '24.39 cm'의 도형 아래에 삽입하고 '응용 소프트웨어'를 입력한다.

02 슬라이드 4의 '시스템 소프트웨어'의 도형의 서식을 '응용 소프트웨어' 도형에 복사한다.

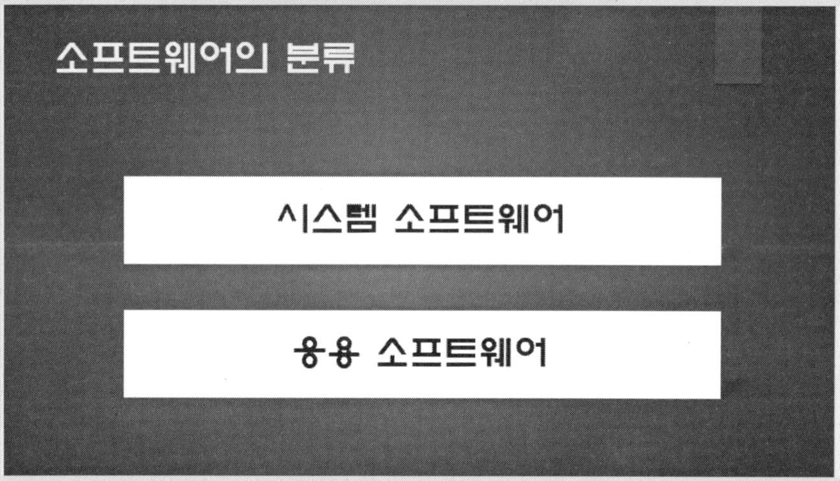

03 슬라이드 3의 오른쪽 하단에 도형을 '순서도:천공테이프'로 도형 모양 변경한다.

04 슬라이드 6의 도형을 4개의 도형을 '아래쪽' 기준으로 정렬한다.

05 슬라이드 6의 도형에 도형효과의 '기본설정4'를 설정한다.

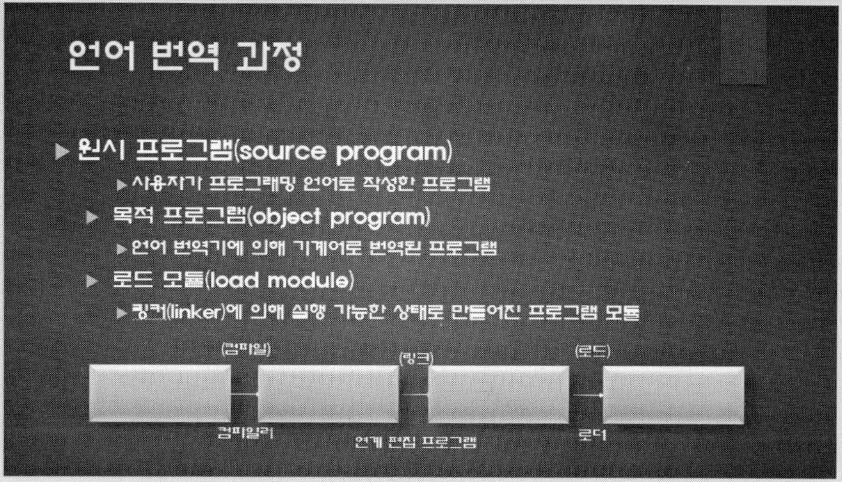

CHAPTER 06

SmartArt 활용

CHAPTER **06** | **SmartArt 활용**

학습목표

- 내용 개체 틀을 사용해 SmartArt로 변환할 수 있다.
- 다양한 종류의 SmartArt로 변환를 서식을 적용하고 레이아웃을 수정할 수 있다.

예제파일 : 스마트아트 삽입.pptx

6-1 스마트아트

정보를 시각적으로 교환하려면 SmartArt 그래픽을 삽입한다. SmartArt 그래픽의 범위는 그래픽 목록과 프로세스 다이어그램에서부터 벤 다이어그램 조직도와 같이 좀 더 복잡한 그래픽까지 다양하다.

1 SmartArt 삽입

슬라이드에 스마트아트를 삽입하고 추가 삭제 등 편집 기능을 알아본다.

① 새 슬라이드에 [삽입] 탭–[일러스트레이션] 그룹–[SmartArt]를 선택한 뒤 [SmartArt 그래픽 선택] 대화 상자에서 '세로 상자 목록형'을 선택한 후 확인 버튼을 클릭한다.

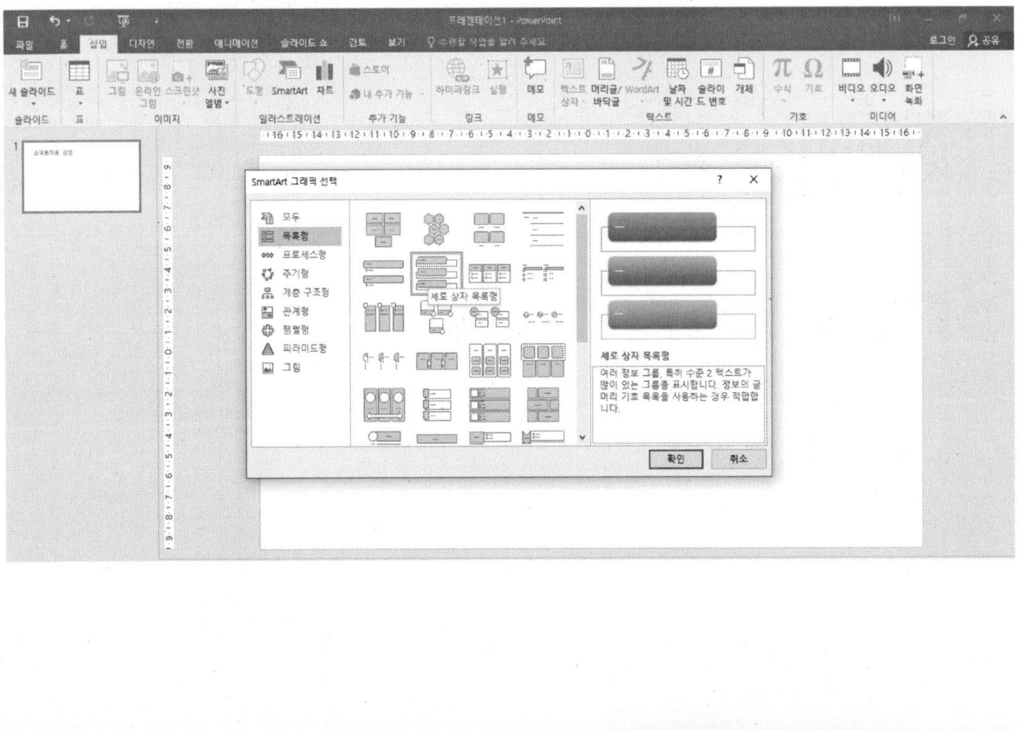

② 스마트 아트 도형이 삽입되면 첫 번째 도형을 클릭하고 '해리포터 시리즈', '태백산맥', '인간시장'을 입력한다.

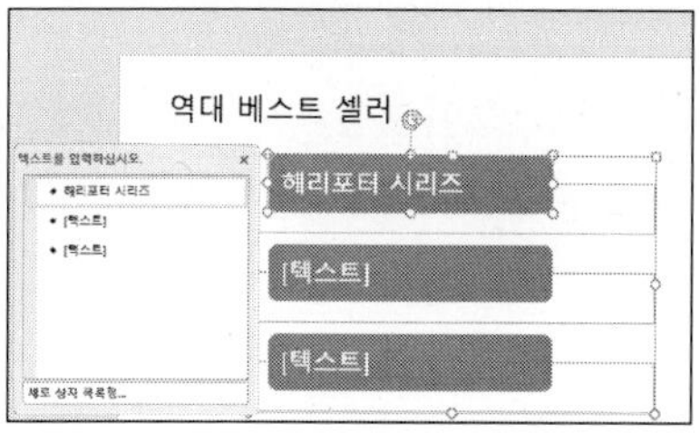

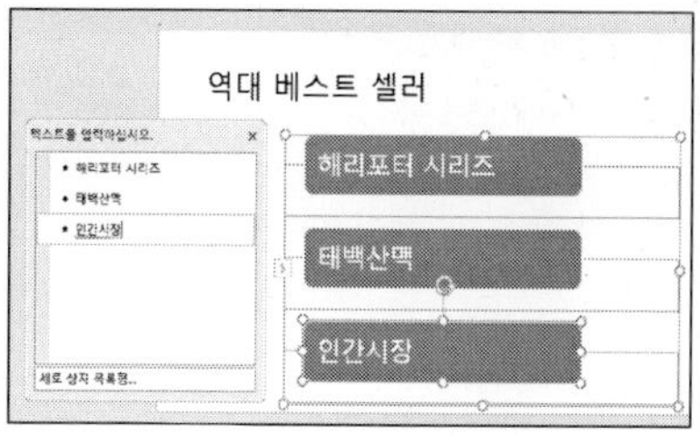

2 SmartArt 추가/삭제

① [SmartArt]를 선택한 뒤 [SmartArt 도구]-[디자인]탭-[그래픽 만들기] 그룹 [도형추가]-[뒤에 도형추가]를 선택하거나 스마트아트 도형의 '텍스트를 입력하십시오' 대화상자에 '인간시장'에 클릭한 후 Enter↵키를 눌러도 도형이 추가가 된다.

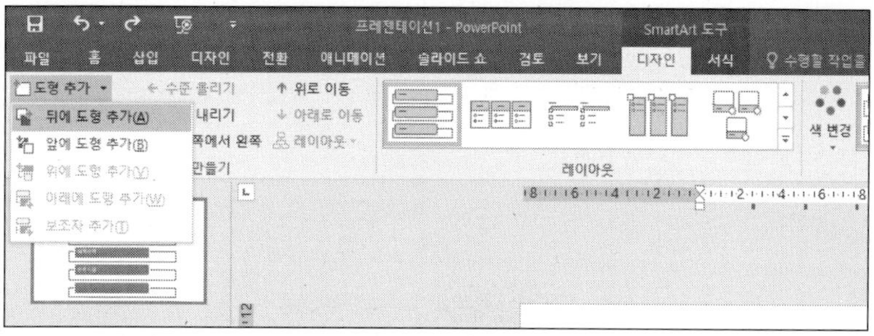

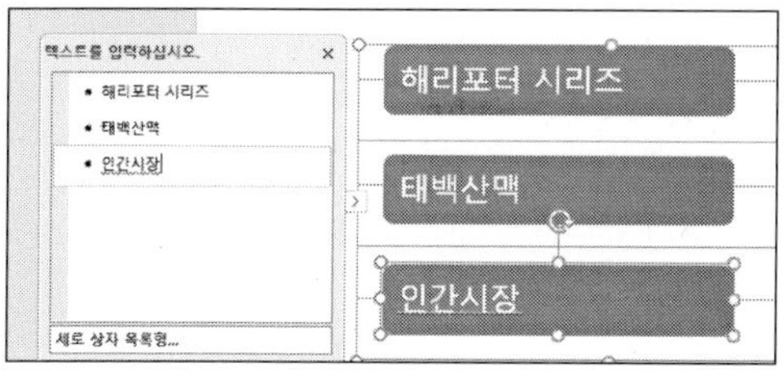

TIP | 스마트아트 텍스트 입력박스

텍스트 입력박스가 보이지 않을 경우 < 를 클릭하면 텍스트 박스가 나타난다.

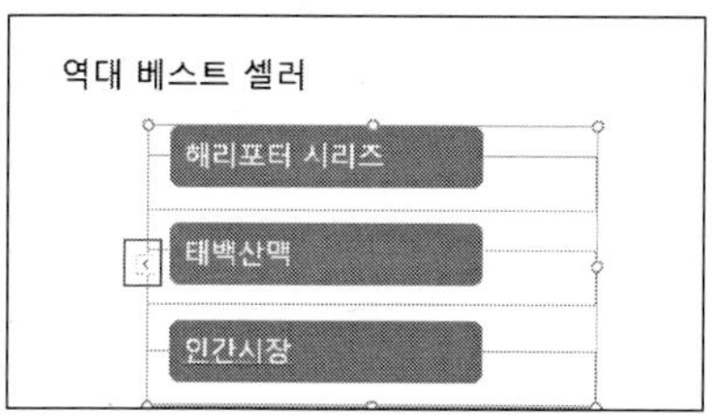

② 삽입된 마지막 스마트 아트 도형을 선택한 후 Delete 키를 누르면 선택된 스마트아트 도형이 삭제된다.

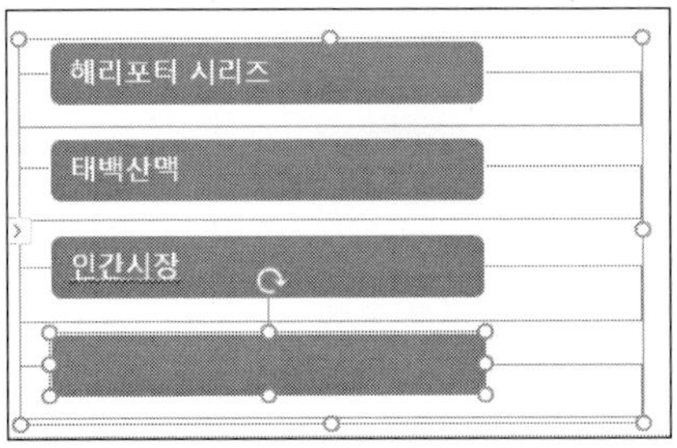

6-2 스마트아트(SmartArt)로 변환

글머리기호 목록이나 개체 틀로 정의된 텍스트 상자를 스마트 아트변환 기능을 사용하여 이미 등록된 목록형이나 조직도, 다이어그램 등 정보를 시각적으로 교환하는 기능으로 내용 개체 틀 내용을 쉽게 스마트아트로 변환이 가능하며 변환된 스마트아트를 원래대로 텍스트 또는 도형 형태로 사용에 따라 쉽게 변환할 수도 있다.

예제파일 : 스마트아트.pptx

1 SmartArt로 변환

글머리기호 목록이나 개체 틀로 정의된 텍스트 상자를 스마트아트 변환 기능을 사용하여 이미 등록된 목록형이나 조직도, 다이어그램으로 변환이 가능하다.

① 텍스트 상자를 선택하고 [홈] 탭–[단락] 그룹–[SmartArt로 변환] 목록에서 '세로 글머리 기호 목록형'으로 선택한다.

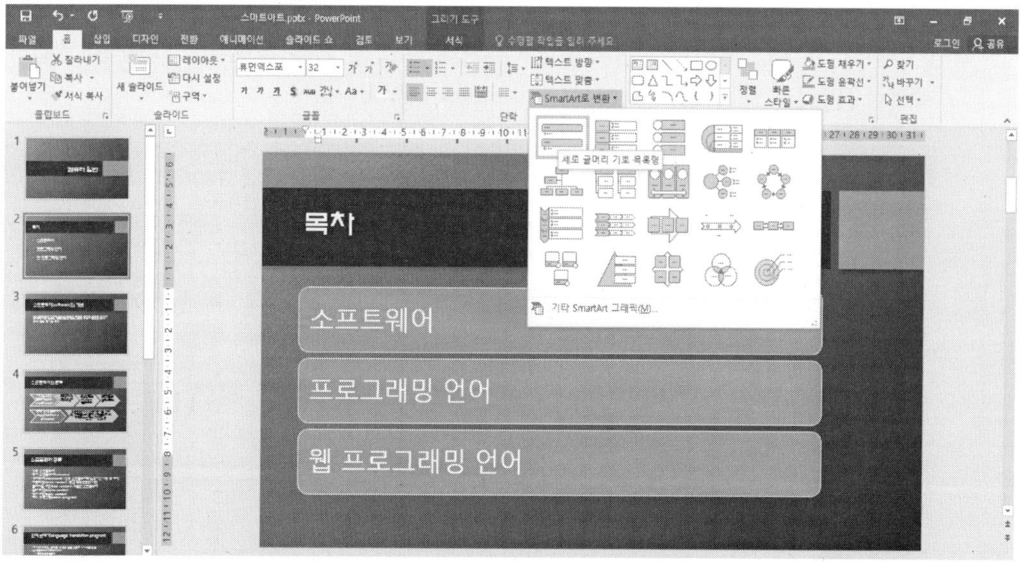

② 변환된 스마트아트를 선택하고 [SmartArt 도구]-[디자인]탭-[SmartArt 스타일]-[색 변경]을 클릭하여-[색상형 범위- 강조색2, 또는 3]을 선택한다.

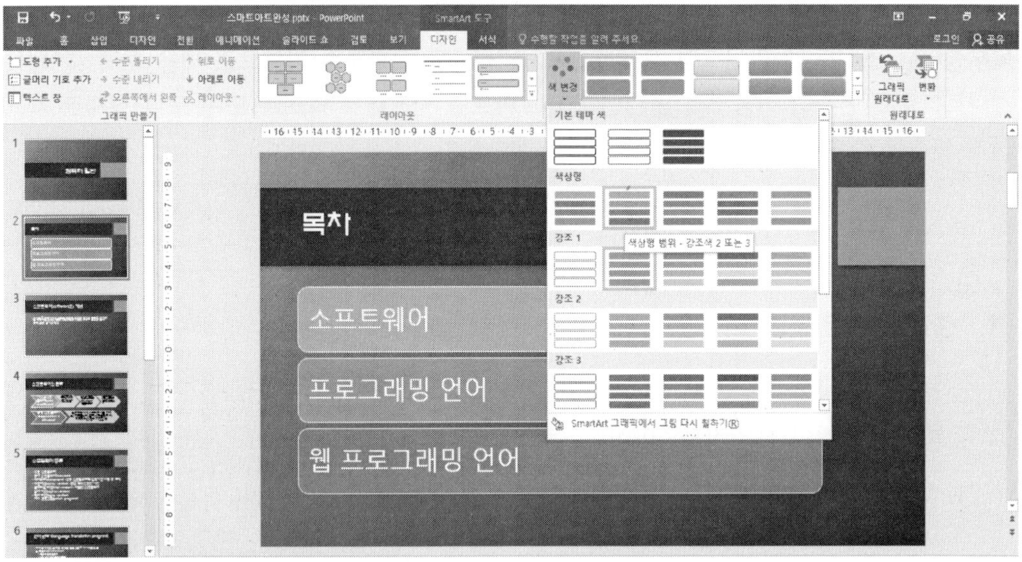

③ [SmartArt 도구]-[디자인]탭-[SmartArt 스타일]그룹에-[스타일목록]의-[자세히 ▾] 버튼을 클릭하여 [만화] 스타일을 선택하면 스타일이 변경된다.

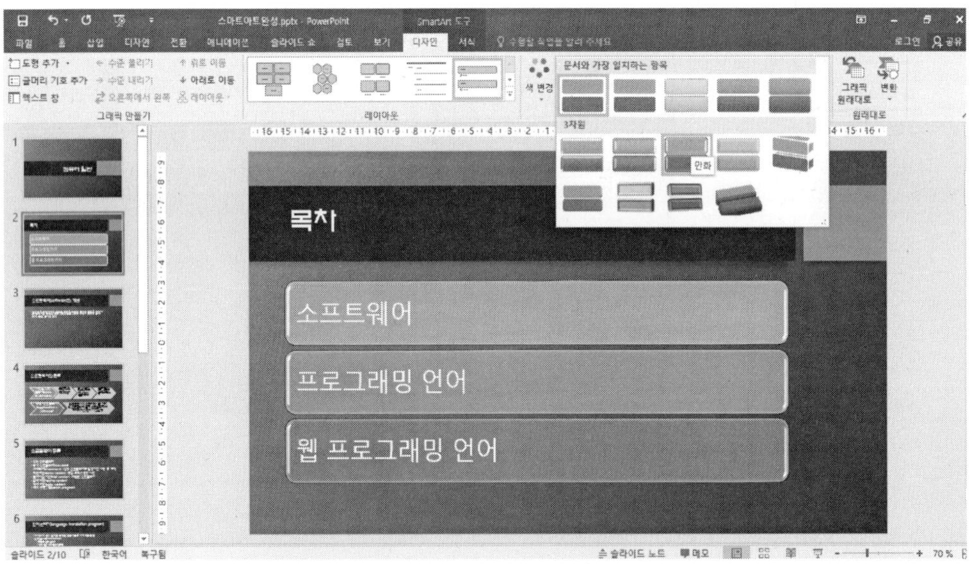

④ 글꼴과 크기를 변경하기 위해 스마트 아트 도형을 선택하고 [홈]탭-[글꼴]그룹의 'HY울릉도B', 글꼴크기는 32pt, [단락]그룹의 '가운데' 정렬을 선택한다.

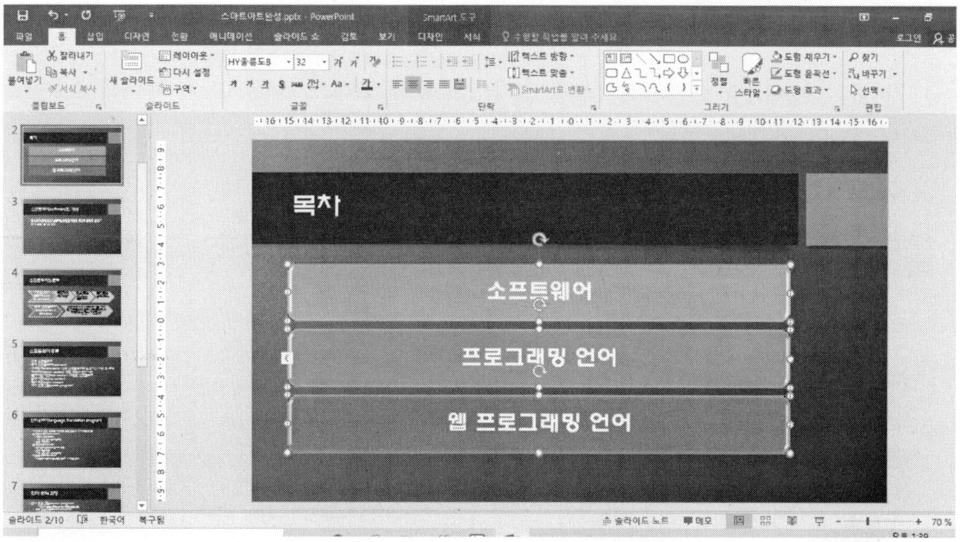

TIP | SmartArt 선택시

SmartArt 서식 적용시 한 SmartArt 클릭하면 선택된 SmartArt만 서식이 적용된다. 전체 모든 서식을 적용하려면 마우스로 개체를 모두 드래그 하여 SmartArt을 선택하거나 Shift 키를 누르고 SmartArt를 선택한다.

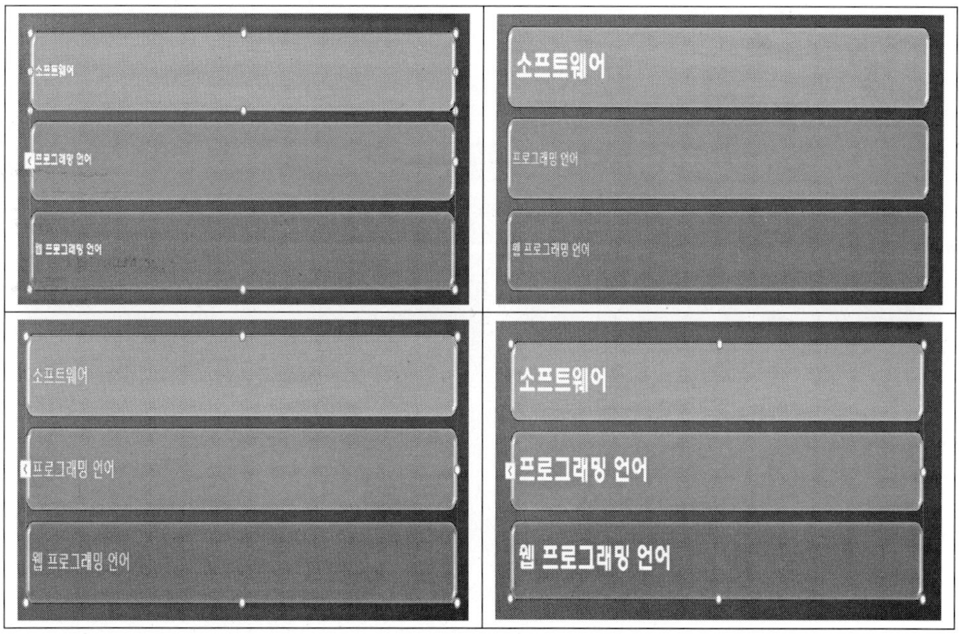

2 SmartArt 디자인과 서식 설정

작성된 스마트아트의 레이아웃 변경 및 색 변경, SmartArt 스타일 서식을 다양하게 설정하여 쉽게 SmartArt의 서식을 변경할 수 있다.

① 스마트아트완성.pptx 파일을 열고 슬라이드 8의 조직도 SmartArt 선택하고 [SmartArt 도구]-[디자인]탭-[레이아웃]그룹에-[자세히▾] 버튼을 클릭하여 '선이 그어진 목록형' 레이아웃을 선택하면 SmartArt 모양이 변경 된 것을 볼 수 있다.

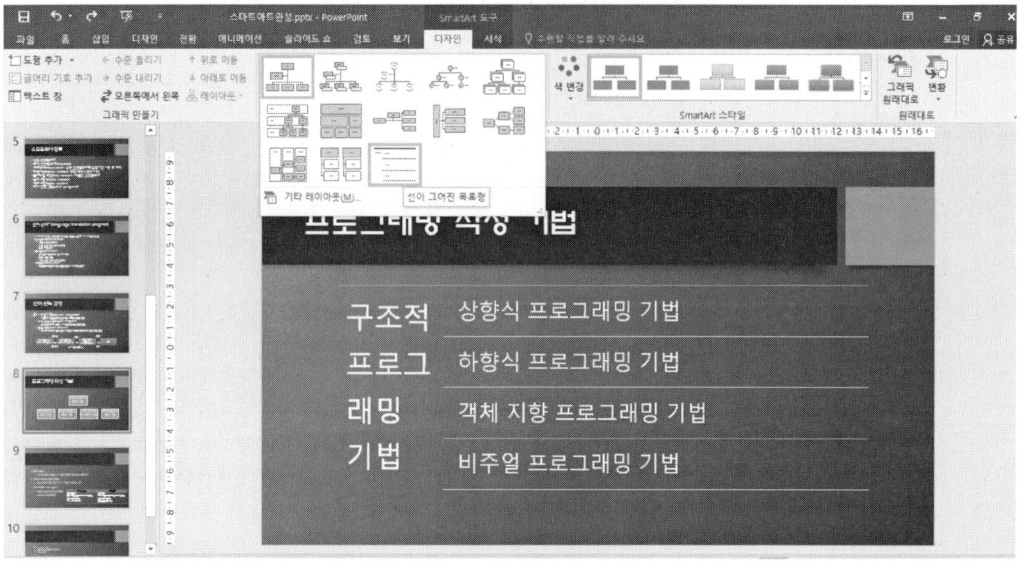

② 변경된 SmartArt중 '구조적 프로그래밍 기법' 을 선택하고 [SmartArt 도구]-[서식]탭- [도형 스타일]그룹에-[자세히▾] 버튼을 클릭하여 [보통효과-바다색,강조4] 스타일을 선택한다.

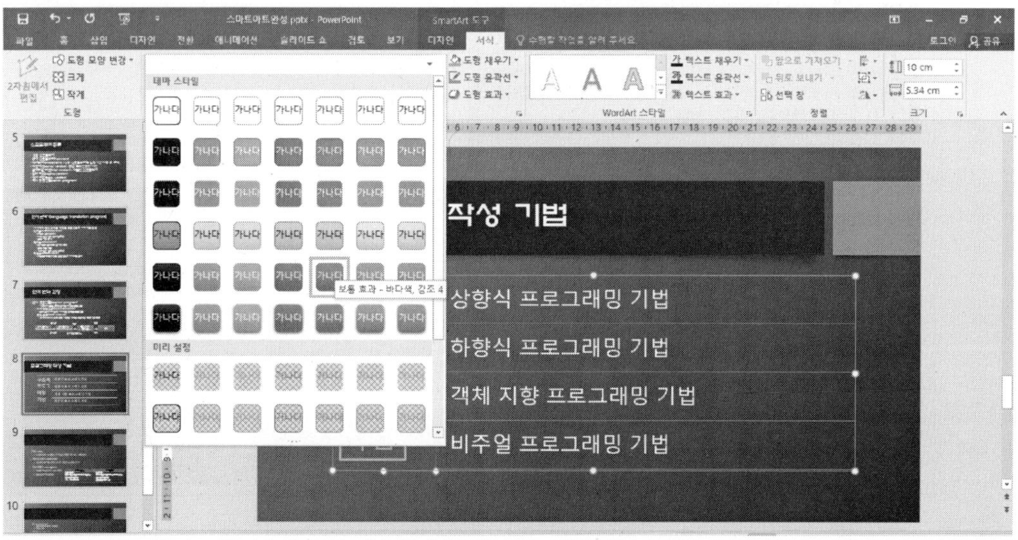

③ SmartArt 중 선택한 '구조적 프로그래밍 기법'에만 서식이 적용된 것을 볼 수 있다.

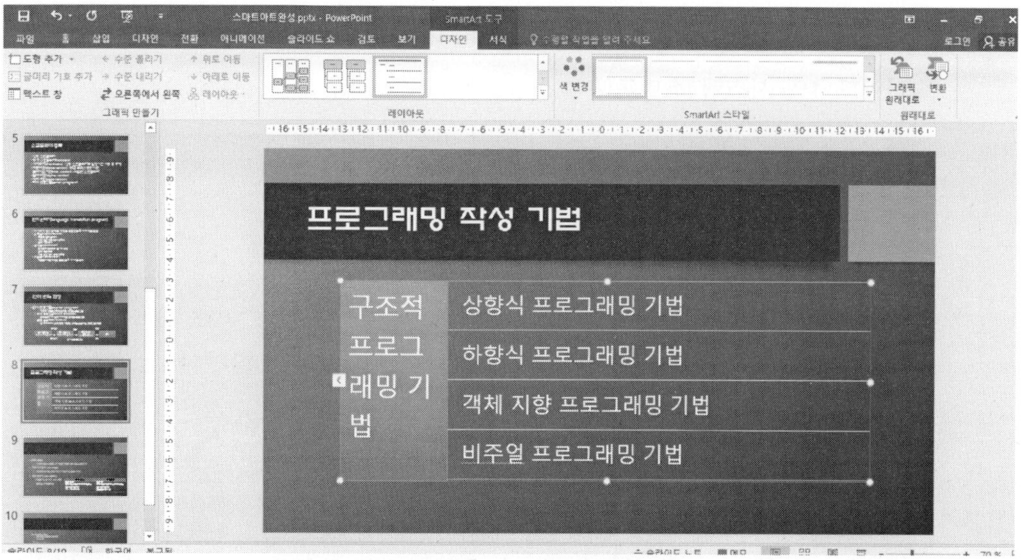

TIP | 기타레이아웃 스마트아트 레이아웃의 종류

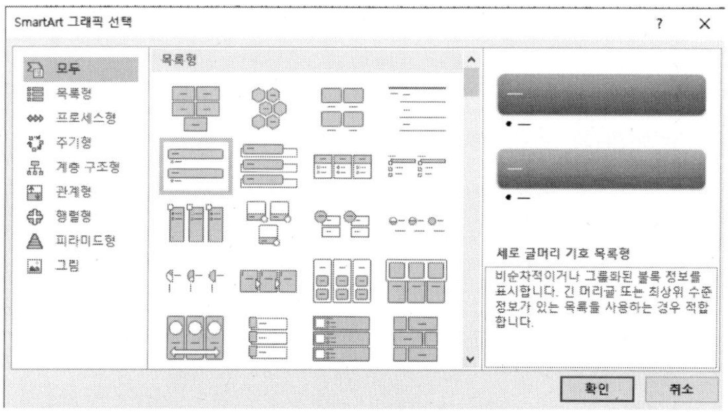

- 목록형 : 비순차적이거나 그룹화된 블록 정보를 표시
- 프로세스형 : 작업, 프로세스 또는 워크플로의 진행 방향이나 순차적 단계를 표시
- 주기형 : 스테이지, 작업 또는 이벤트의 이어지는 순서를 원형 순서도에 표시
- 계층 구조형 : 조직의 계층 정보 또는 보고 관계를 표시
- 관계형 : 두 가지 내용 사이의 관계를 비교하거나 표시
- 행렬형 : 사분면에서 전체에 대한 구성 요소 관계를 표시
- 피라미드형 : 비례 관계, 상호 연결 관계 또는 가장 큰 구성 요소가 아래쪽에 있고 위로 좁아지는 계층 관계를 표시
- 그림 : 사진 내용을 표시

3 SmartArt 원래대로 변환

SmartArt를 원래대로 내용 개체 틀로 변환하거나 도형으로 변환이 가능하다.

① 슬라이드 4의 시스템 소프트웨어 스마트아트를 선택한다.

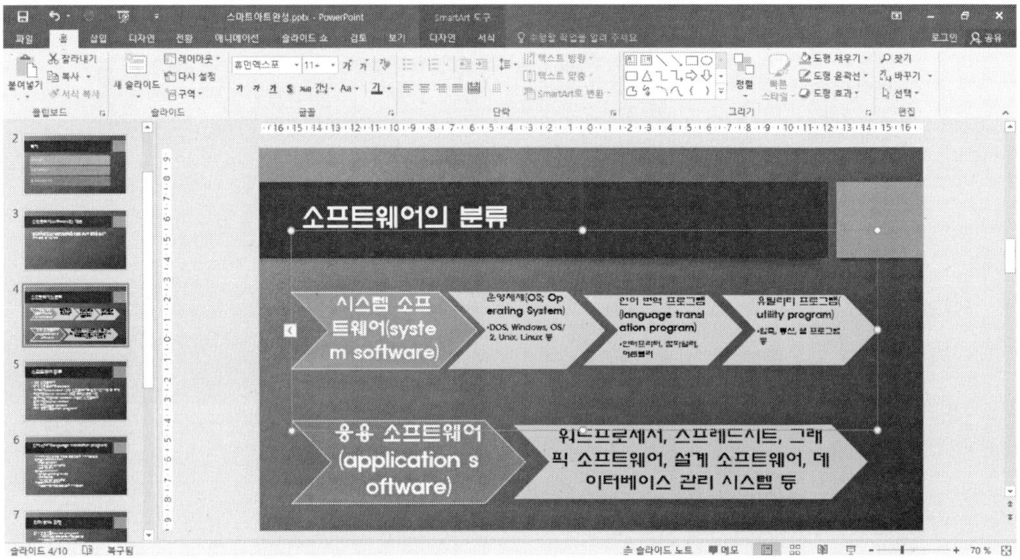

② 슬라이드 4의 '시스템 소프트웨어' 스마트아트를 선택한 뒤 [SmartArt 도구]–[디자인]탭– [원래대로]그룹에–[텍스트로 변환]를 선택한다.

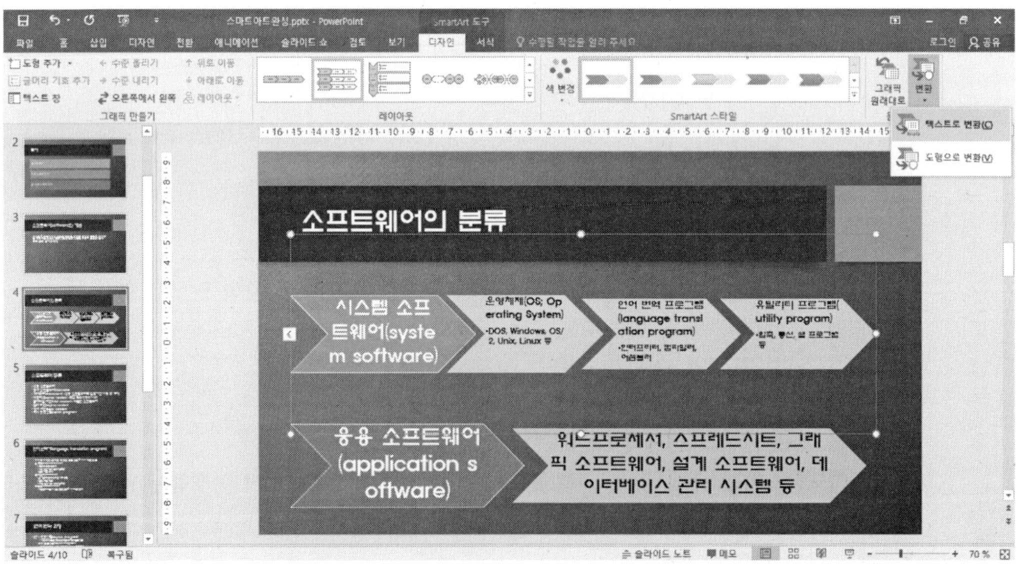

③ 선택한 SmartArt의 도형이 내용 개체 틀로 변경된 것을 볼 수 있다.

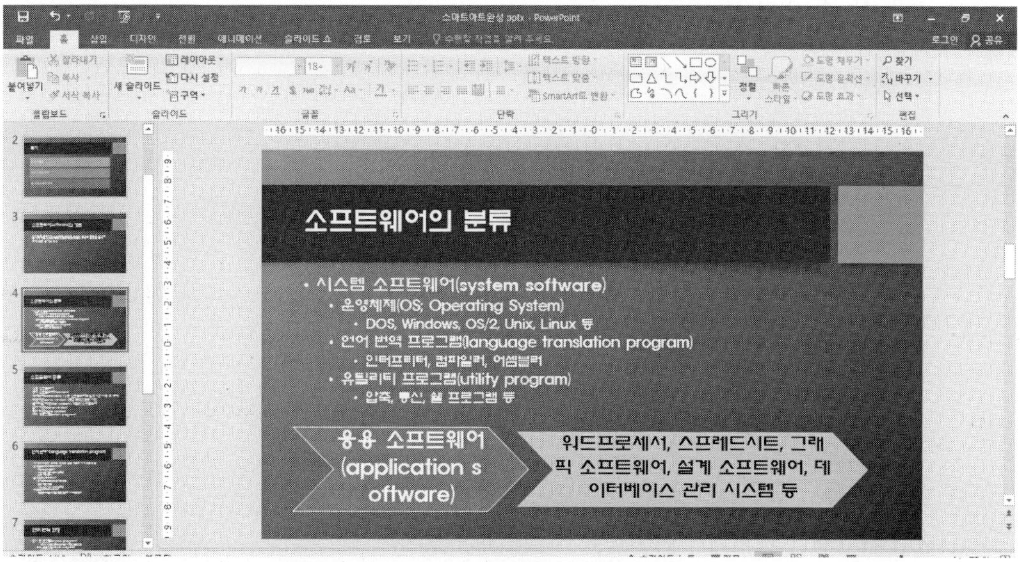

④ '응용 소프트웨어' 스마트아트를 선택한 뒤 [SmartArt 도구] –[디자인]탭 – [원래대로]그룹에 –[도형으로 변환]를 선택한다.

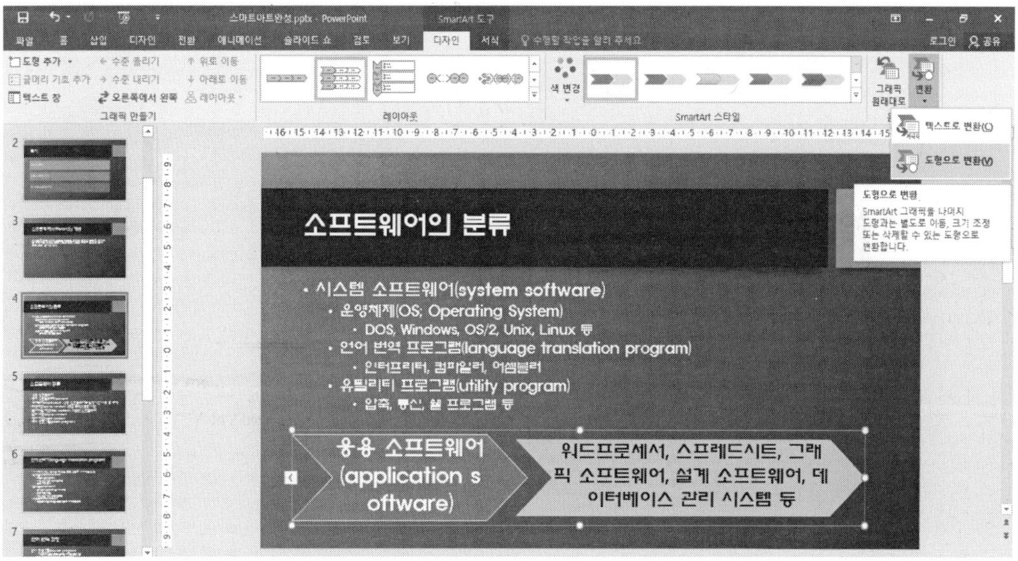

⑤ 도형으로 변환되면 상단 메뉴가 [그리기도구]로 변환되며 [도형서식]으로 메뉴가 수정이 된 것을 볼 수 있다.

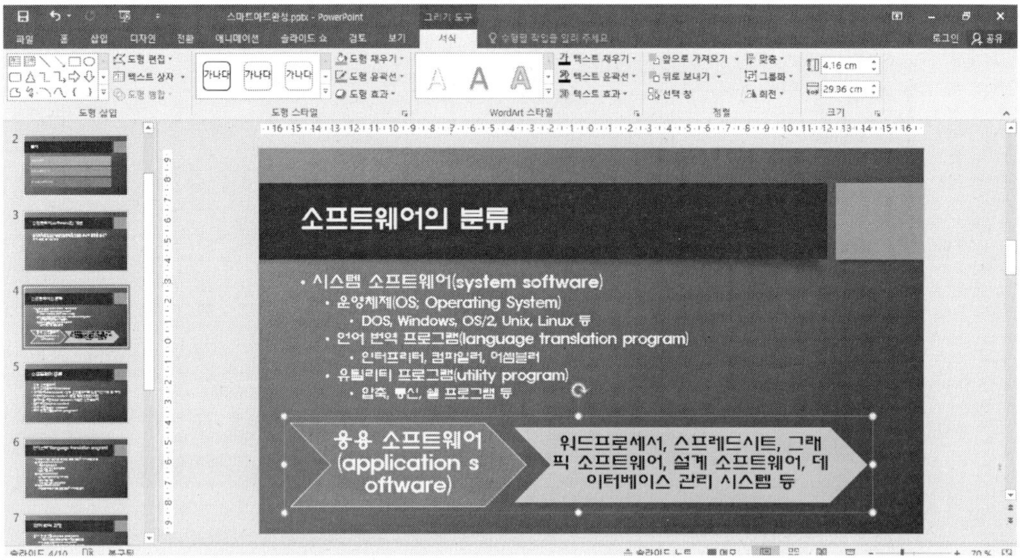

연습문제 06

문제파일 : 문제6.pptx / 정답파일 : 문제6(완성).pptx

01 슬라이드 3의 텍스트를 '세로 글머리 기호 목록형' SmartArt 그래픽으로 변환한다.

02 변경된 스마트아트를 '색상형 범위– 강조색 5 또는 6', 3차원 '만화',SmartArt' 스타일을 적용한다.

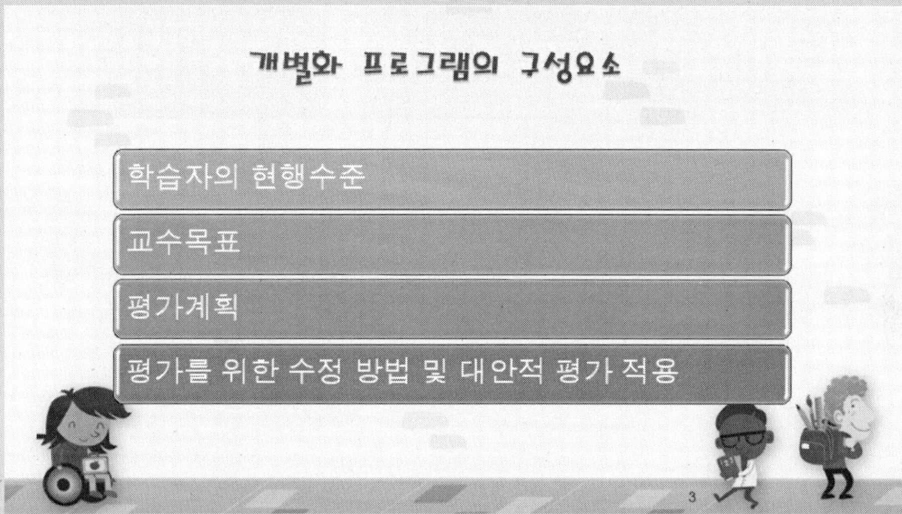

03 슬라이드 5의 SmartArt를 텍스트로 변환한다.

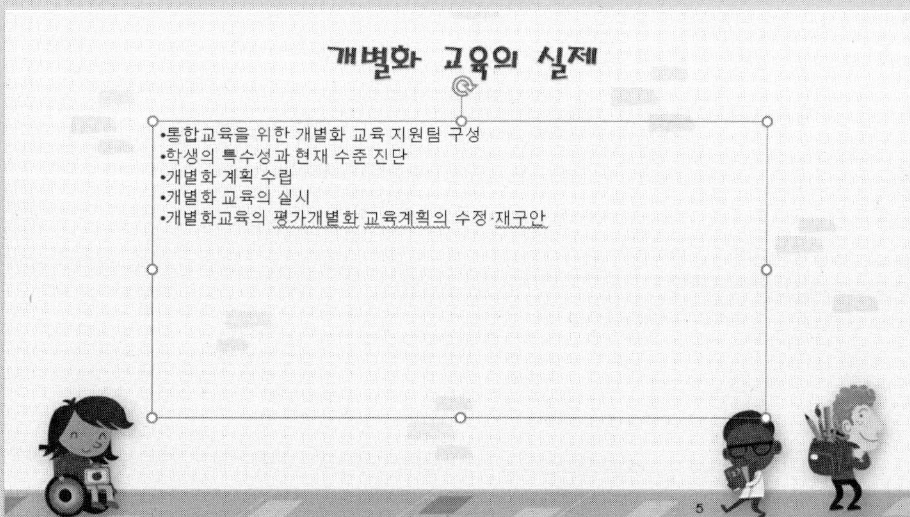

04 슬라이드 6의 내용 개체틀에 '연속 블록 프로세스형'을 삽입한다.

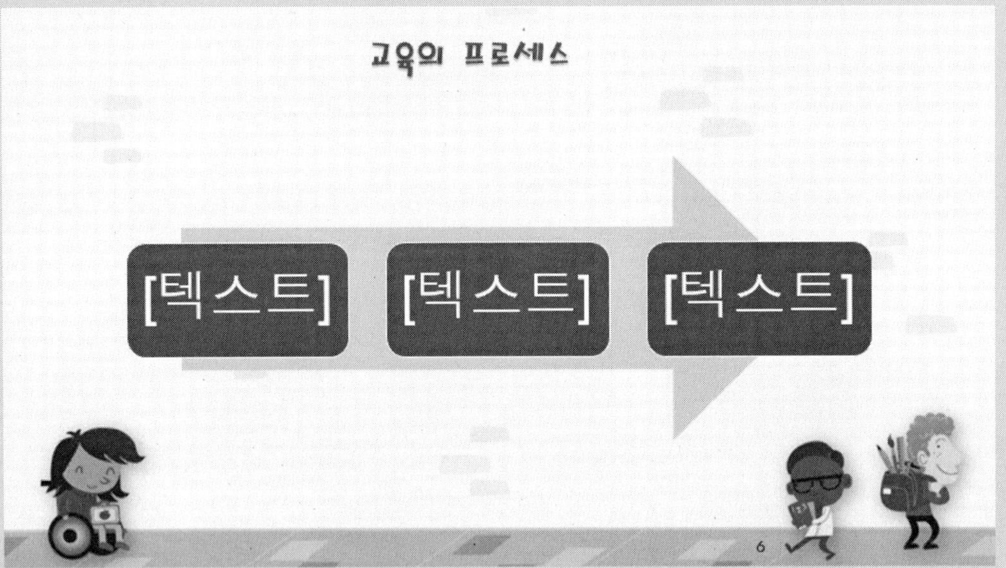

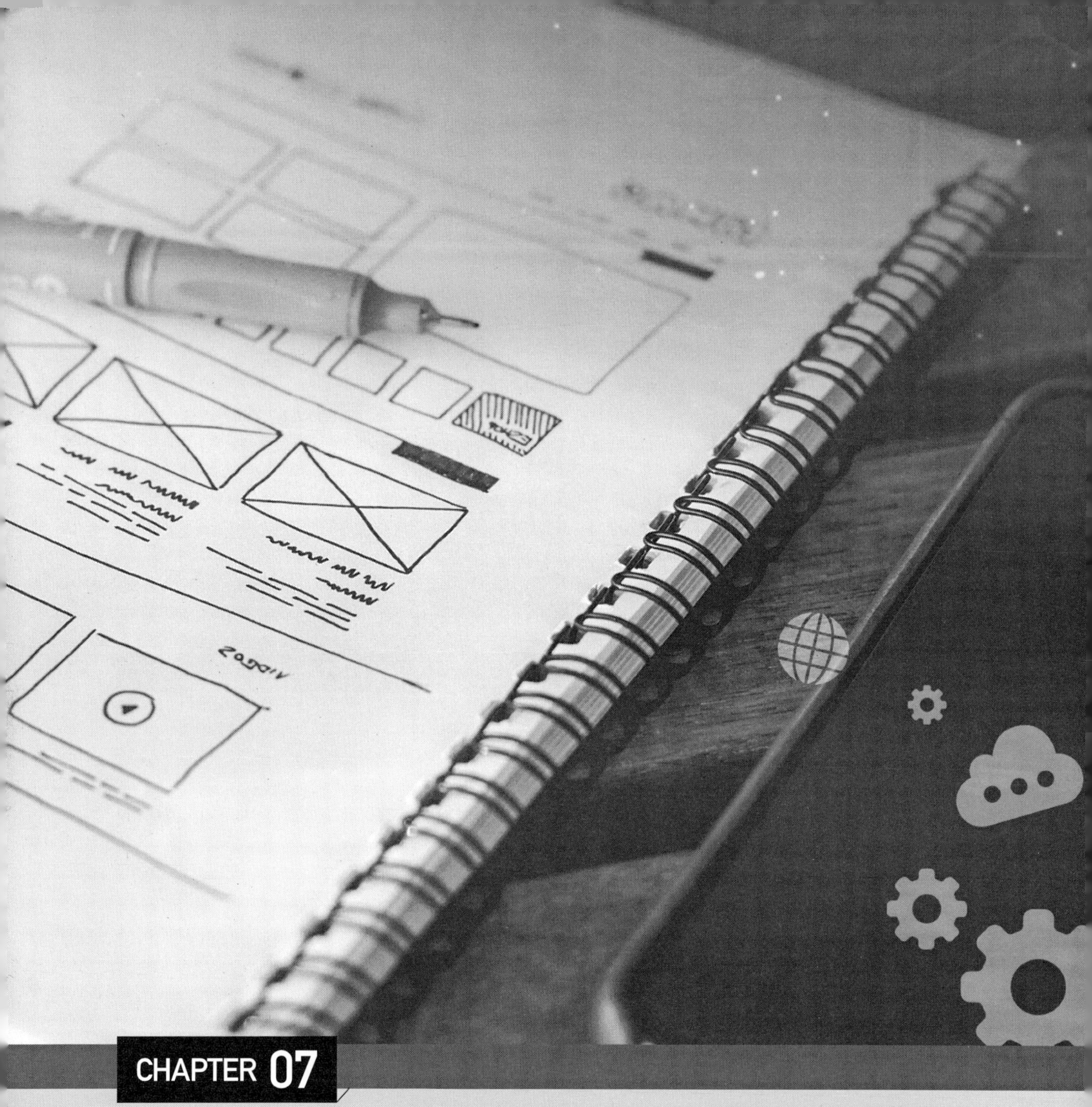

CHAPTER 07

그림 활용

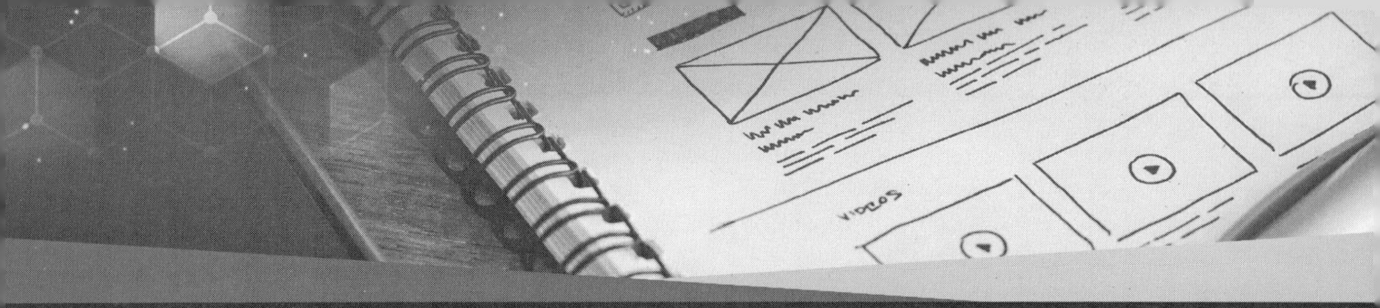

CHAPTER 07 | 그림 활용

학습목표
- 클립아트를 삽입하고 위치, 크기, 스타일 등을 설정할 수 있다.
- 그림을 삽입하고 슬라이드 내용에 맞게 편집할 수 있다.

예제파일 : 온라인 그림삽입.pptx

7-1 그림도구

- □ **[조정] 그룹** : 그림이나 클립아트의 배경제거, 밝기, 대비, 그림 압축, 그림 바꾸기, 그림 원래대로를 설정
- □ **[그림 스타일] 그룹** : 그림의 도형 모양, 그림 테두리, 그림 효과 설정
- □ **[정렬] 그룹** : 정렬, 맞춤, 대칭, 선택 등을 설정
- □ **[크기] 그룹** : 그림이나 클립아트 자르기, 도형 높이, 도형 너비 설정

1 온라인 그림삽입

다양한 이미지를 온라인 소스에서 검색하여 사용할 수 있다.

① 슬라이드 1을 선택하고 [삽입] 탭-[이미지] 그룹-[온라인 그림] 명령을 선택한다.

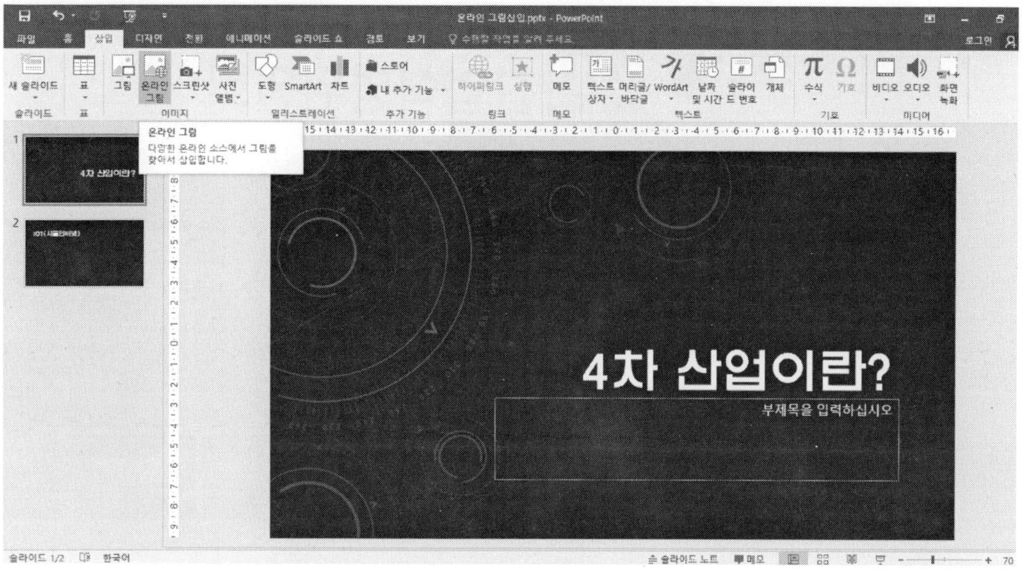

② [그림 삽입] 작업 창이 나타나면 [검색 대상]에 '4차산업'으로 입력하고 Enter↵ 키를 누른다.

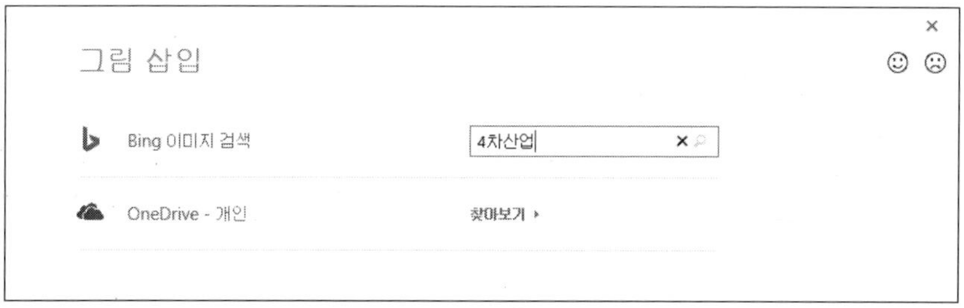

③ 검색 된 이미지 중 원하는 이미지를 선택하고 [삽입]버튼을 클릭한다.

④ 슬라이드에 삽입 된 이미지를 왼쪽 상단에 드래그 하여 이동 시킨 후 [그림 도구]–[서식]탭 –[크기]그룹에 높이 '14cm', 너비 '16cm'를 입력하여 이미지 사이즈를 조절한다.

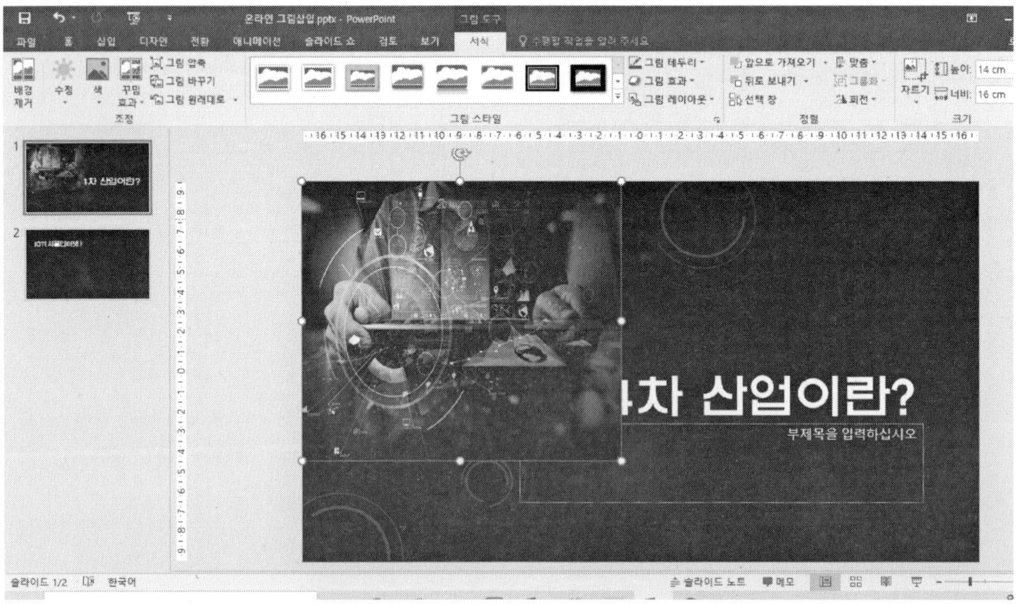

TIP | 이미지 크기 조절 시 높이와 너비 조절방법

이미지 크기 조절 시 마우스로 조절점을 클릭하여 드래그 하여 크기 조절도 가능하나 높이와 너비에 정확한 사이즈를 입력하고자 할 때 이미지를 더블클릭하면 오른쪽에 그림 서식 작업창에 '가로 세로 배율 고정', '원래 크기에 비례하여' 에 체크해제 하면 높이와 너비를 원하는 크기로 입력이 가능하다.

⑤ 이미지를 선택한 후 [그림 도구]–[서식] 탭–[그림 스타일] 그룹–[자세히]를 클릭하여 [부드러운 가장자리 타원]을 선택한다.

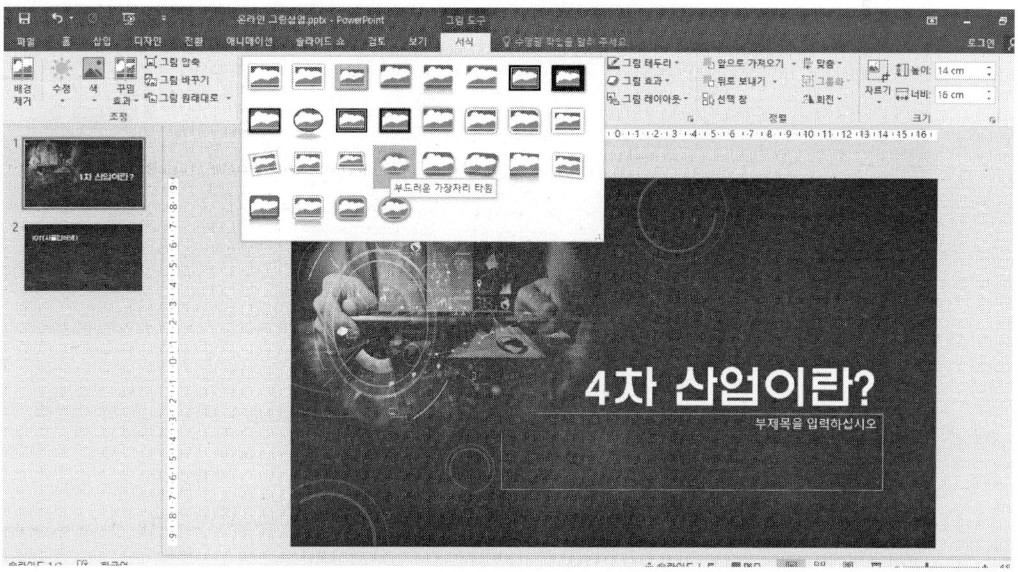

⑥ 이미지를 선택한 후 [그림 도구]-[서식] 탭-[그림 스타일] 그룹-[그림효과]-[부드러운 가장자리]-[50 포인트]를 선택하여 이미지 경계선을 더 부드럽게 효과를 지정한다.

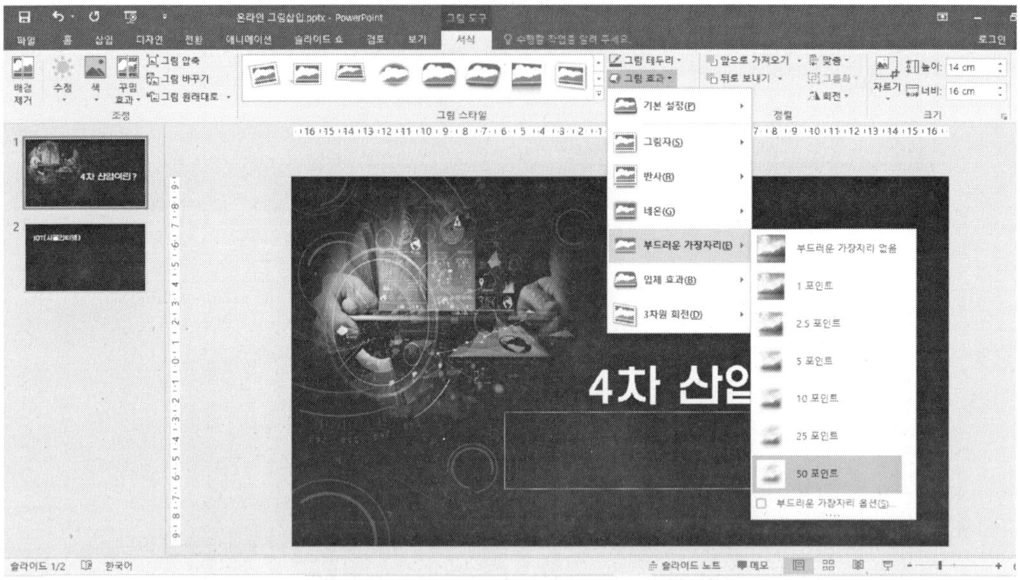

⑦ 삽입 된 이미지에 '부드러운 가장자리' 그림 스타일 서식이 적용되었다.

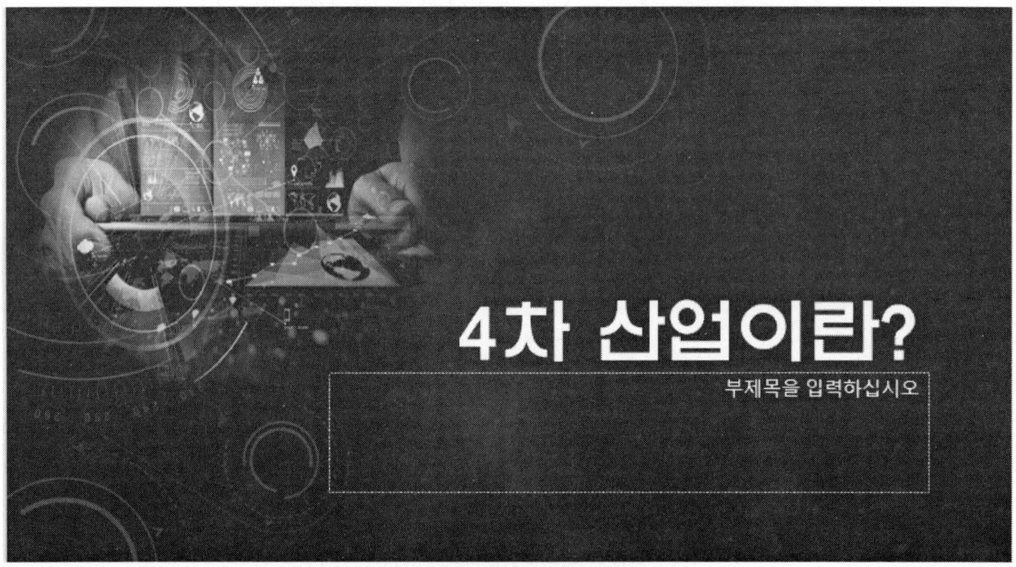

2 그림 삽입

그림을 삽입한 후 다양한 그림 스타일을 설정한다.

① 그림삽입완성.pptx 파일을 열고 슬라이드 2에 [삽입] 탭-[이미지] 그룹-[그림] 명령을 선택한다.

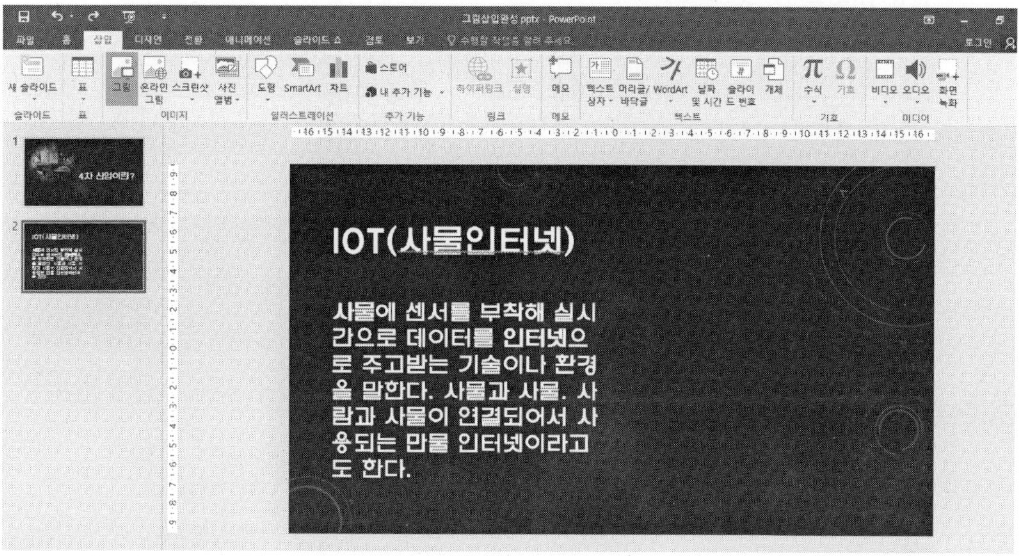

② [그림 삽입] 대화상자가 나오면 '예제파일/img/사물인터넷3.jpg'를 선택하고 [삽입]을 누른 뒤 이미지를 텍스트 오른쪽으로 드래그 하여 이동 시킨다.

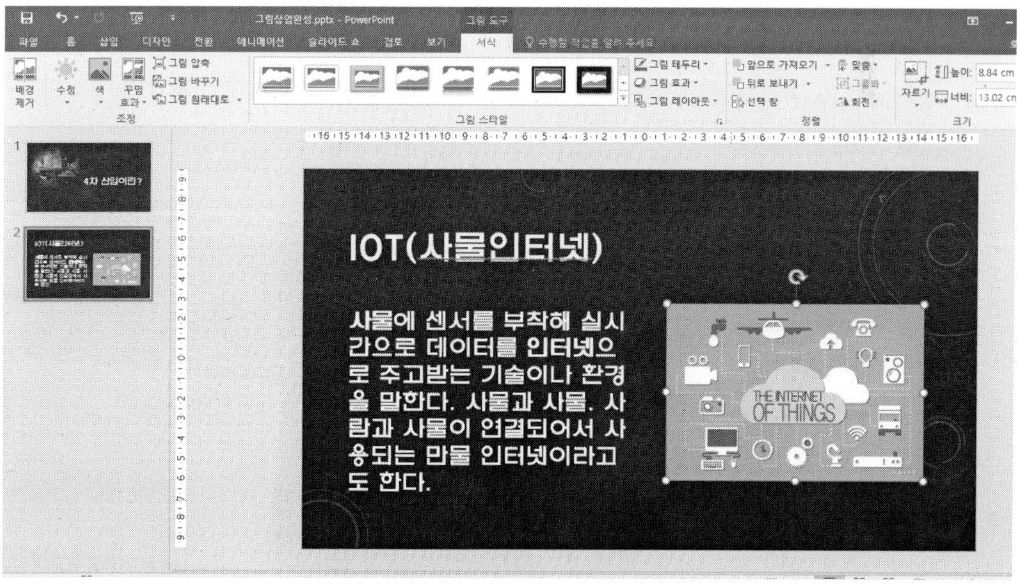

3 그림 서식

삽입한 그림에 다양한 서식을 설정하여 그림 스타일을 설정한다.

① 그림 파일의 색을 변경하기 위해 [그림 도구]–[서식] 탭–[조정] 그룹–[색]–[다시 칠하기]–[파랑, 밝은 강조색 2]를 선택하여 이미지 색을 변경하여 슬라이드에 어울리는 색으로 그림의 색을 변경할 수 있다.

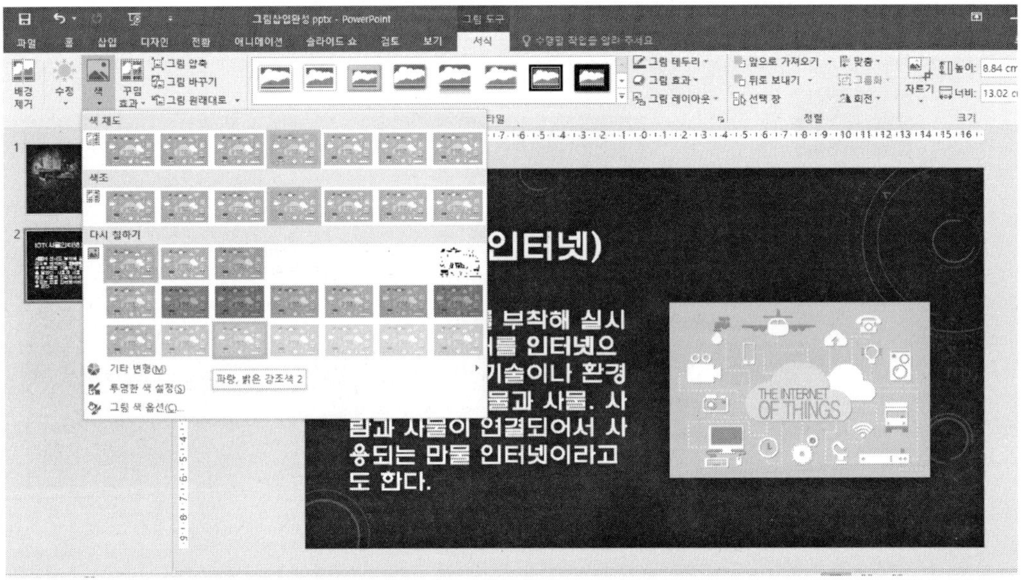

② [그림 도구]–[서식] 탭–[그림 스타일] 그룹–[자세히]–[회전, 흰색]을 선택하여 이미지 효과를 지정할 수 있다.

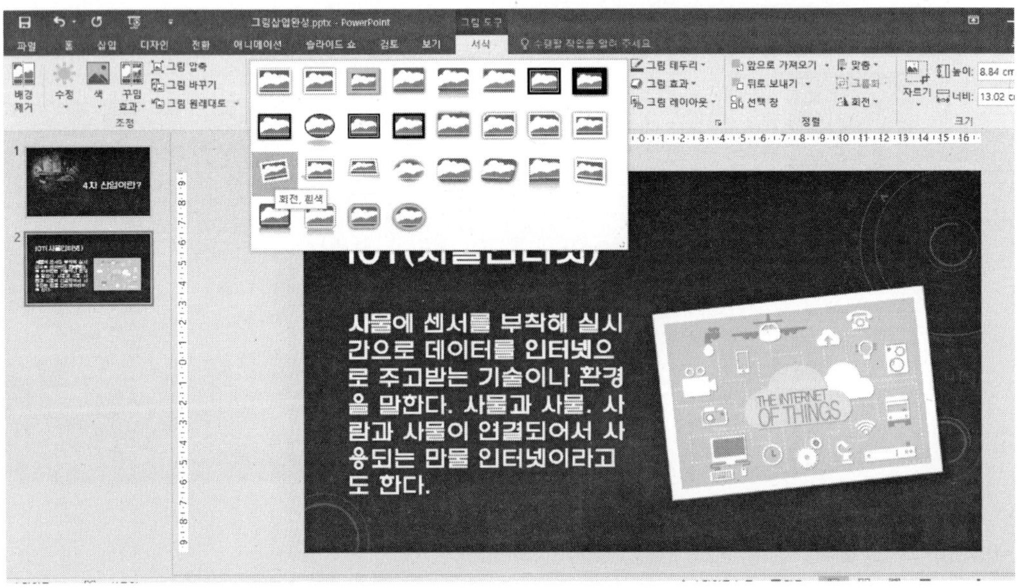

③ [삽입] 탭-[이미지] 그룹-[그림] 명령을 선택한다.

④ [그림 삽입] 대화상자가 나오면 '예제파일/img/클라우드.jpg'를 선택하고 [삽입]을 누른 뒤 이미지를 텍스트 오른쪽으로 드래그 하여 이동 시킨다.

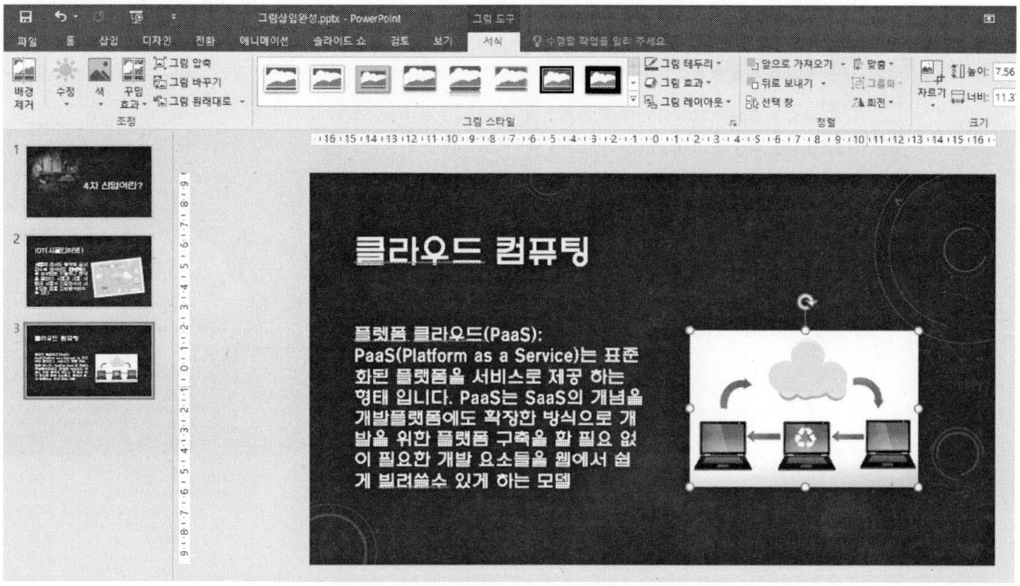

⑤ 그림을 선택하고 [그림 도구]-[서식] 탭-[크기]그룹-[자세히]-[자르기]-[도형에 맞춰 자르기]-[기본도형]-구름 ( )을 선택한다.

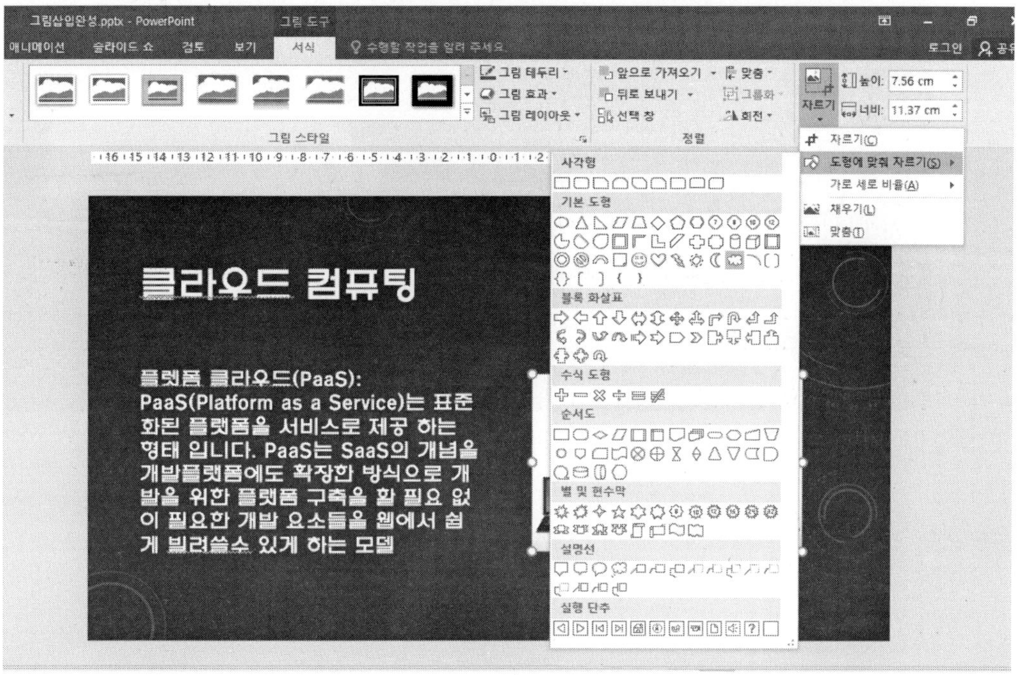

⑥ [그림 도구]-[서식] 탭-[조정]그룹-[꾸밈 효과]-[파스텔 부드럽게]를 선택한다.

⑦ 선택한 그림의 서식이 적용이 된 것을 볼 수 있다.

⑧ 그림을 선택한 후 [그림 도구]-[서식] 탭-[조정] 그룹-[그림 원래대로] 선택한다.

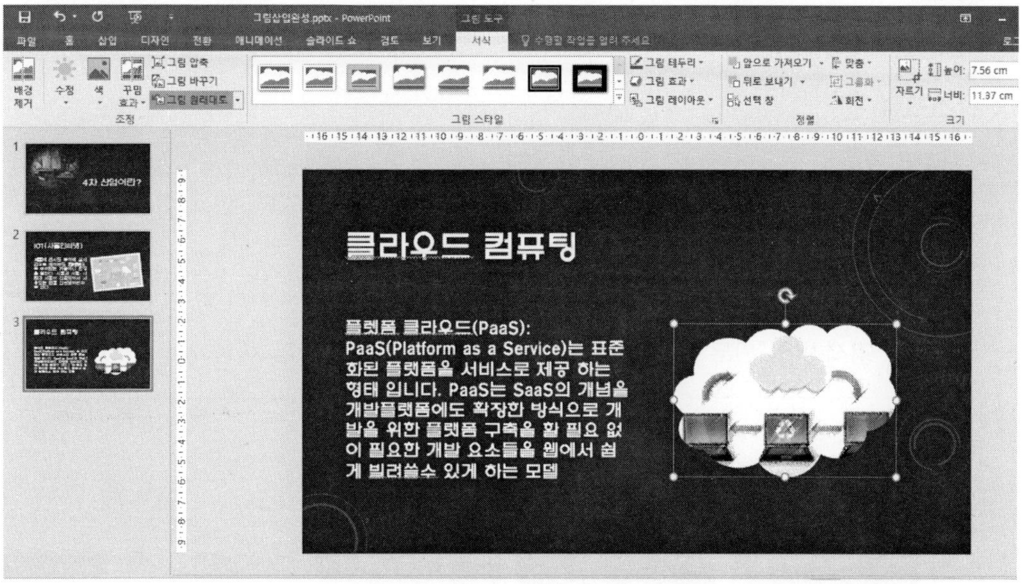

⑨ 선택한 그림의 서식이 모두 없어진 것을 볼 수 있다.

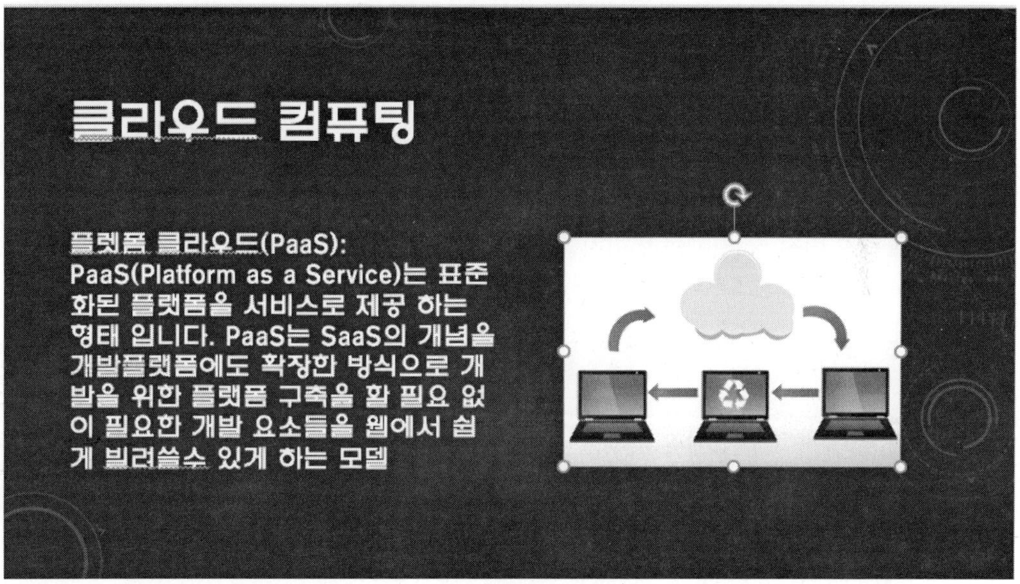

7-2 그림편집

1 스크린 샷

인터넷 그림을 스크린 샷을 이용해 필요한 부분만 캡처해서 이미지를 가져오고 편집하는 방법을 알아본다.

예제파일 : 배경합성.pptx

① 구글 검색창에 '원두'를 입력하고 [이미지]를 클릭하여 원두 이미지만 추출하여 검색한다.

② 추출된 이미지 중 원하는 이미지를 클릭한 후 작업 표시줄에서 '배경합성.pptx' 파일을 클릭하여 이동한다.

③ [삽입]탭-[이미지]그룹-[스크린 샷]-[화면 캡처]를 클릭한다.

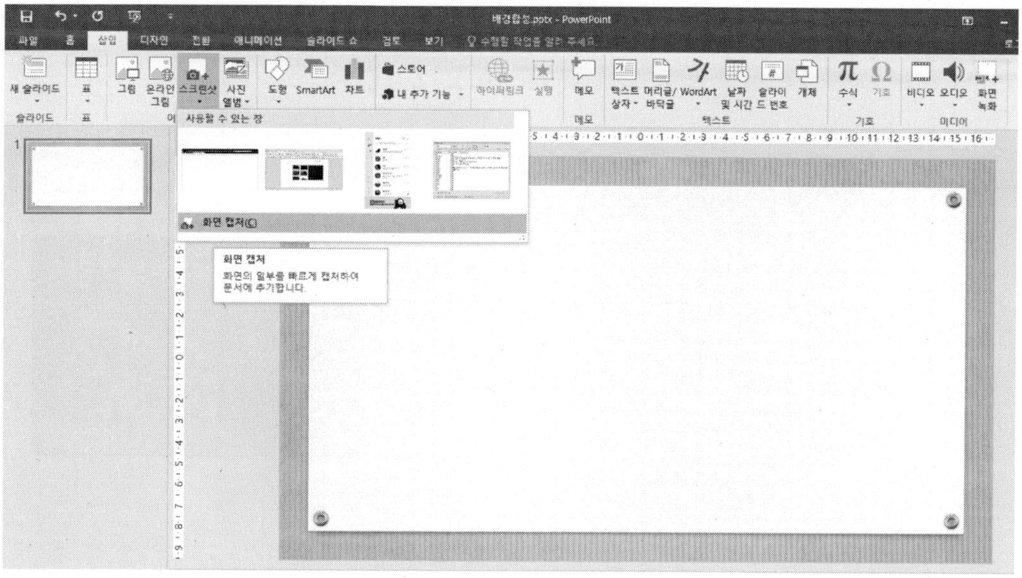

④ 인터넷 창이 [흰색 스크린]이 되면 캡처할 영역을 드래그 한다.

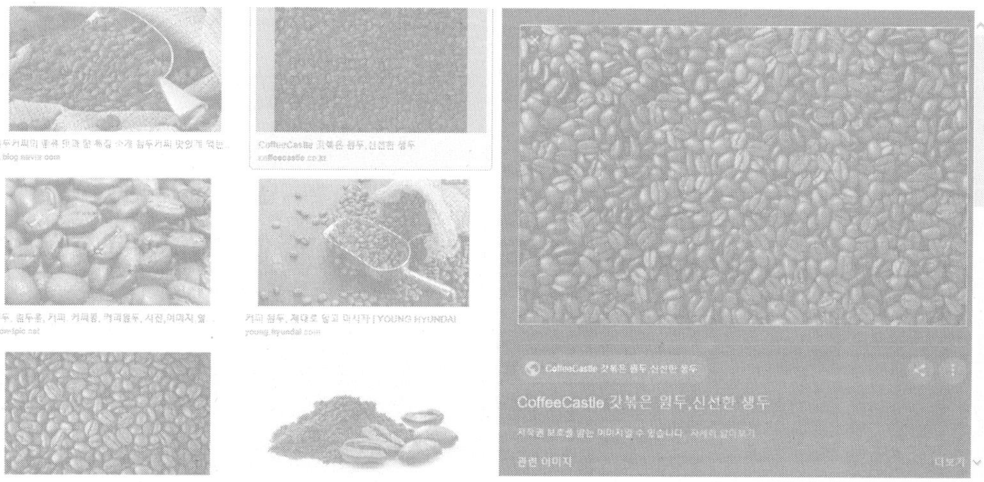

⑤ 파워포인트 창으로 선택한 영역이 자동으로 들어온 것을 볼 수 있다.

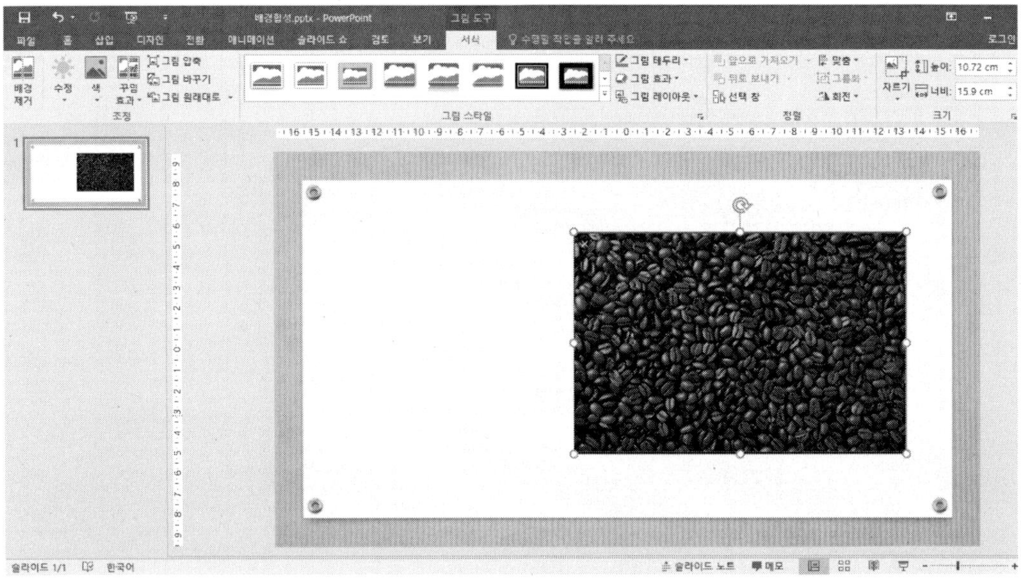

⑥ 위와 같은 방법으로 '커피'를 검색하여 다음과 같은 이미지를 [스크린 샷]을 이용하여 파워포인트 창으로 캡처 해온다.

2 배경제거

포토샵과 같은 그래픽 프로그램처럼 배경의 이미지를 제거하는 방법이 매우 간단해 졌으며 이미지 색을 보정하거나 원하는 색으로 변경이 가능하다.

① 배경 수정할 '커피잔' 이미지를 클릭한 후 [서식]-[배경 제거]버튼을 클릭한다.

② 배경제거를 선택하면 자동으로 제거될 범위가 자홍색 톤으로 지정된다. 모두 범위 안에 들 수 있도록 조절점을 드래그 해 조정해 준다.

③ [그림도구]-[서식]-[보관할 영역 표시]를 선택하여 자홍색으로 지정된 부분이 투명으로 될 영역이다. 투명으로 될 부분이 아닌 곳이 자홍색인 경우 남겨야 할 부분을 [보관할 영역 표시]를 선택하여 드래그 하여 자홍색이 없어지도록 지정한 후 Esc 키를 누르거나 변경내용 유지 버튼을 클릭한다.

④ [그림도구]-[서식]-[제거할 영역 표시]를 선택하여 제거할 부분이지만 자홍색에 포함되지 않았다면 [제거할 영역 표시]를 선택하여 드래그 하여 자홍색이 없어지도록 지정한 후 Esc 키를 누르거나 변경내용 유지 버튼을 클릭한다.

⑤ 배경제거 시 변경 내용 모두 취소 버튼을 클릭하면 배경 지우기 전 이미지 상태로 돌아온다.

⑥ 배경이 제거된 이미지를 오른쪽 그림으로 이동한다.

TIP | 이미지 순서 정렬

사진순서에 따라 사진이 뒤로 갔을 경우 배경이 될 사진을 [삽입]-[그림]으로 삽입한 후 이미지 오른쪽 버튼을 클릭한 후 [맨 뒤로 보내기]-[맨 뒤로 보내기] 메뉴를 선택한다.

7-3 도형에 이미지 색 추출

1 스포이트 채우기

원하는 색을 스포이트 기능으로 원하는 색으로 추출하여 유용하게 활용할 수 있다.

① 색추출.pptx 파일을 열고 사각형 도형을 선택하고 [그리기 도구]-[서식]-[도형채우기]-[스포이트]를 선택한다.

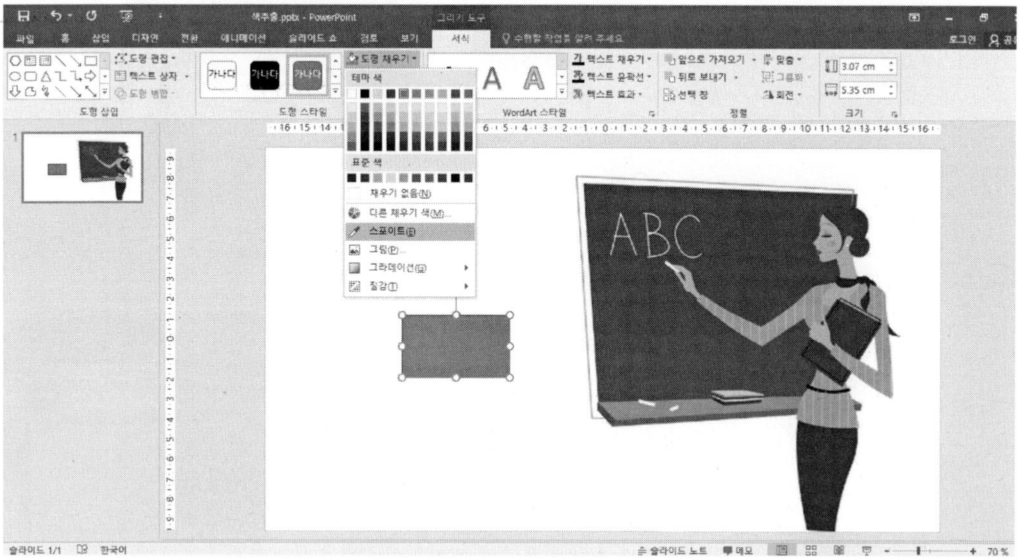

② 스포이트 아이콘( )을 색을 추출한 칠판 영역에 클릭한다. 스포이트는 도형에 면색만 채우기가 된다.

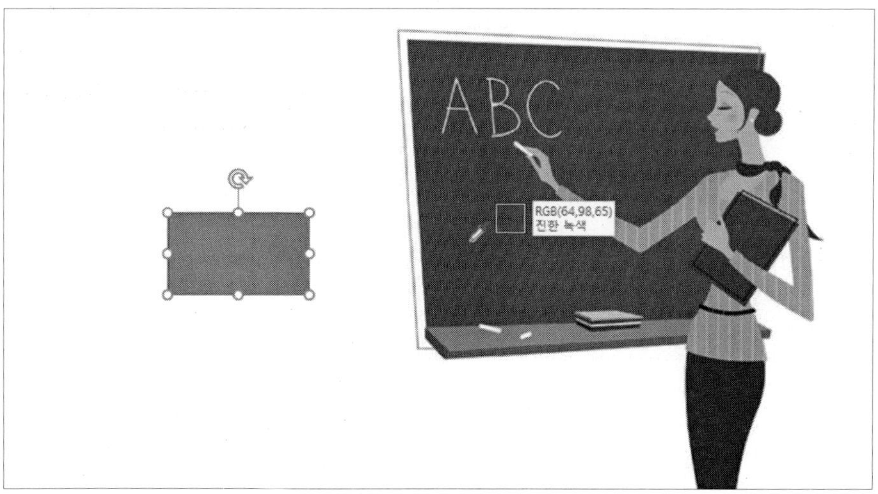

③ 도형의 채우기 색이 적용이 되면 [그리기 도구]-[서식]탭-[도형 스타일] 그룹-[도형 윤곽선]-[윤곽선 없음]을 클릭한다.

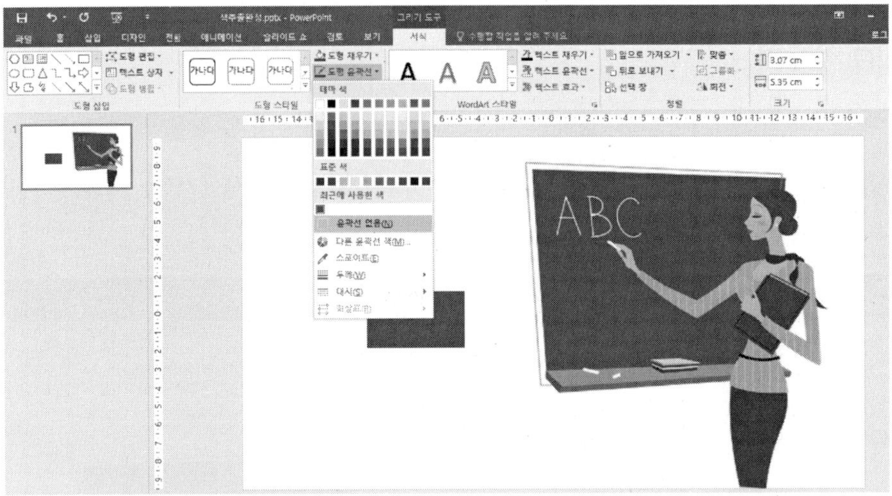

④ 사각형 도형을 칠판글씨 위로 이동한 뒤 객체를 드래그하여 모두 선택하거나 Shift 키를 눌러 오른쪽 버튼-[그림으로 저장]-[파워포인트 예제]폴더-파일명[칠판]-[jpg]파일형식으로 저장한다.

⑤ 저장된 이미지는 다양하게 활용하여 사용할 수 있다.

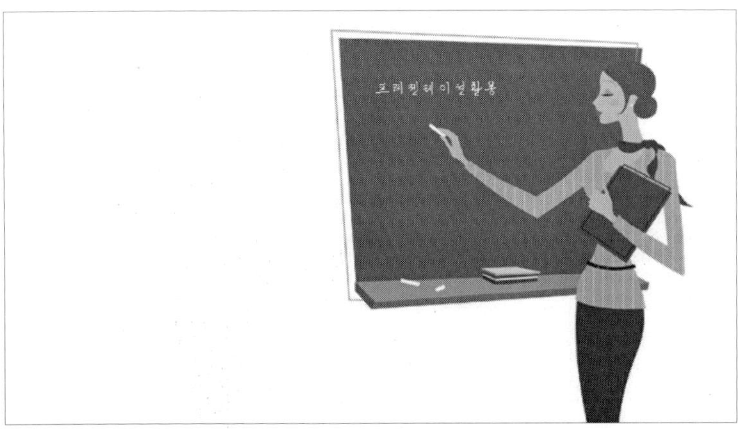

➡ 문제파일 : 문제7.pptx / 정답파일 : 문제7(완성).pptx

01 슬라이드 2에 '특수교육' 이라는 온라인그림을 삽입한다.

02 이미지 사이즈를 임의대로 크기를 크게 조절하고 '황금색, 밝은 강조색5'로 설정한다.

03 슬라이드 4에 '파워포인트예제/특수교육.jpg' 이미지를 오른쪽에 삽입하고 도형에 '낮은 수준의 원근감, 흰색 스타일'을 적용한다.

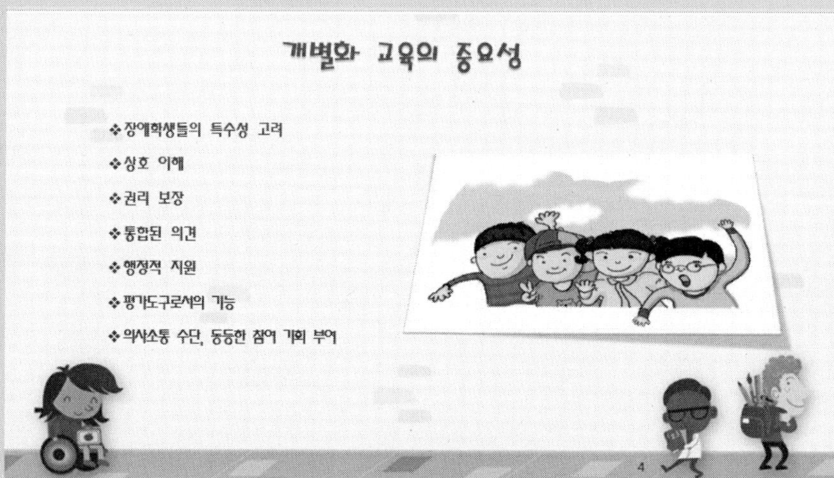

04 슬라이드 8의 이미지 배경을 제거한다.

CHAPTER 08

표 활용

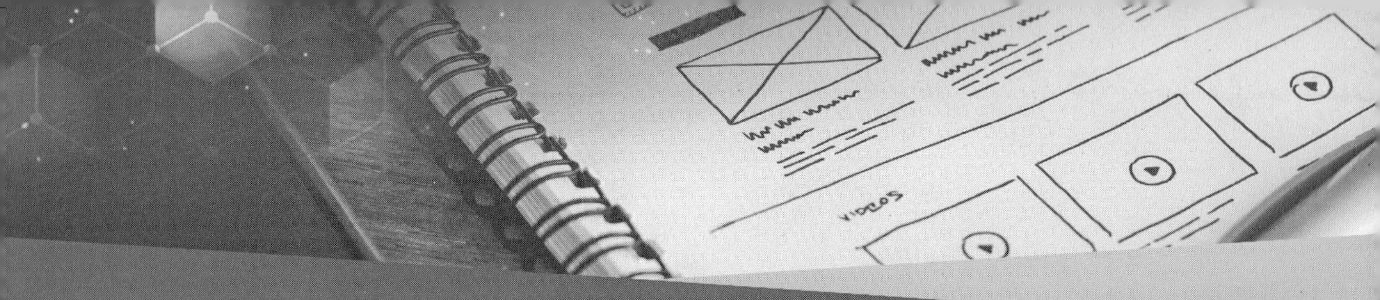

CHAPTER 08 | 표 활용

학습목표
- 표를 삽입하고 표에 데이터를 입력할 수 있다.
- 다양한 표 도구 기능을 활용하여 표를 편집할 수 있다.

예제파일 : 표.pptx

8-1 표 삽입

다양한 표 삽입에 대해 알아본다.

[표 구성 형식]

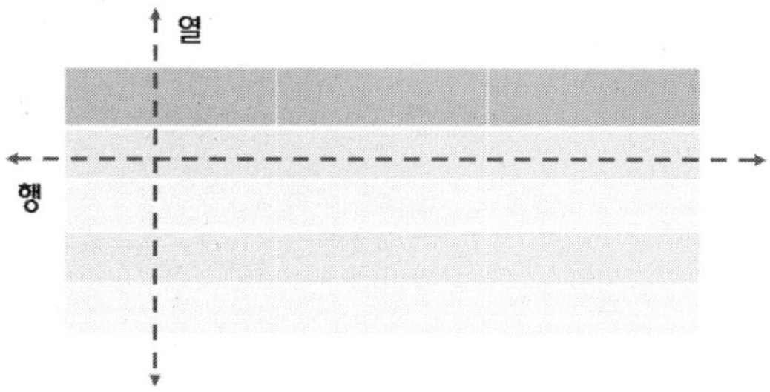

1 메뉴 및 개체 아이콘 사용

① 슬라이드 1의 콘텐츠 개체 틀에 있는 [표 삽입] 단추 클릭하거나 [삽입] 탭–[표] 그룹–[표]–[표 삽입] 명령을 선택한다.

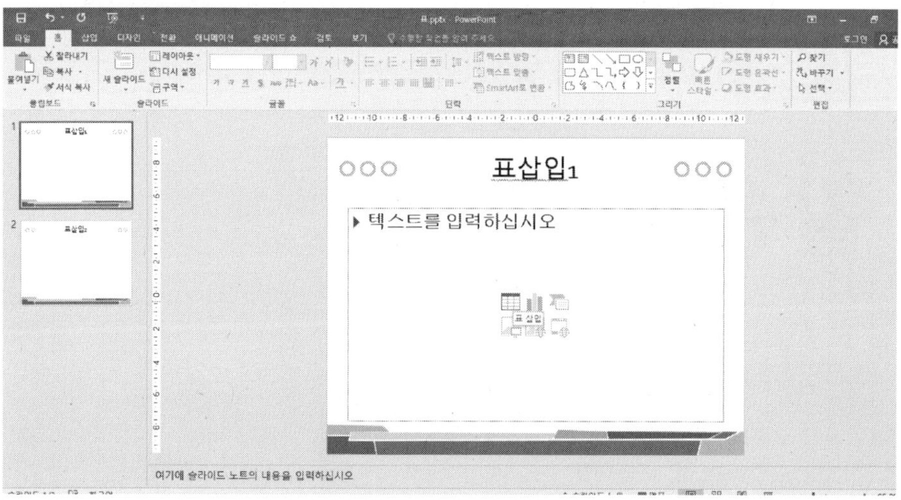

② [표 삽입] 대화상자에서 열 개수와 행 개수를 입력하고 [확인]을 클릭한다.

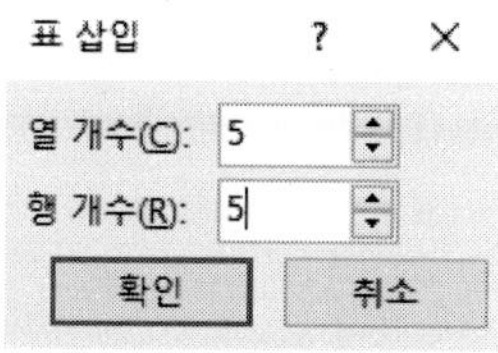

③ 입력한 열과 행 개수로 이루어진 표가 콘텐츠 개체 자리에 만들어진다.

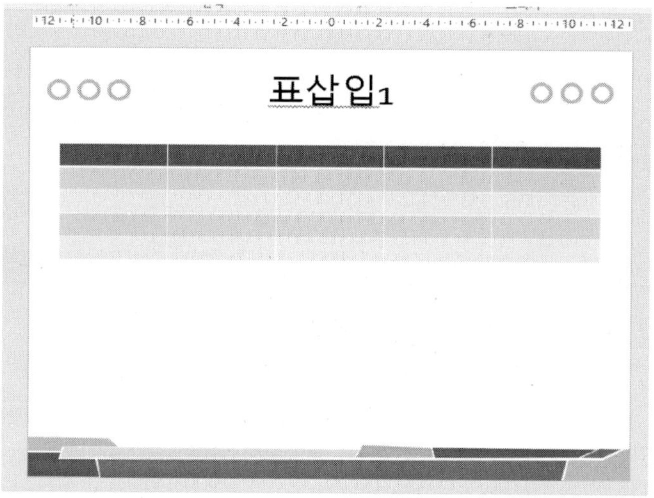

2 표 도구 이용하기

① [삽입] 탭-[표] 그룹-[표]를 클릭 [표 삽입] 창의 '4×4표' 위치 드래그 한다.

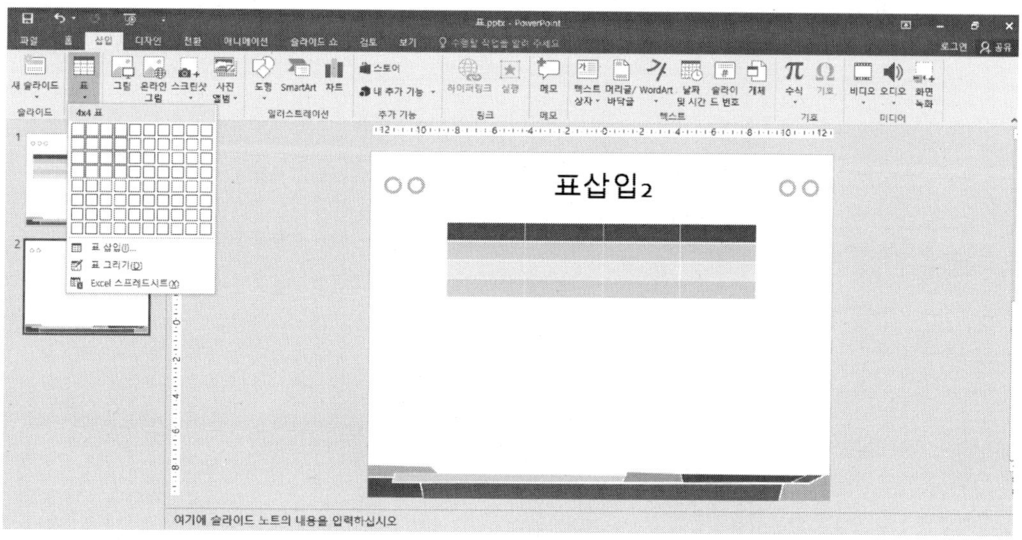

② 입력한 열과 행 개수로 이루어진 표가 콘텐츠 개체 자리에 만들어진다.

TIP | 표 편집 명령

- 데이터 이동 : 데이터를 입력하고 키보드의 방향키나 [Tab]를 눌러 이동한다.
- 셀 크기 조정 : 셀의 경계선에 마우스를 가져가 마우스 모양이 (⇹)변하면 드래그한다.
- 표 크기 조정 : 표 테두리 부분에 마우스를 가져가서 마우스 모양이 (↕) 변하면 드래그한다.
- 정렬 및 글꼴 : [홈] 탭–[글꼴] 그룹이나 [단락] 그룹에서 변경하면 된다.

8-2 표 편집

삽입한 표에 행/열을 추가 또는 삭제하고 여러 개의 셀을 하나로 병합하고 셀이나 표의 크기를 변경하고 텍스트를 정렬하는 작업을 수행할 수 있다.

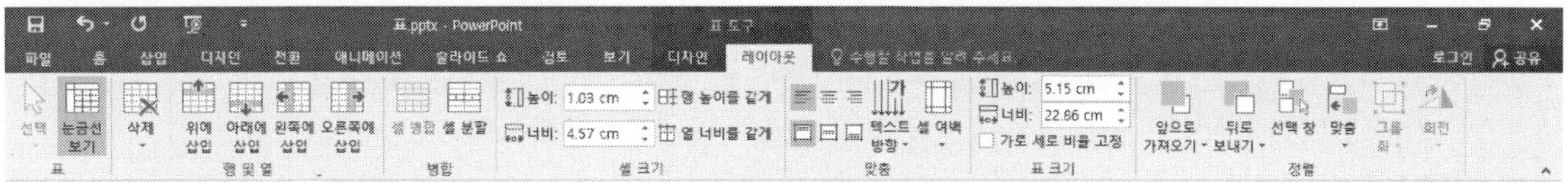

- [표] 그룹 : 표의 행이나 열을 선택, 눈금선 보기를 적용
- [행 및 열] 그룹 : 행과 열을 삽입 및 삭제
- [병합] 그룹 : 셀을 하나로 병합하거나, 분할
- [셀 크기] 그룹 : 셀의 높이나 너비를 설정
- [맞춤] 그룹 : 표 안의 텍스트 맞춤, 텍스트 방향, 셀 여백 설정
- [표 크기] 그룹 : 표의 높이나 너비를 설정
- [정렬] 그룹 : 표 정렬

1 행/열 삽입

표의 새 행과 열을 삽입하고 표의 서식을 지정해 본다.

① 표편집.pptx 파일을 열고 새 행을 삽입하기 위해 표의 두 번째 행의 셀 안에 커서를 이동한 후 [표 도구]–[레이아웃] 탭–[행 및 열] 그룹–[아래에 삽입] 명령을 선택한다.

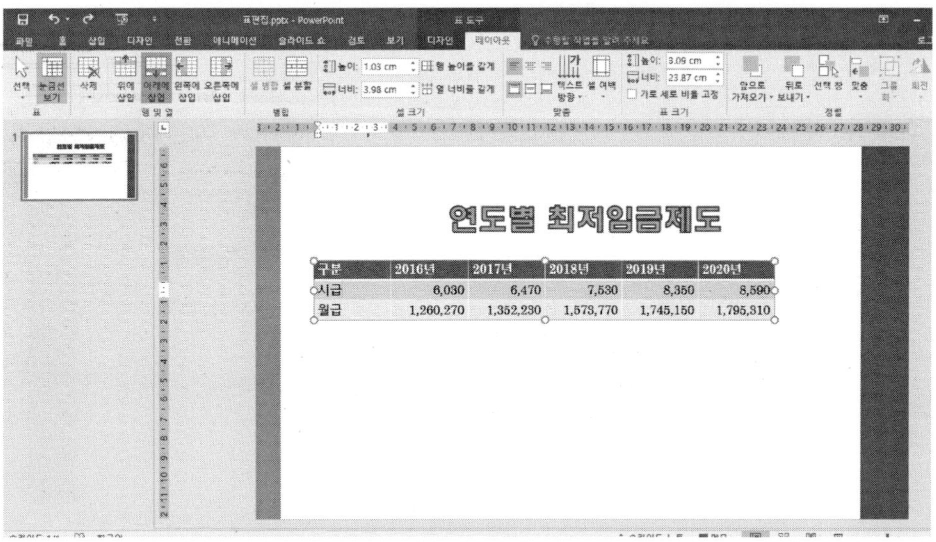

② 삽입된 행에 다음과 같이 입력한다.

구분	2016년	2017년	2018년	2019년	2020년
시급	6,030	6,470	7,530	8,350	8,590
인상률				(10.9% 인상)	(2.9% 인상)
월급	1,260,270	1,352,230	1,573,770	1,745,150	1,795,310

③ 오른쪽 마지막 열에 새 열을 삽입하기 위해 '2020년' 셀로 마우스를 이동한 후 [표 도구]-[레이아웃] 탭-[행 및 열] 그룹-[오른쪽에 삽입] 명령을 선택한다.

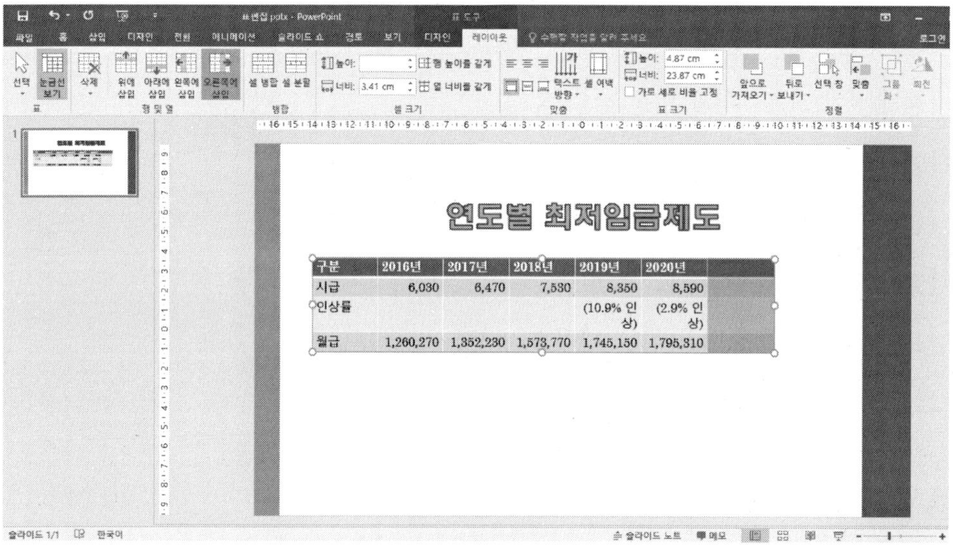

④ 삽입된 열의 첫 행에 '비고'를 입력하고, '비고' 아래 행부터 마지막 행까지 드래그 하여 선택한 후 [표 도구]-[레이아웃] 탭-[병합] 그룹-[셀 병합] 명령을 선택한다.

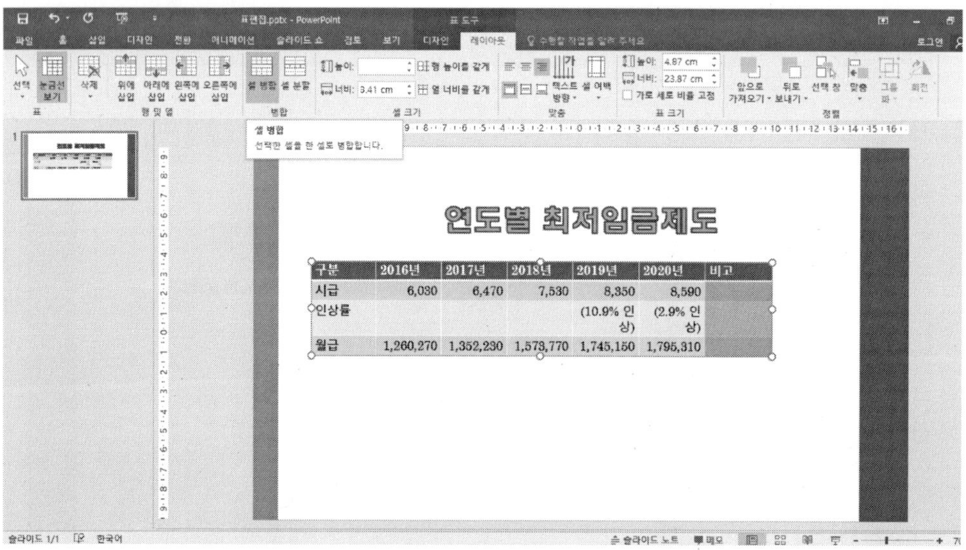

⑤ '비고' 아래 행들이 하나로 병합이 되었다.

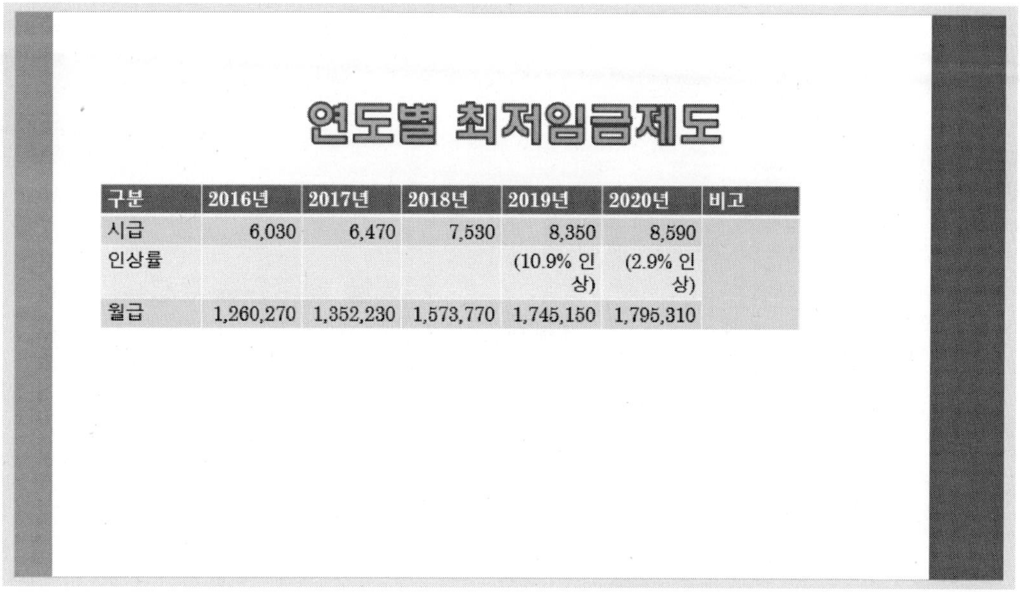

⑥ 텍스트 맞춤을 설정하기 위해 첫 행을 드래그 하여 선택한 후 [표 도구]-[레이아웃] 탭-[맞춤] 그룹-[가운데 맞춤], [세로 가운데 맞춤]을 선택한다.

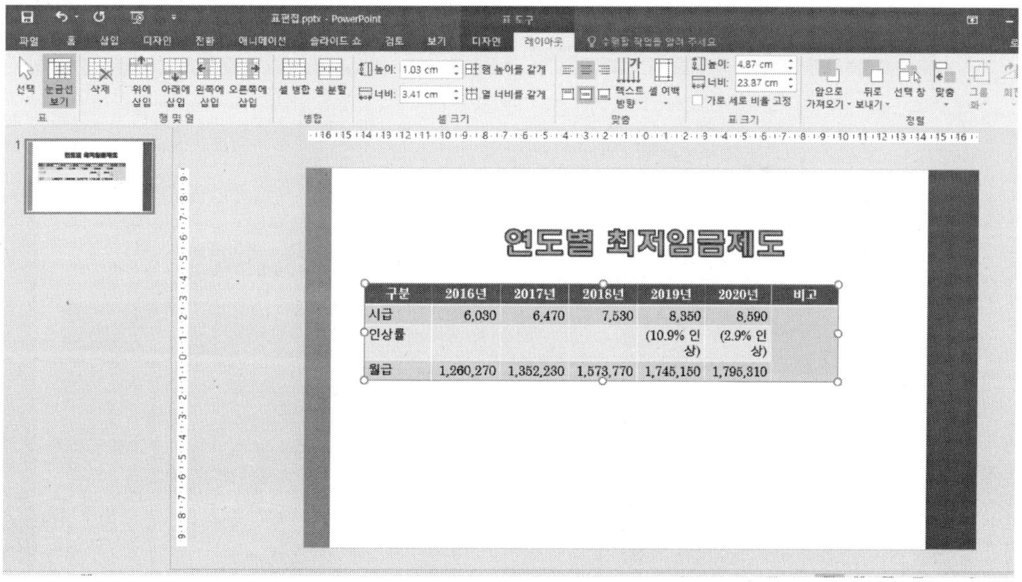

⑦ 표 전체 높이를 변경하기 위해 표 아래쪽 크기 조정 핸들을 원하는 만큼 아래쪽으로 드래그한다.

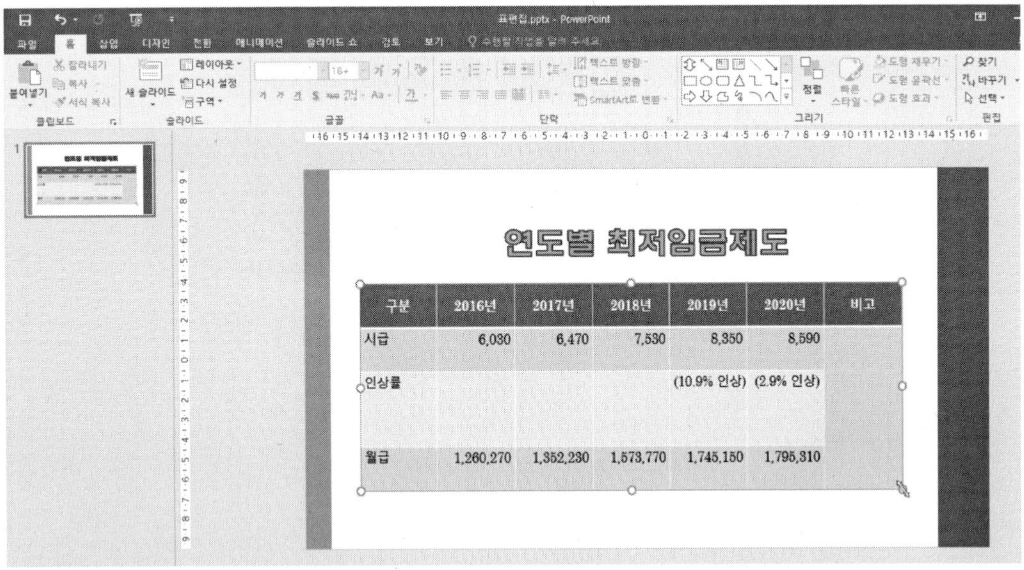

⑧ 텍스트가 세로의 위쪽으로 올라간 것을 세로의 가운데로 맞추기 위해 표를 블록 잡은 후 [표 도구]-[레이아웃] 탭-[맞춤] 그룹-[세로 가운데 맞춤] 명령을 선택한다.

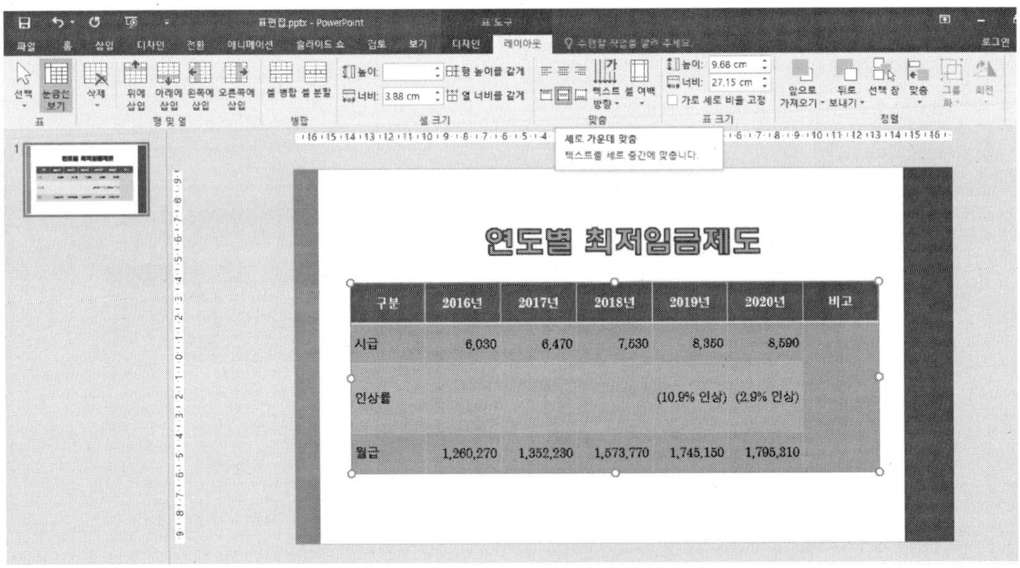

2 행/열 삭제

① 열을 삭제하고자 할 때는 삭제할 열인 '2016년'을 클릭 후 [표 도구]-[레이아웃] 탭-[행 및 열] 그룹-[열 삭제] 명령을 선택한다.

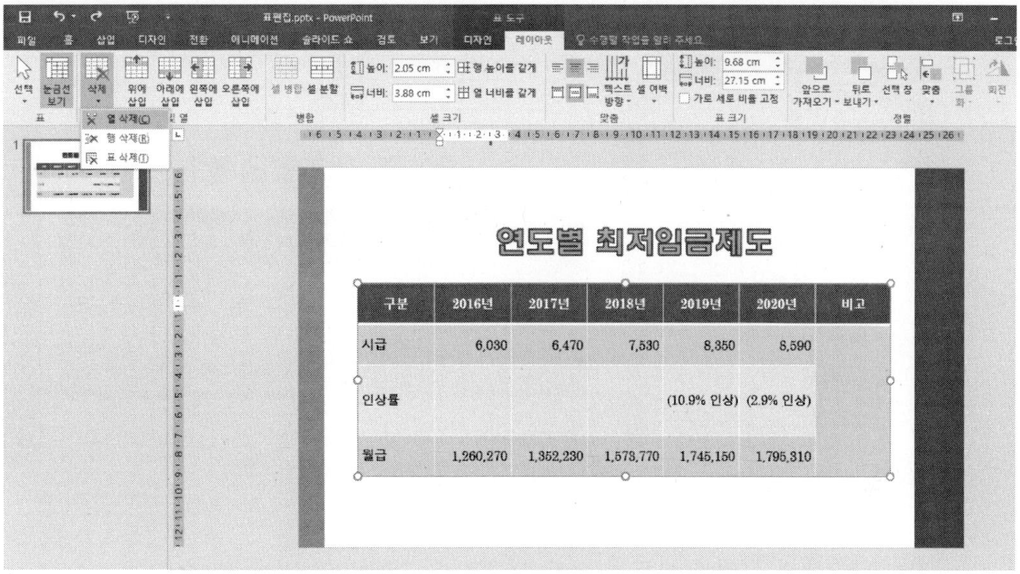

② 열이 삭제되고 표 전체 너비가 줄어든다. 표의 크기를 정확한 값으로 조정하기 위해 [표 도구]-[레이아웃]탭-[표 크기]그룹-[높이: 9.68cm], [너비: 27.49cm]을 입력한다.

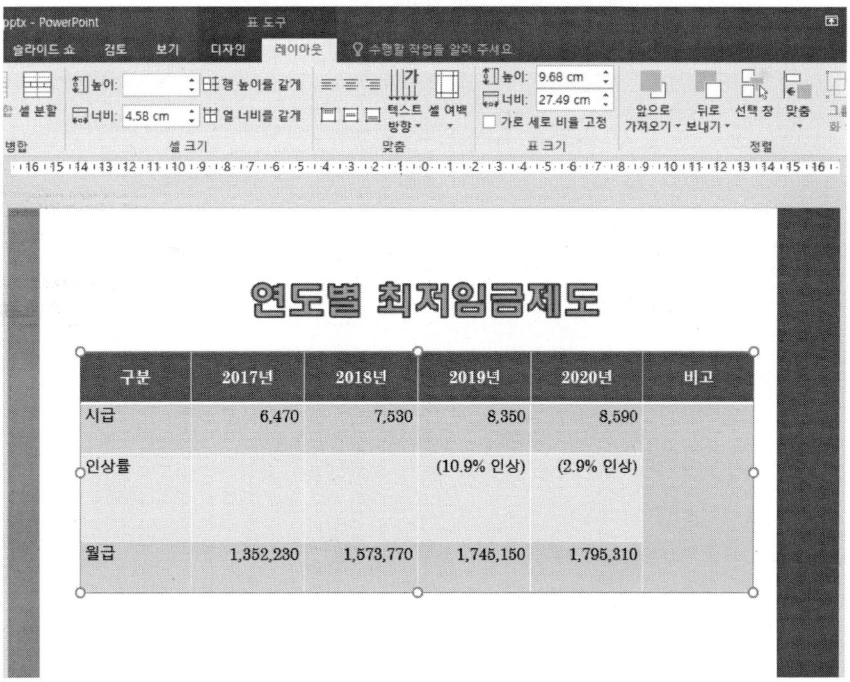

③ 제목 행 아래 시급행 부터 아래까지 모두 블록을 잡아 [표 도구]–[레이아웃]탭–[셀 크기] 그룹의 [행 높이를 같게]를 클릭한다.

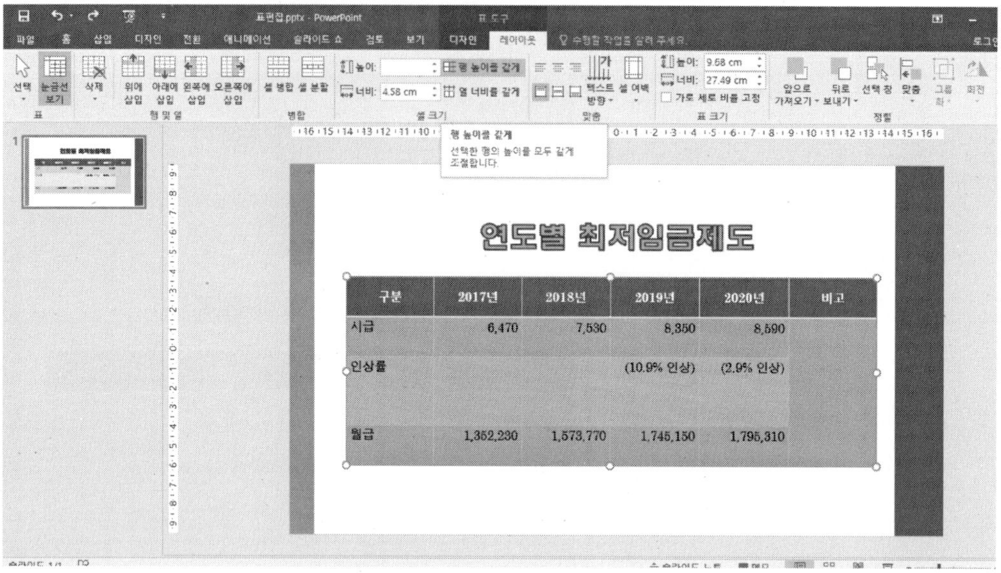

④ 전체표의 행의 간격이 모두 일정하게 간격이 조정이 된 것을 볼 수 있다.

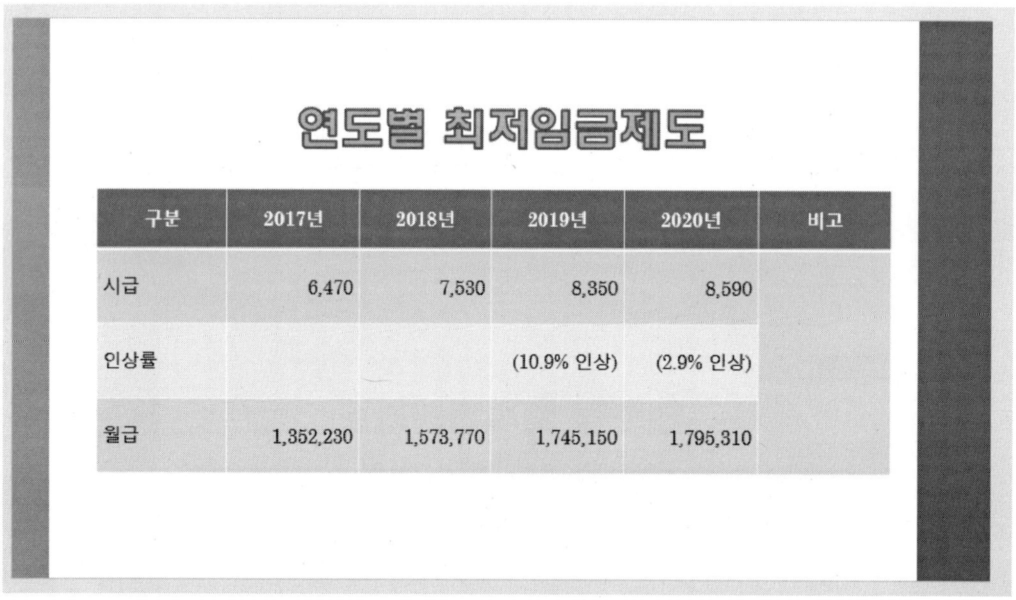

8-3 표 서식

작성된 표에 미리 정의되어 있는 표 스타일을 이용하여 표 디자인을 빠르게 설정하거나 표 도구를 사용하여 표를 개별적으로 서식을 적용할 수 있다.

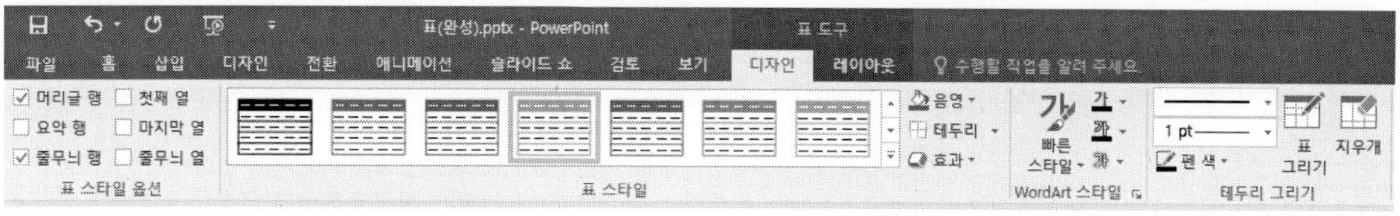

- [표 스타일 옵션] 그룹 : 표의 첫 행이나 열, 마지막 행이나 열, 중간의 한 행이나 열을 걸러 표 스타일을 적용
- [표 스타일] 그룹 : 표에 빠른 표 스타일, 음영, 테두리, 효과를 적용
- [WordArt 스타일] 그룹 : 표의 텍스트에 빠른 스타일, 텍스트 채우기, 텍스트 윤곽선, 텍스트 효과를 적용
- [테두리 그리기] 그룹 : 표 테두리에 펜 스타일, 펜 두께, 펜 색, 표 그리기, 지우개를 이용하여 변경

1 표 스타일

① 표서식.pptx 파일을 열어 표를 선택한 후 [표 도구]-[디자인] 탭-[표 스타일] 그룹-[자세히]-[보통 스타일 3-강조 3]을 선택한다.

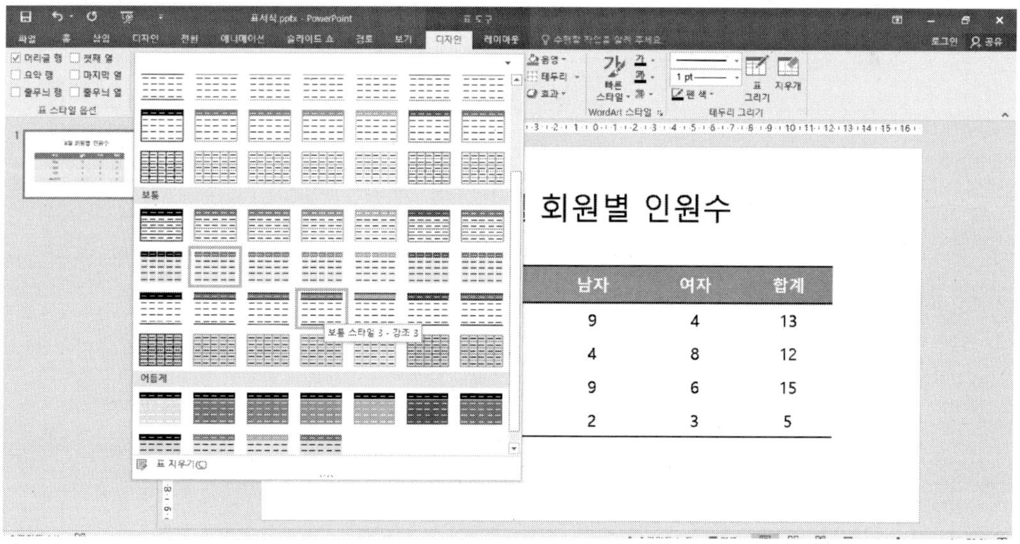

② 표 선택 후 [표 도구]–[디자인] 탭–[표 스타일 옵션] 그룹–[줄무늬 행] 선택하면 짝수행과 홀수행의 서식이 다른 줄무늬 서식이 표시된다.

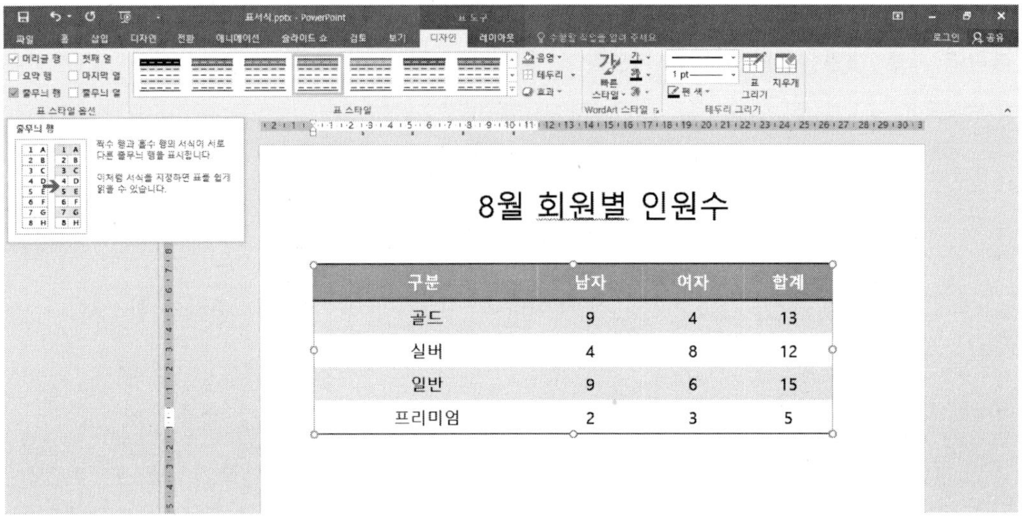

③ 표에 입체효과를 주기 위해 표 전체를 블록을 잡은 후 [표 도구]–[디자인] 탭–[표 스타일] 그룹–[효과]–[셀 입체 효과]–[둥글게]를 선택한다.

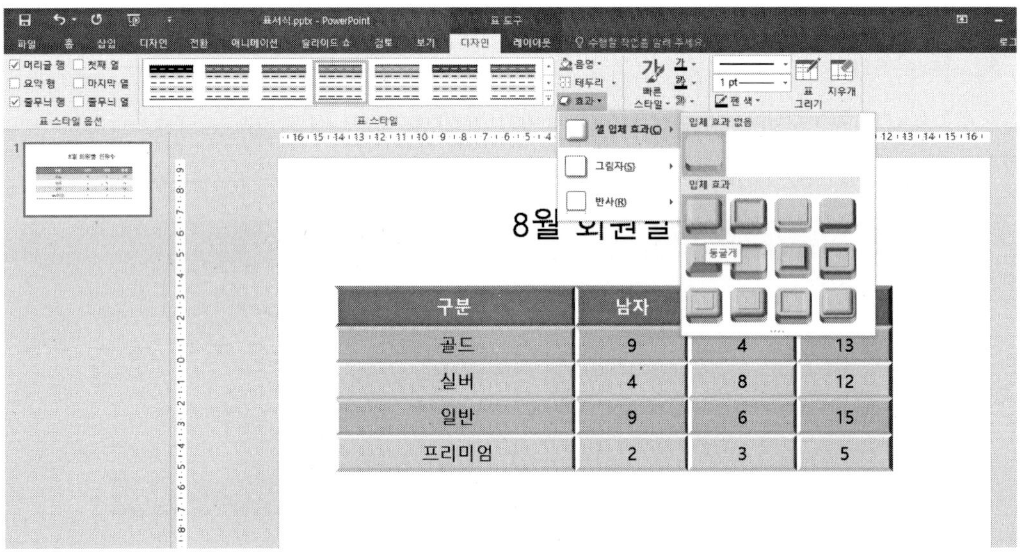

④ 표 제목행 색을 다르게 지정하기 위해 표 제목행만 블록을 잡은 후 [표 도구]-[디자인] 탭-[표 스타일] 그룹-[음영]-[표준 색]-[파랑]을 선택한다.

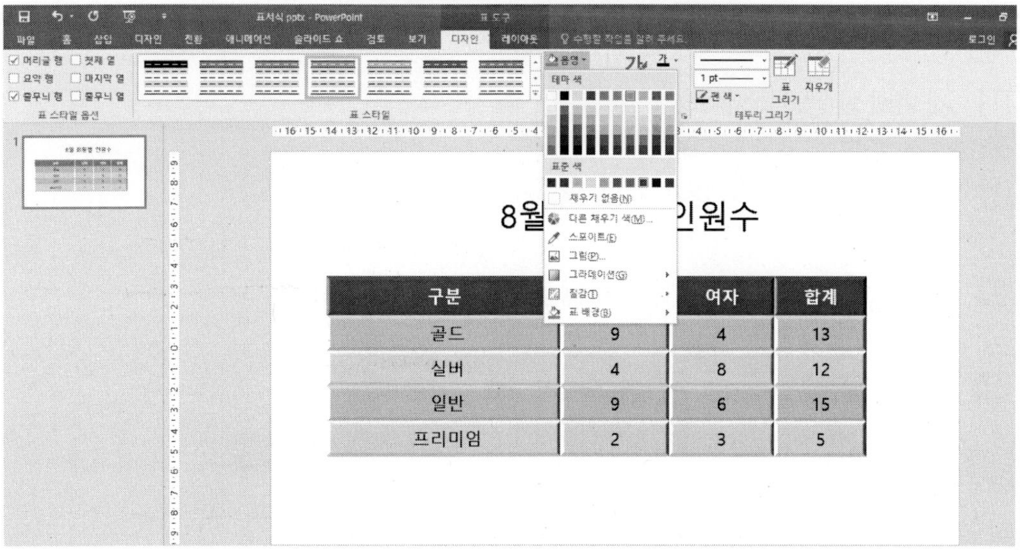

연습문제 08

문제파일 : 문제8.pptx / 정답파일 : 문제8(완성).pptx

01 세 번째 빈 행을 삭제한다.

02 표의 '보통 스타일2–강조2' 표 스타일을 적용한다.

03 표의 텍스트 위치를 가로 '가운데 맞춤', 세로 '중간'으로 정렬한다.

04 표 전체에 셀 입체효과 '둥글게' 도형효과를 적용한다.

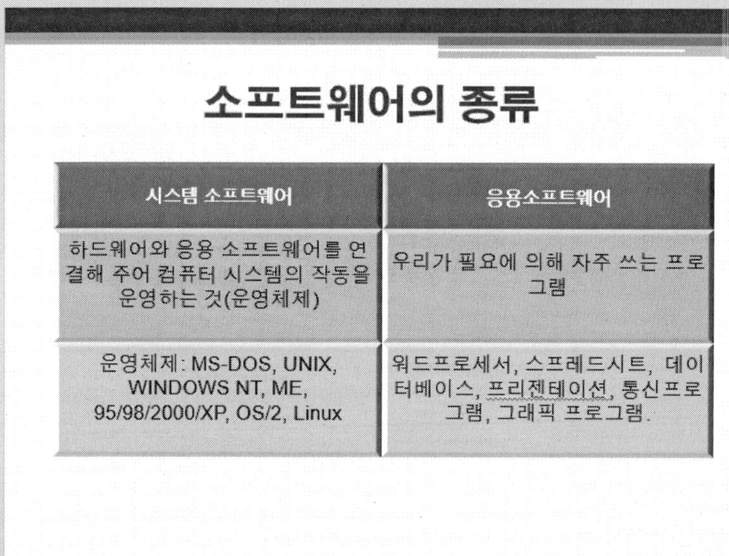

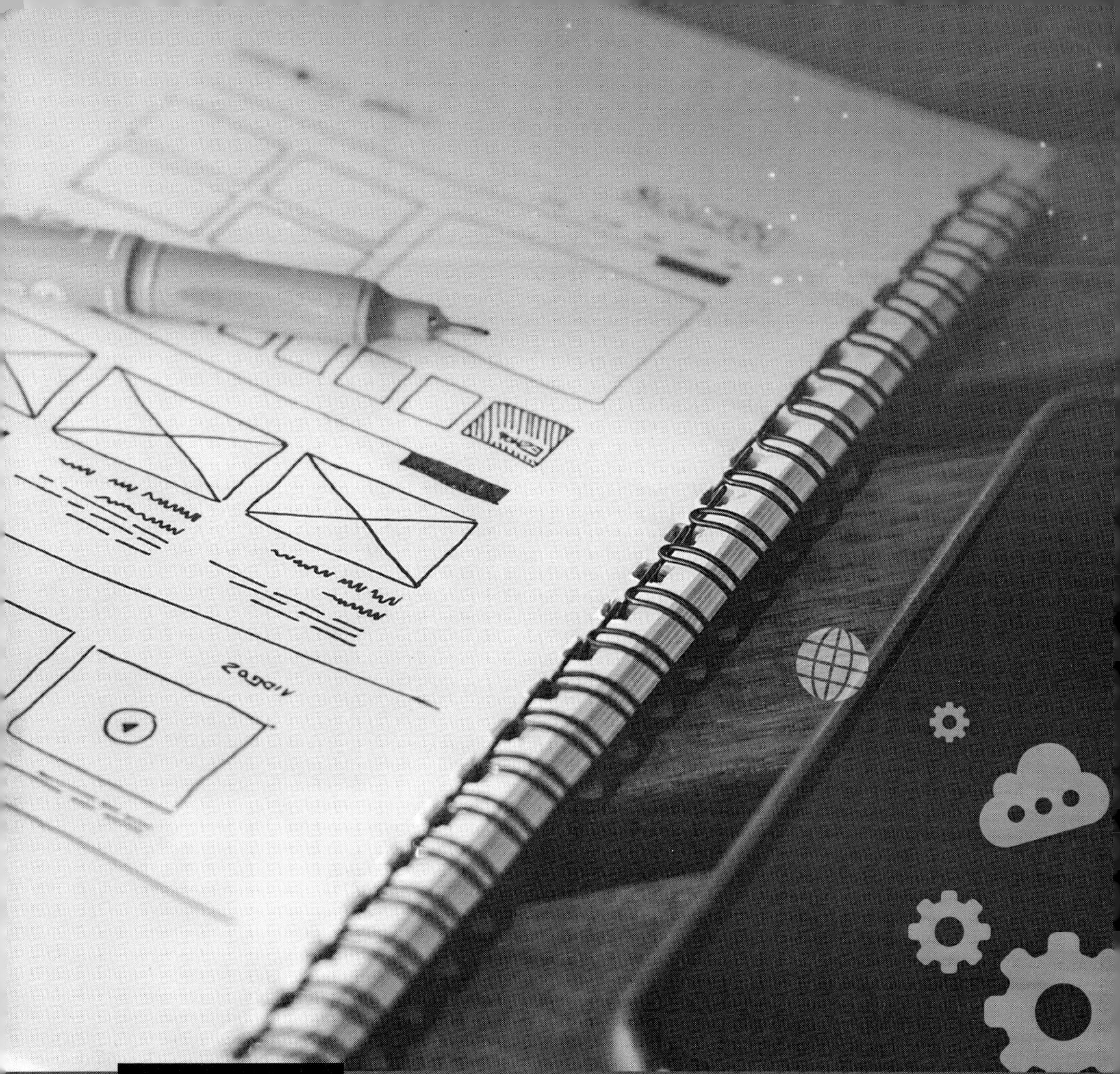

CHAPTER 09

차트 활용

CHAPTER 09 | 차트 활용

학습목표
- 차트의 구성 요소에 대해 알아보고 차트를 삽입 및 수정할 수 있다.
- 차트 레이아웃 설정 및 차트 스타일 설정을 할 수 있다.

예제파일 : 차트.pptx

차트는 값 데이터를 한 눈에 비교 및 분석하도록 해주는 개체이며 차트를 통해 추이, 통계 분석을 쉽게 파악할 수 있다. 차트를 삽입하고 차트 종류와 다양한 레이아웃으로 변경하고 디자인을 변경할 수 있다.

9-1 차트 구성 요소

차트를 자유롭게 다루기 위해서는 여러 가지 구성 요소들의 명칭을 익혀두어야 한다.

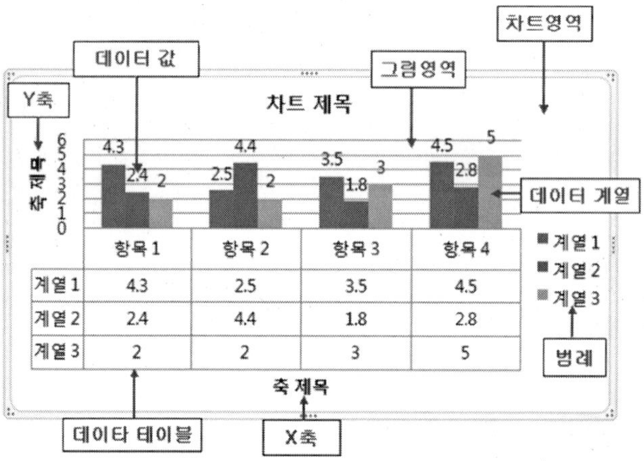

- 차트 영역 : 차트 전체의 영역으로서 크기 조절점을 드래그하면 차트의 크기를 조절할 수 있다.
- 그림 영역 : 차트의 데이터 계열이 표시되는 곳이다.
- 차트 축 : 차트의 가로나 세로축의 데이터 단위나 항목이 표시되는 영역이다.
- 눈금선 : 눈금선을 표시하여 차트의 데이터 값을 좀 더 세밀하게 볼 수 있다.

- □ **데이터 계열** : 데이터 시트에 입력한 데이터 값이 차트의 종류에 따라 막대나 원형, 꺾은선 등이 형태로 나타난다.
- □ **데이터 값** : 데이터 계열에 실제의 데이터 값을 나타낸다.
- □ **범례** : 각 데이터 계열의 이름이다.
- □ **데이터 테이블** : 차트를 만들 때 사용된 데이터가 표 형태로 추가된다.

9-2 차트 삽입

① [삽입] 탭–[일러스트레이션] 그룹–[차트]를 선택하거나 슬라이드 내용 개체에서 [차트 삽입] 명령( )을 누른다.

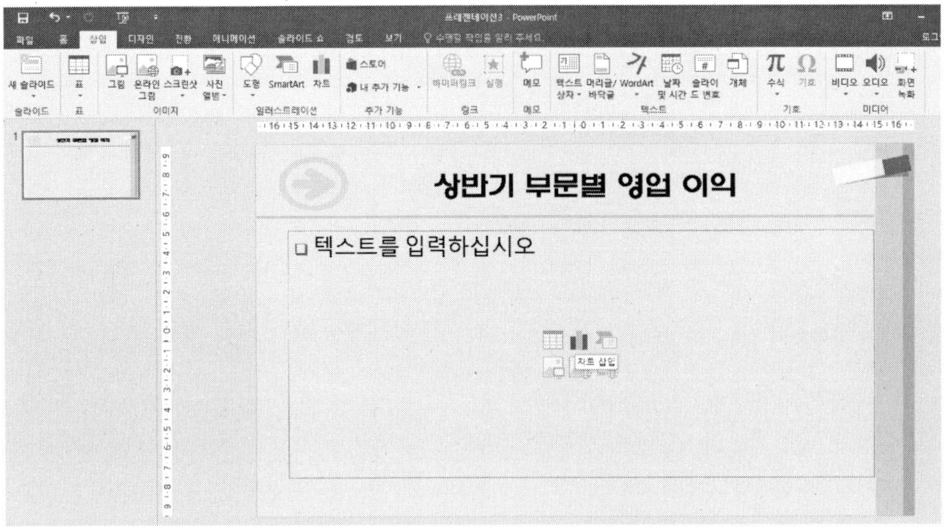

② [차트 삽입] 대화상자–[세로막대형]–[묶은 세로 막대형]으로 선택한 후 [확인]을 누른다.

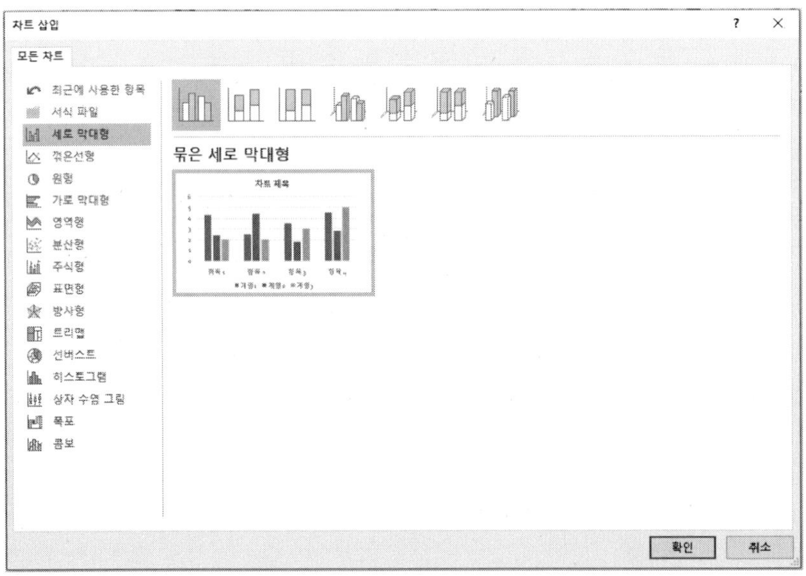

TIP | 차트 모양 변경

[차트 도구]–[디자인] 탭–[종류] 그룹에서 변경

③ 차트 프로그램이 실행되면 그림과 같이 A열, B열, C열의 각 셀에 내용을 아래와 같이 수정한다.

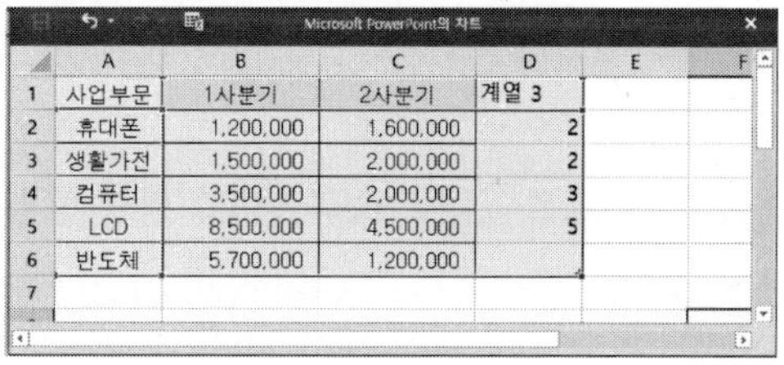

④ 기존 샘플 데이터를 삭제하기 위하여 D머리글을 선택하여 마우스 오른쪽 단추를 눌러 [삭제]를 클릭하고 범위가 D열이 삭제되면 닫기 (×)를 클릭한다.

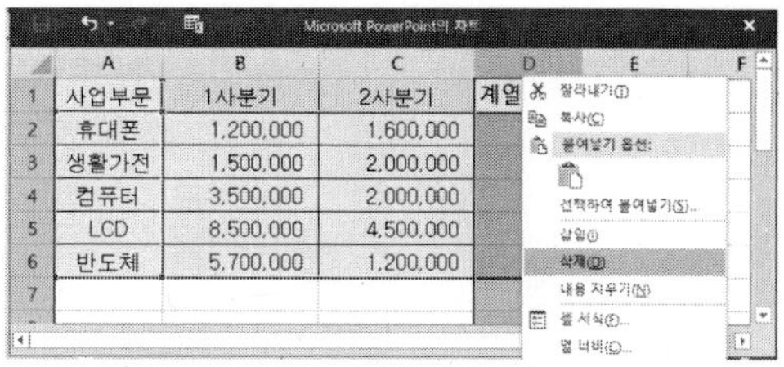

⑤ 슬라이드의 개체 영역에 완성된 차트가 나타난다.

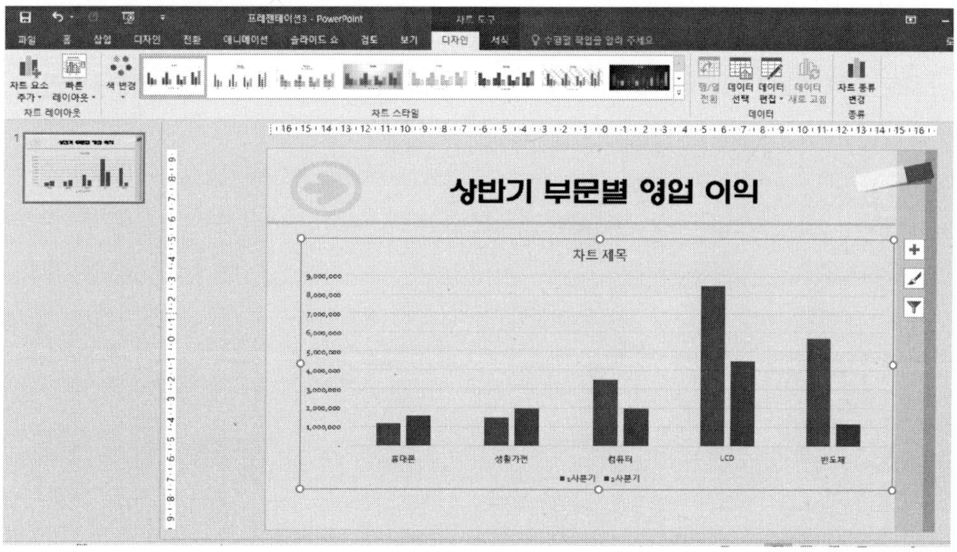

TIP | 차트 데이터 범위 크기 조정

차트 데이터의 범위가 기본 설정 데이터보다 많거나 적을 때 차트 데이터 범위를 조정하려면 오른쪽 아래 모서리를 드래그 하여 새로운 차트 데이터가 입력될 수 있는 범위를 만든다.

9-3 차트 종류 변경

1 차트 종류 변경

① 차트를 선택한 후 [차트 도구]-[디자인] 탭-[종류] 그룹-[차트 종류 변경] 명령을 누른다.

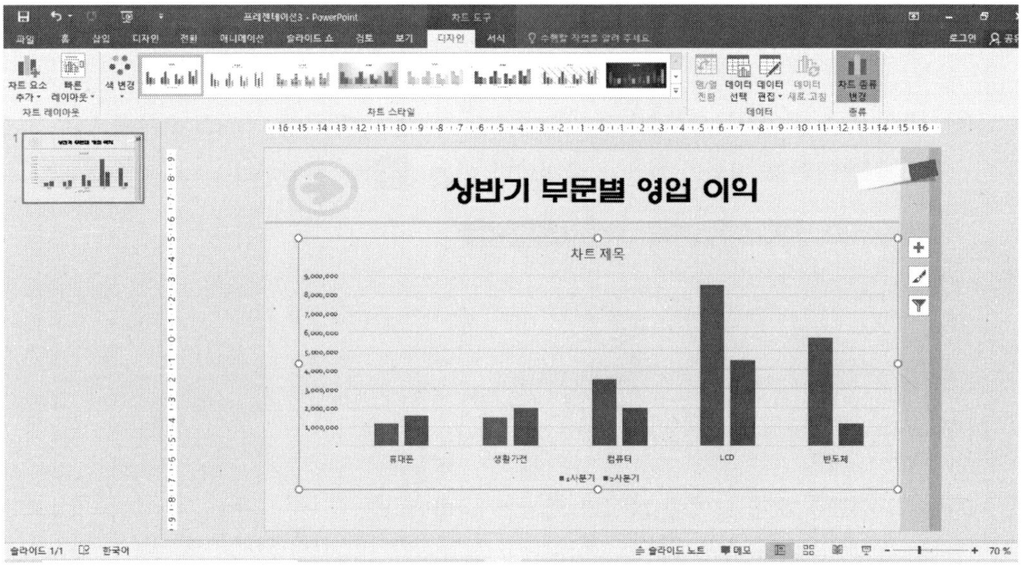

② [차트 종류 변경] 대화상자에서 [꺾은선형]-[표식이 있는 꺾은선형]을 선택하고 [확인]을 누른다.

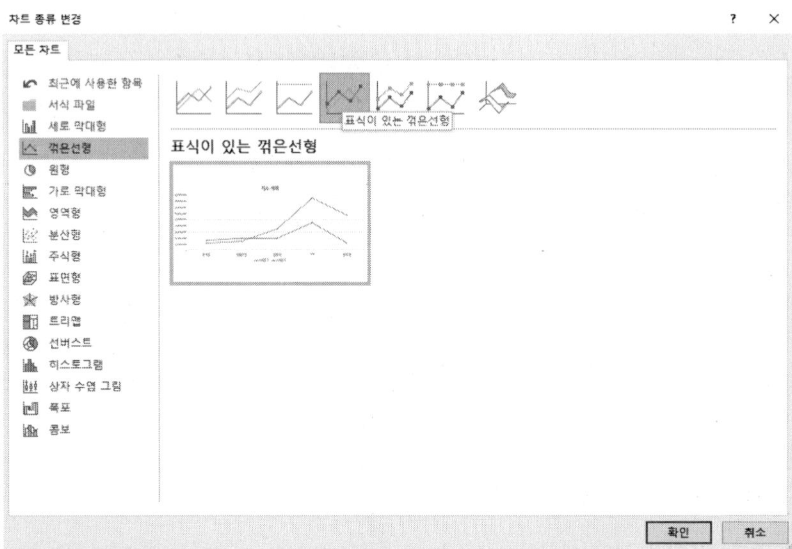

③ 차트가 변경이 된 것을 볼 수 있다.

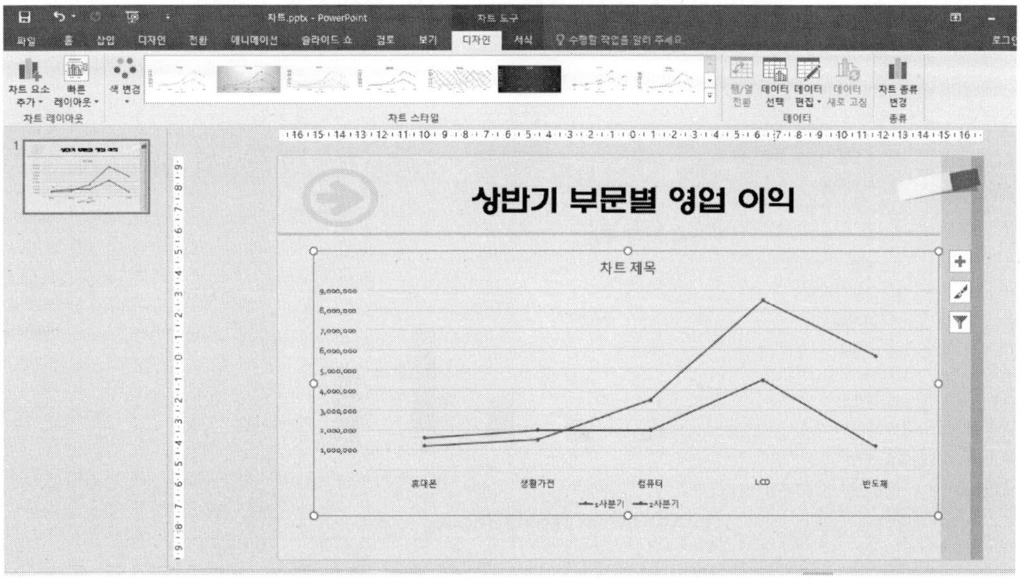

2 혼합차트

두 개의 축 값의 차이를 나타낼 경우 막대 그래프나 선형 그래프를 혼합하여 차트를 변경할 수 있다.

① 혼합차트.pptx 차트를 선택한 후 [차트 도구]-[디자인] 탭-[종류] 그룹-[차트 종류 변경] 명령을 선택한 후 [차트 종류 변경] 대화상자에서 [콤보]를 선택한다.

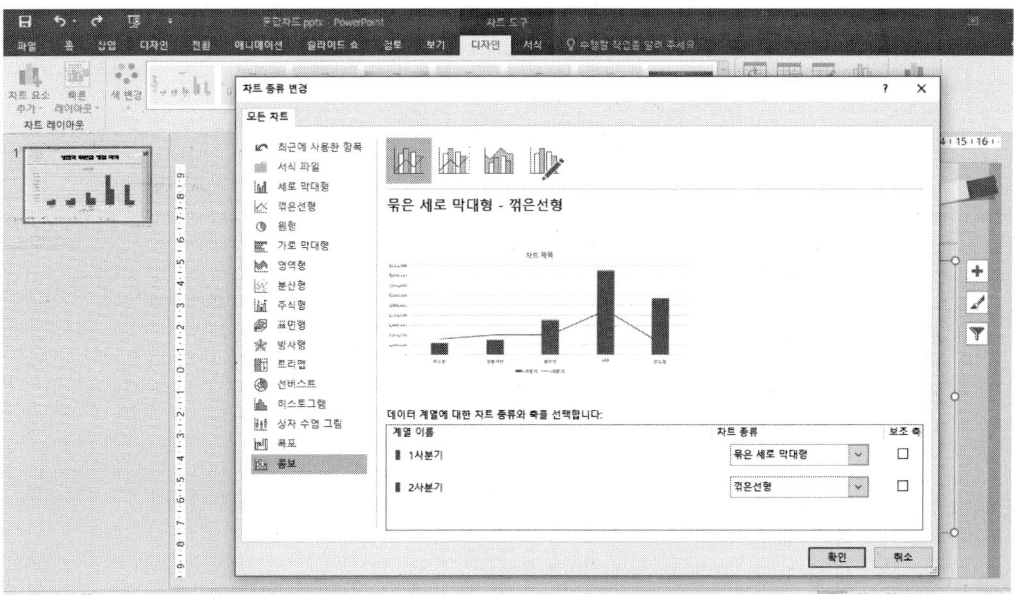

② [콤보]-'데이터 계열에 대한 차트와 축을 선택합니다'의 2사분기의 차트종류목록 상자  을 클릭하여 '표식이 있는 꺾은 선형'으로 선택한다.

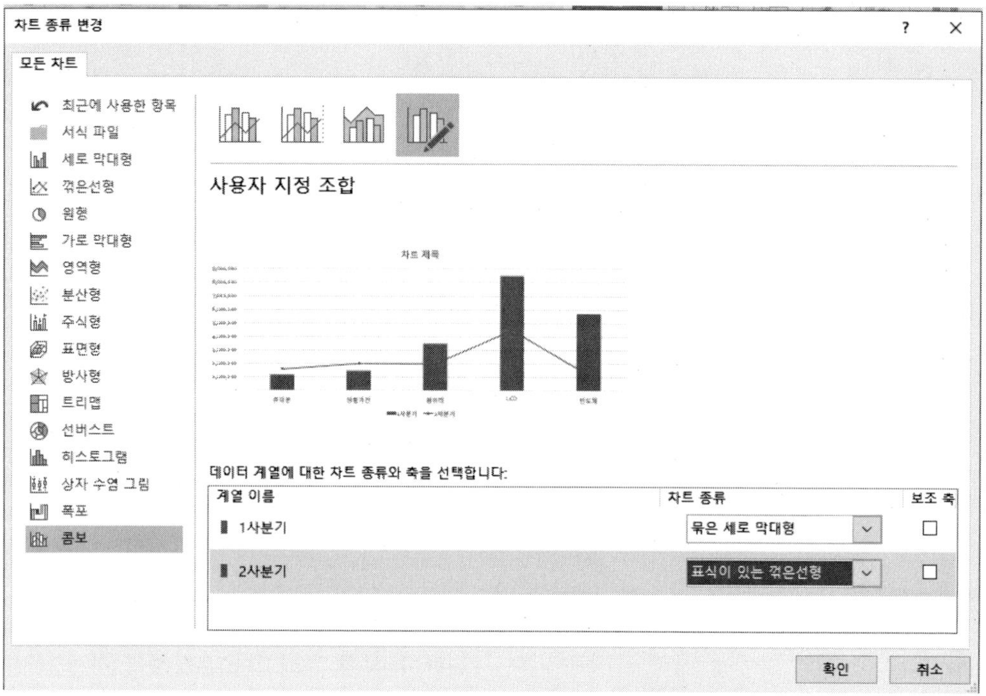

9-4 차트 서식

삽입한 차트의 레이아웃과 스타일을 미리 정의된 빠른 레이아웃과 차트 스타일을 이용하여 변경한다.

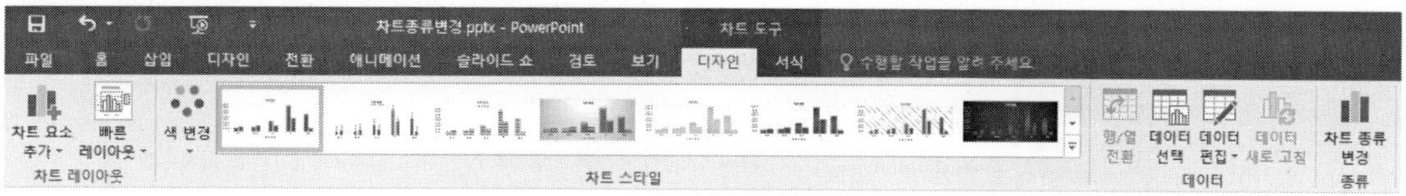

- [차트 레이아웃] 그룹 : 빠른 차트 레이아웃 설정
- [차트 스타일] 그룹 : 빠른 차트 스타일 설정
- [데이터] 그룹 : 차트의 행/열 전환, 데이터 선택, 데이터 편집, 데이터 새로 고침
- [종류] 그룹 : 차트 종류 변경, 서식 파일로 저장

1 차트 디자인

① 차트종류변경.pptx 파일을 열어 빠른 레이아웃을 이용해 차트 레이아웃을 변경하려면 차트를 선택한 후 [차트 도구]–[디자인] 탭–[차트 레이아웃] 그룹–[빠른 레이아웃]에서 '레이아웃 8'을 선택한다.

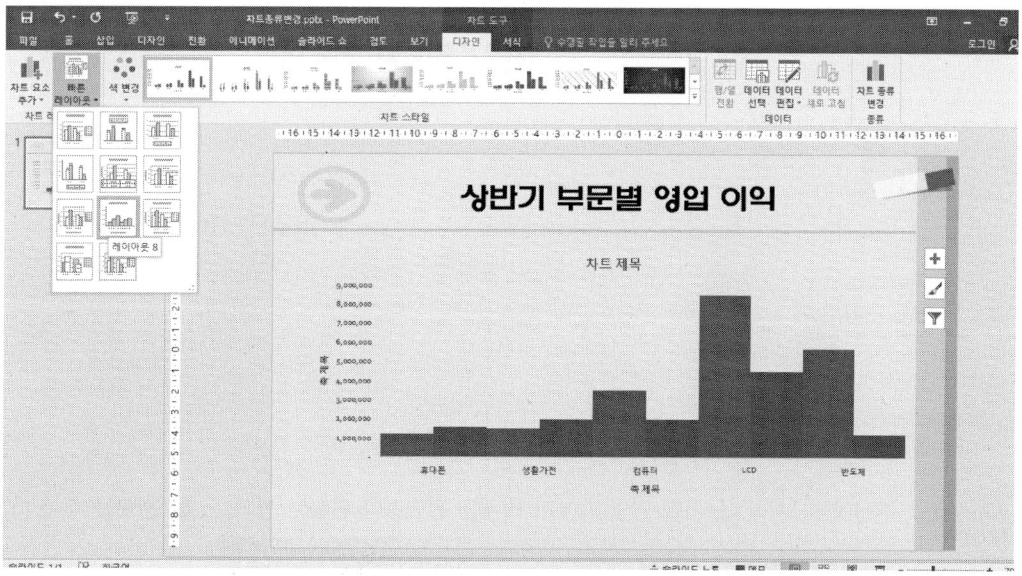

② 차트의 전체 색상변경을 위해 [차트 도구]–[디자인] 탭–[차트 스타일] 그룹–[색변경]–[색상형]에서 '색 4'을 선택한다.

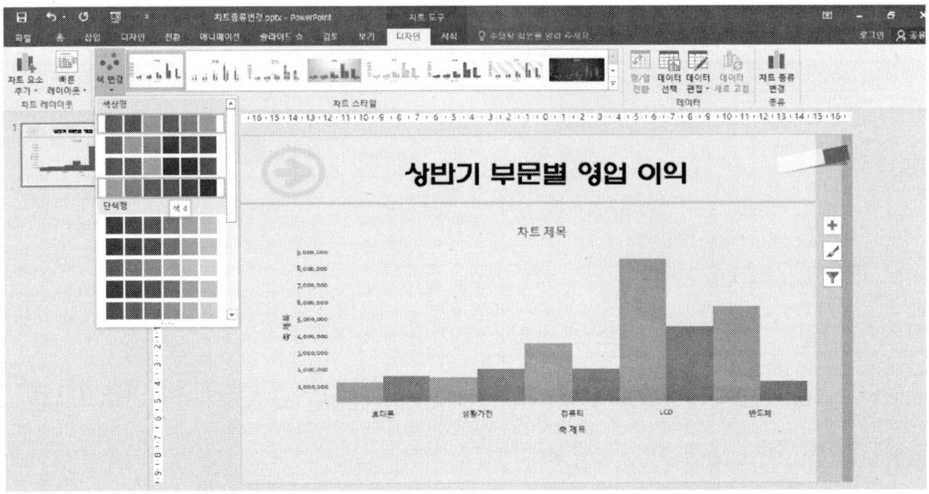

③ 차트의 스타일을 변경하려면 [차트 도구]–[디자인] 탭–[차트 스타일] 그룹–[빠른 스타일]에서 '스타일 13'을 선택한다.

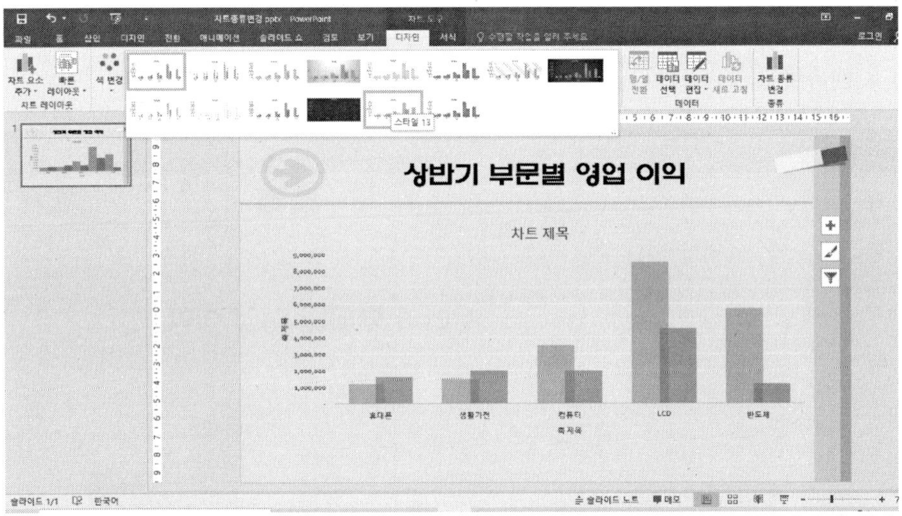

TIP | 차트요소 선택방법

[차트]실행–[서식]탭–차트 영역 자세히 버튼을 선택하여 원하는 영역요소를 선택할 수 있다.

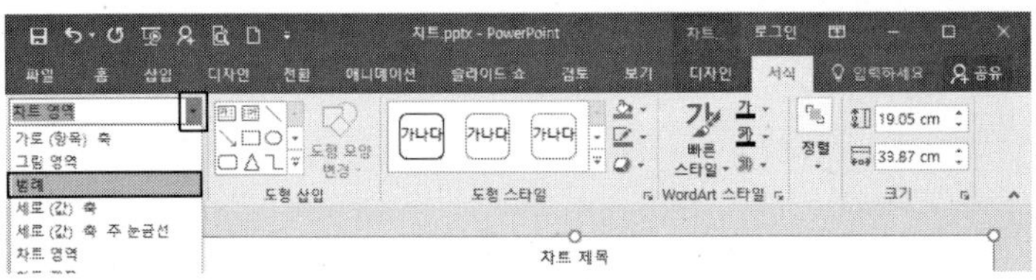

9-5 차트추가 요소

차트는 다양한 구성 요소들이 있다. [차트 도구]-[레이아웃] 탭을 이용하여 사용자가 직접 각 구성 요소들을 추가 및 제거하고 위치를 변경하는 등 편집을 수행하여 원하는 차트를 꾸밀 수 있다.

1 축제목

① 혼합차트.pptx 파일을 열어 차트 영역에 있는 '차트 제목'을 '상반기 영업이익'으로 입력하고 [홈] 탭-[글꼴] 그룹에서 [글꼴] 'HY울릉도B', [글꼴 크기] '28pt', [글꼴 색] '파랑'을 적용한다.

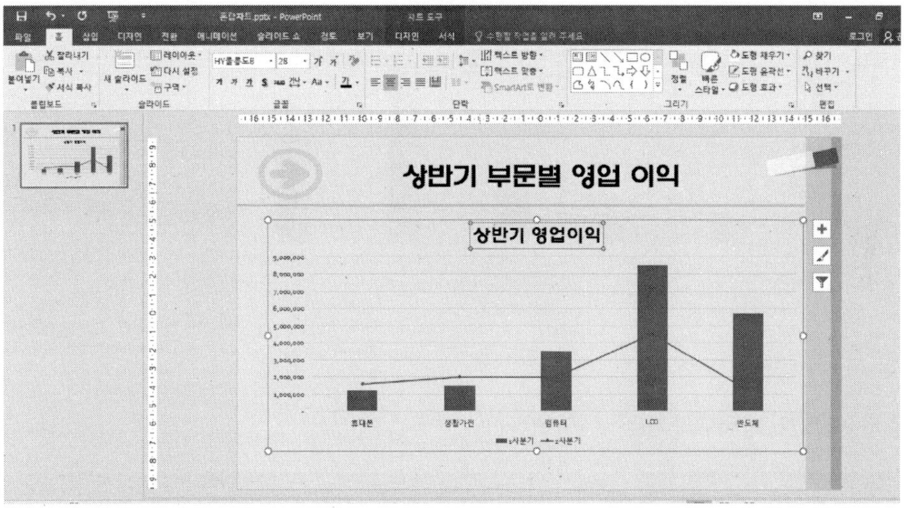

② 세로 축 제목을 변경하기 위해 [차트 도구]-[디자인] 탭-[차트레이아웃] 그룹-[차트 요소 추가]-[축 제목]-[기본 세로]을 선택한다.

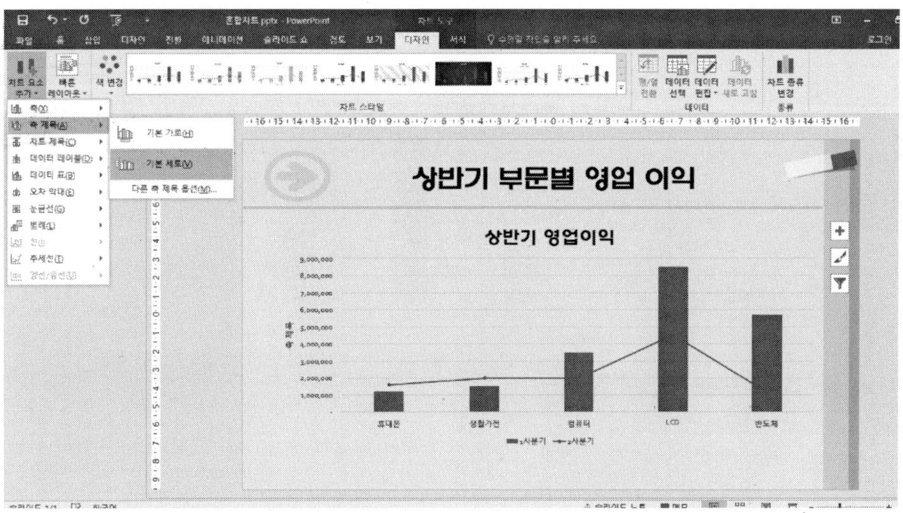

③ 세로 제목 창에 '금액'이라고 입력한 뒤 [차트 도구]-[디자인] 탭-[차트 레이아웃] 그룹-[차트 요소 추가]-[축 제목]-[다른 축 제목 옵션]을 선택한다. 오른쪽 축 제목 서식 작업창에 크기 및 속성( )을 클릭한다.

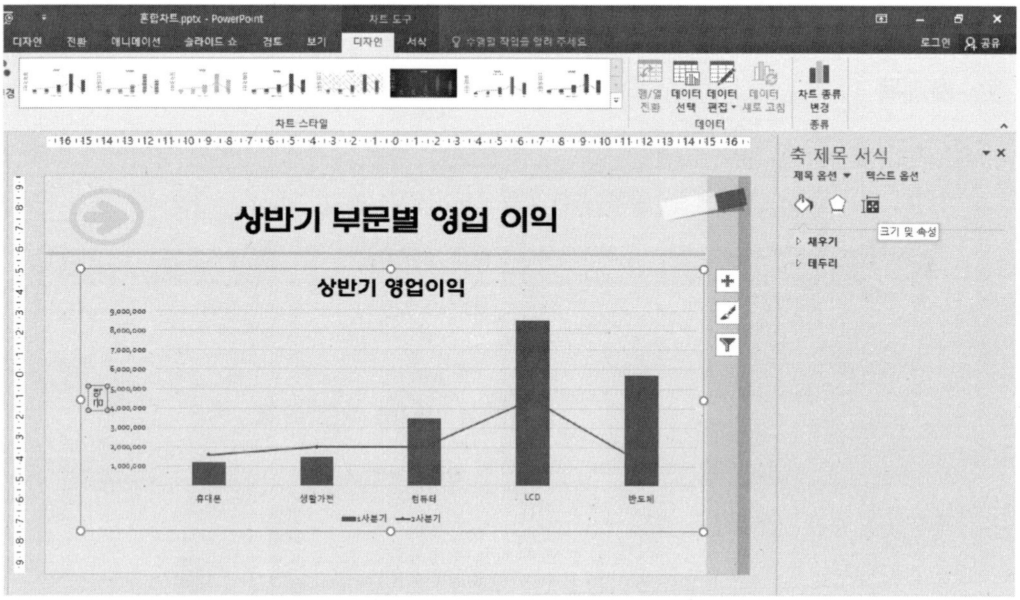

④ 맞춤의 텍스트 방향을 [가로]로 선택한다.

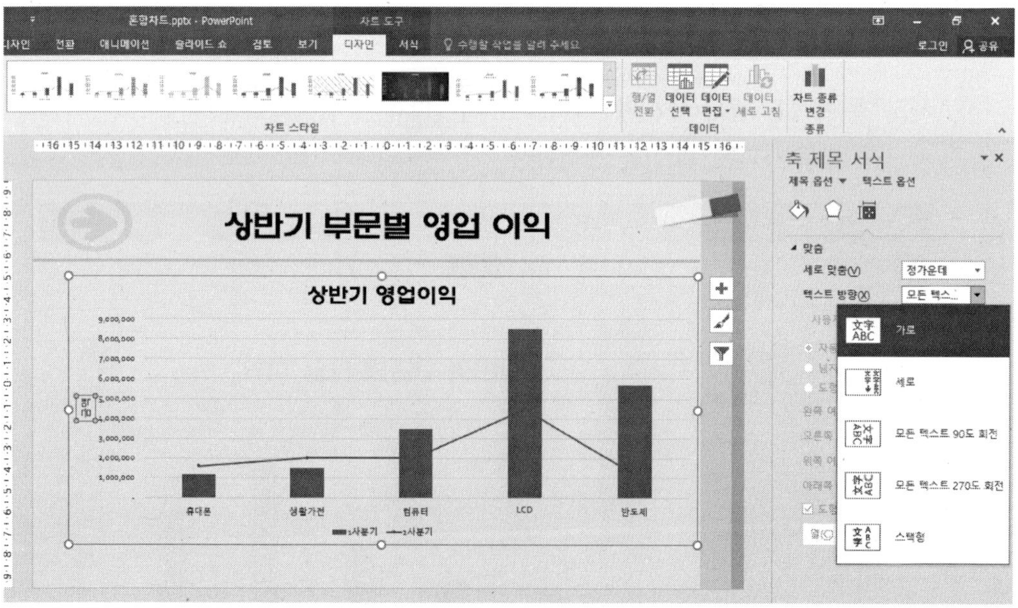

⑤ 세로 축 제목의 텍스트가 가로로 방향이 맞춰진 것을 볼 수 있다.

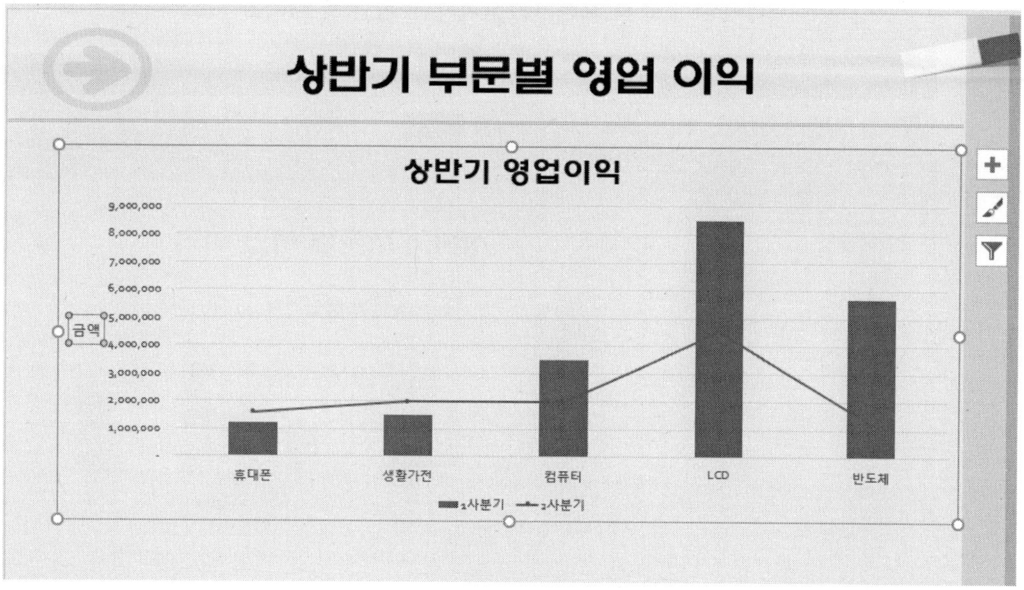

2 데이터 레이블 및 데이터 표

① 데이터 레이블 추가 시 1사분기 막대그래프를 선택한 후 [차트 도구]-[디자인] 탭-[차트레이아웃] 그룹-[차트 요소 추가]-[데이터 레이블]-[데이터 설명선]을 선택한다.

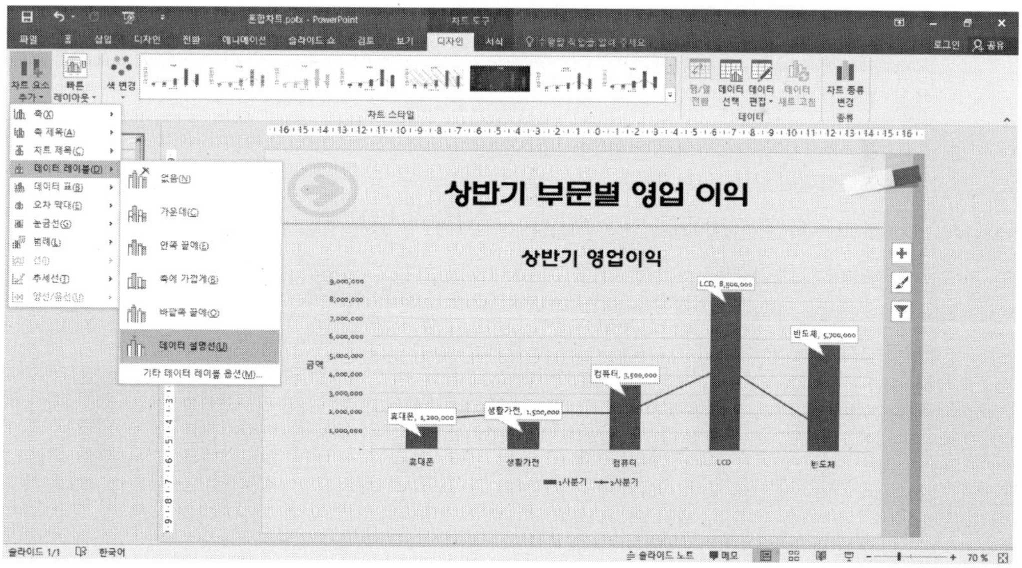

② 데이터 표를 차트에 추가할 경우 [차트 도구]-[디자인] 탭-[차트레이아웃] 그룹-[차트 요소 추가]-[데이터 표]-[범례 표지 포함]을 선택하면 하단에 테이블 표가 나타난다.

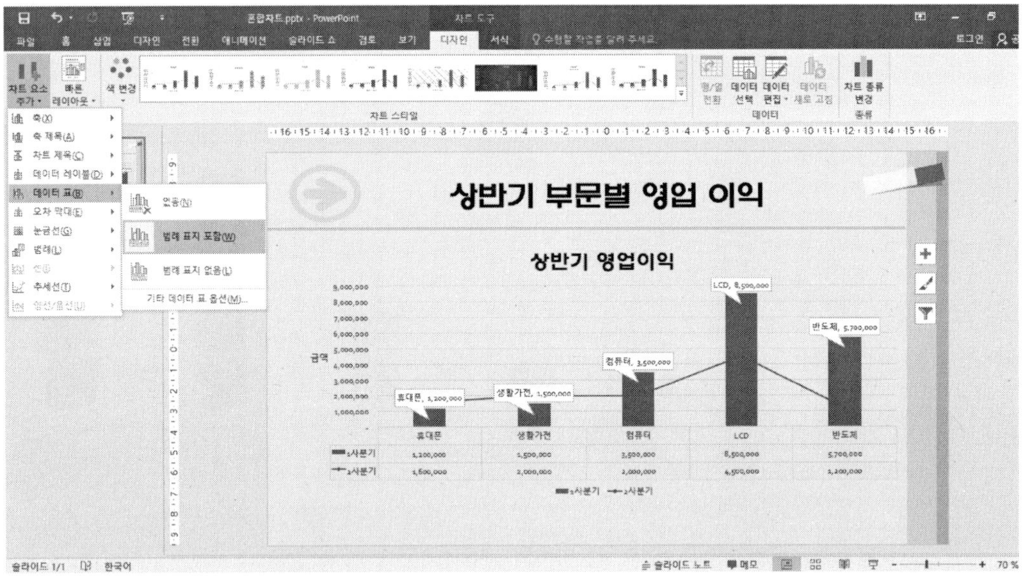

③ 범례를 차트에서 삭제할 경우 [차트 도구]-[디자인] 탭-[차트 레이아웃] 그룹-[차트 요소 추가]-[범례]-[없음]을 선택하면 범례를 차트에서 삭제 할 수 있다. 또는 범례를 선택하여 Delete 키를 눌러도 범례는 삭제된다.

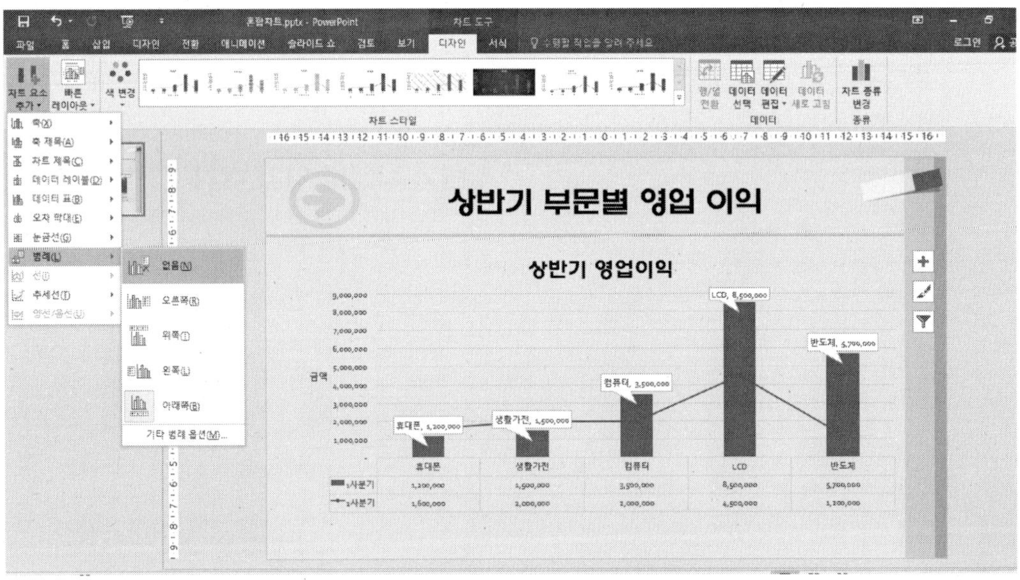

9-6 차트 서식 변경

작성된 차트의 색상 및 다양한 스타일을 지정해 본다.

① 차트를 선택한 후 [차트 도구]-[서식] 탭-[현재 선택영역] 그룹-[그림 영역] 목록단추-[그림 영역]을 선택한다.

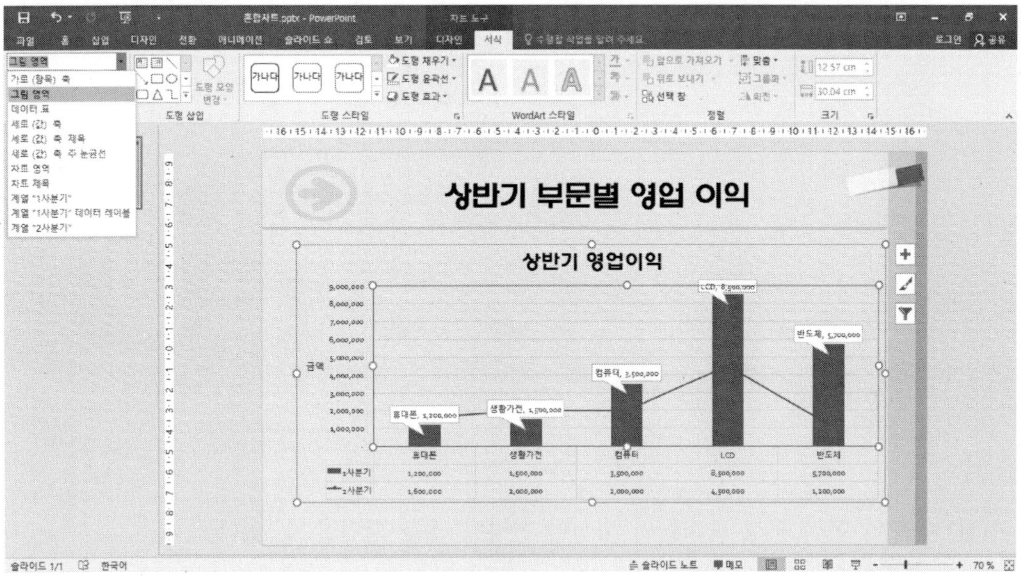

② [차트 도구]-[서식] 탭-[도형 스타일] 그룹-[빠른 스타일] 스타일 목록에 자세히(▾) 버튼을 클릭하여 -[미세효과-주황, 강조 6]을 선택한다.

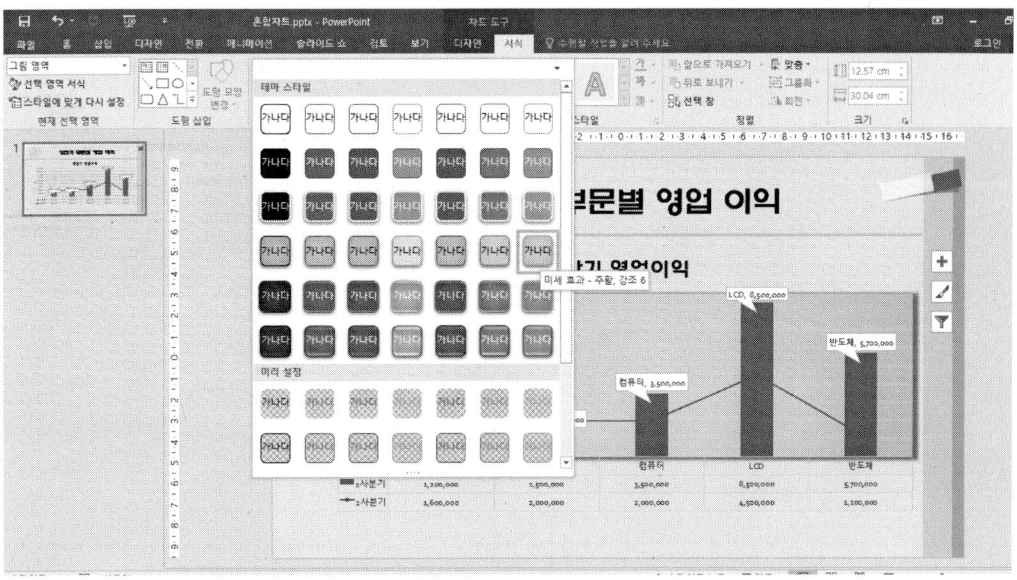

③ 차트 제목을 선택한 후 [차트 도구]-[서식] 탭-[WordArt 스타일] 그룹-[빠른 스타일] 목록단추-[채우기-흰색, 윤곽선-강조2, 진한 그림자 - 강조 2]을 선택해 제목에 WordArt 스타일을 적용한다.

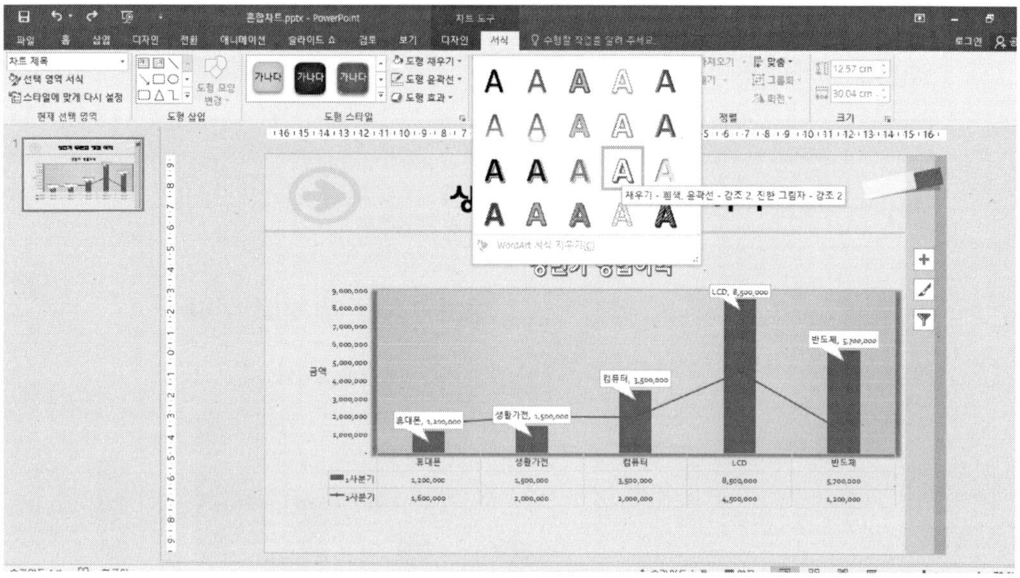

④ 차트의 여러 구성 요소들의 서식이 변경된 것을 확인할 수 있다.

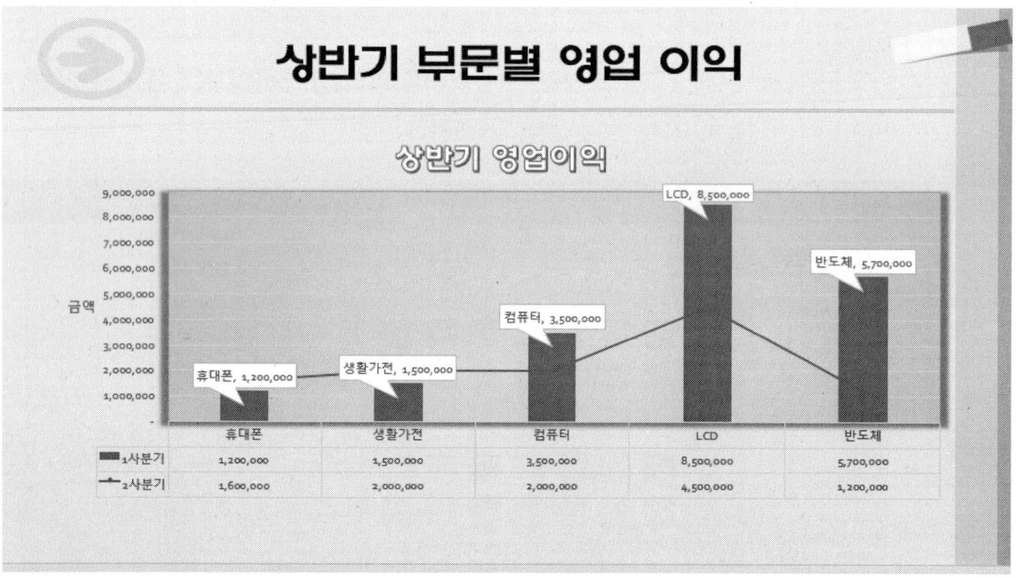

연습문제 09

문제파일 : 문제9.pptx / 정답파일 : 문제9(완성).pptx

01 차트 종류를 '표식이 있는 꺾은선형'으로 변경하고 빠른 레이아웃의 '레이아웃 3'를 적용한다.

02 '영업이익'의 제목을 차트 위에 삽입하고 차트 그림영역에 '미세 효과–파랑, 강조1' 도형 스타일을 설정한다.

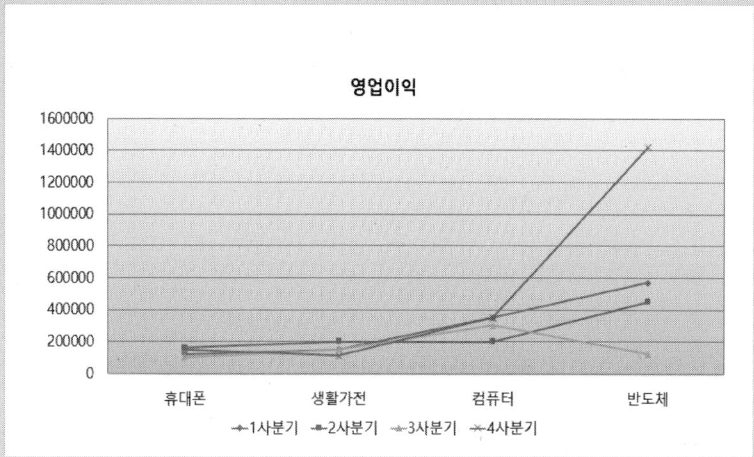

03 슬라이드 2의 차트를 4사분기를 '표식이 있는 꺾은선형'으로 혼합차트로 변경한다.

04 4사분기의 표식이 있는 꺾은 선형 차트에 데이터레이블을 위쪽에 표시하고 범례를 제거한다.

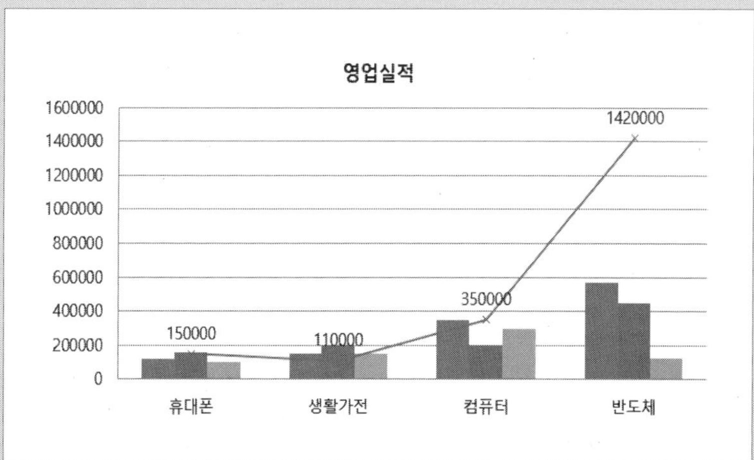

CHAPTER 10

미디어 삽입 및 관리

CHAPTER 10 | 미디어 삽입 및 관리

학습목표

- 오디오 파일을 삽입하고 오디오 도구로 편집할 수 있다.
- 비디오를 슬라이드에 삽입하고 활용할 수 있다.

예제파일 : 미디어삽입.pptx

10-1 오디오 및 비디오 클립 삽입

녹음된 오디오 파일이나 배경음악, 사용할 오디오 파일과 비디오 등의 멀티미디어 파일을 슬라이드에 삽입하여 더 강조되는 프레젠테이션을 진행할 수 있다.

1 오디오 삽입

슬라이드에 삽입할 수 있는 오디오는 *.wav, *.mid, *.mp3등의 파일 형식이 있다.

① [삽입] 탭–[미디어] 그룹–[오디오] 목록에서 [내 PC의 오디오]를 선택한다. 파일 불러오기 대화상자에서 '파워포인트 예제/타이틀효과음.wav'을 클릭한다.

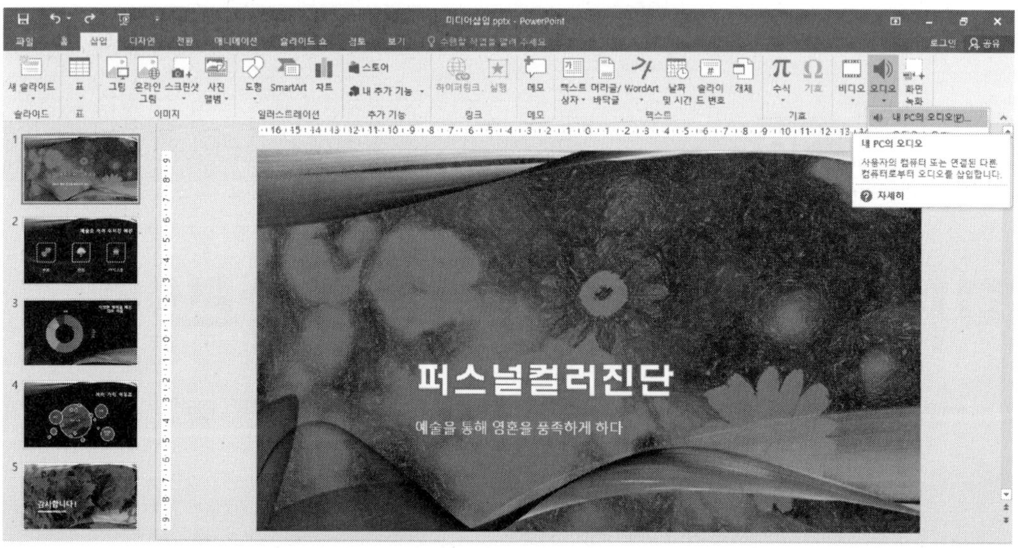

② 삽입된 오디오 아이콘을 오른쪽 상단에 드래그 하여 이동하고 [오디오 도구]-[재생] 탭-[오디오 옵션] 그룹에서 [시작]을 [자동 실행]으로 변경하고 [쇼 동안 숨기기] 선택 한다.

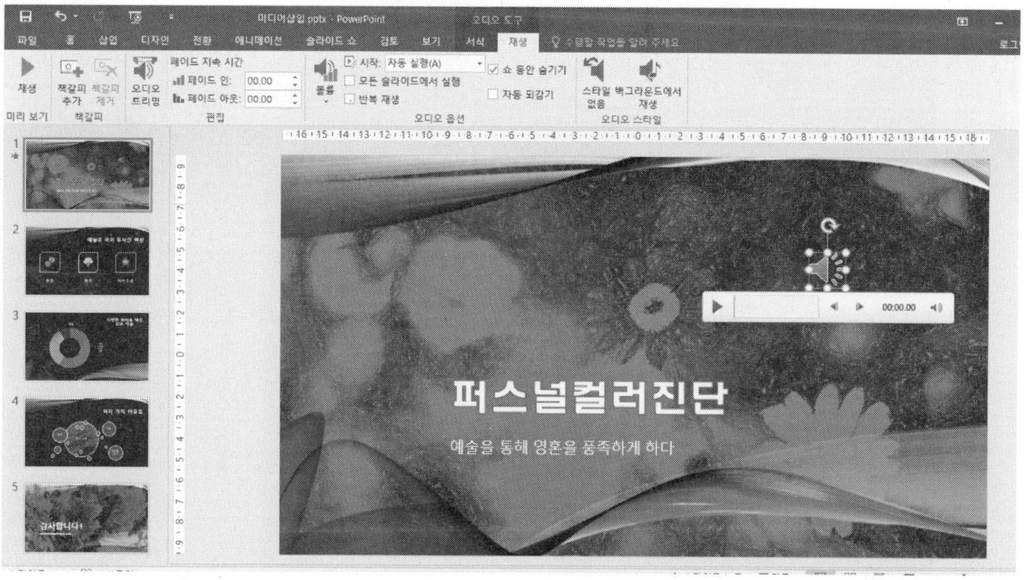

③ [슬라이드 쇼] 탭-[슬라이드 쇼 시작] 그룹에서 [처음부터]를 클릭하거나 하단의 슬라이드 쇼(早)을 클릭한다.

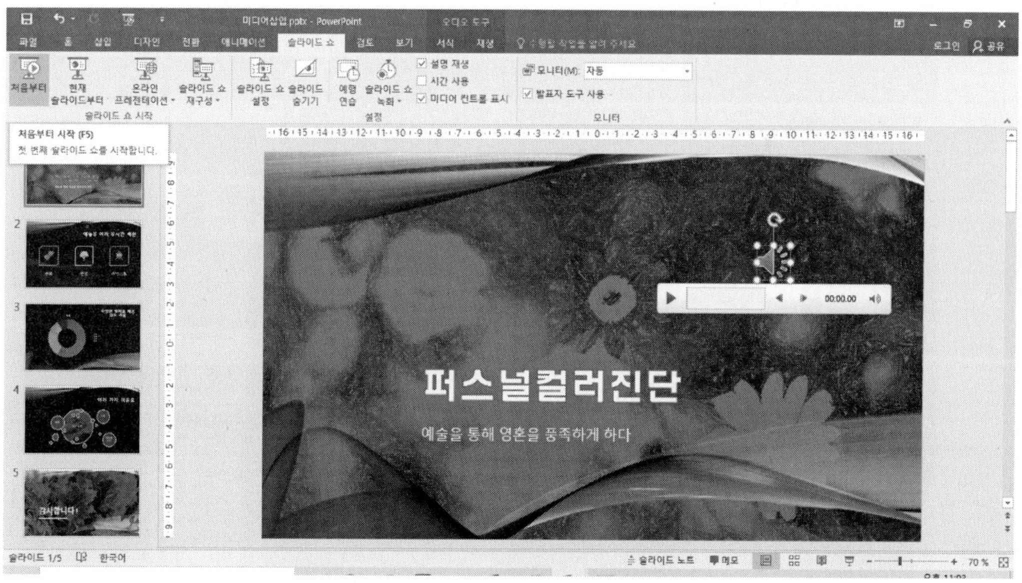

④ 슬라이드 쇼 실행 시 삽입된 아이콘이 숨겨진 것을 볼 수 있다. 다시 기본보기로 돌아오기 위해 Esc 키를 누른다.

⑤ 배경 음악으로 오디오를 설정하기 위해 [오디오 도구]-[재생] 탭-[오디오 스타일] 그룹-[백그라운드에서 재생] 클릭한다. 슬라이드 쇼 실행 시 전체 슬라이드에 음악이 적용이 된 것을 볼 수 있다.

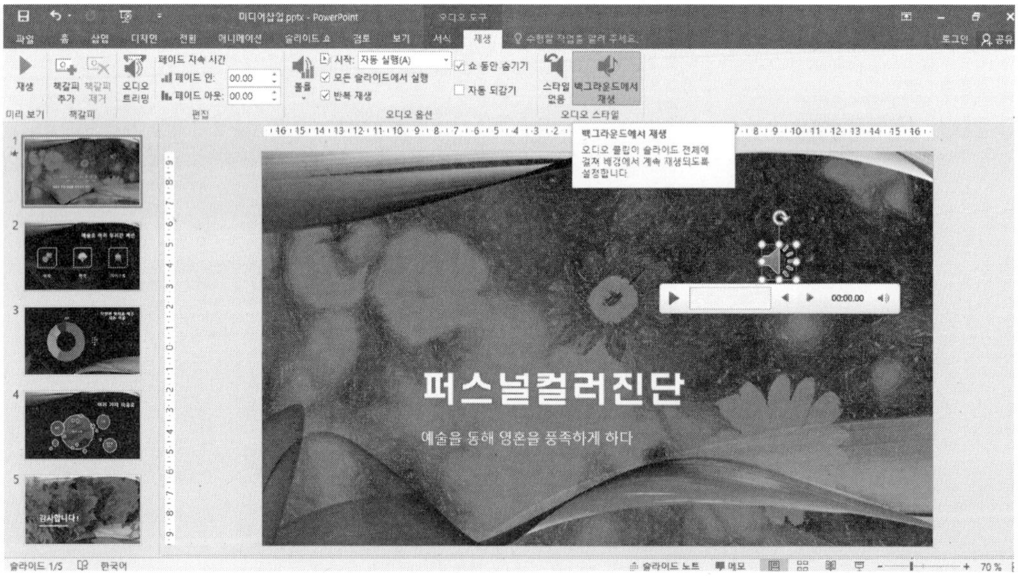

2 비디오 삽입

비디오를 삽입하여 프레젠테이션의 내용에 뉴스나 영상을 삽입하여 내용전달에 지루함을 덜하고 그림이나 도형효과처럼 동영상에도 다양한 효과를 적용하여 사용할 수 있다. 슬라이드에 삽입할 수 있는 비디오 파일은 *.wmv, *.avi, *.mid, *.mov등의 파일 형식이 있다.

① 미디어삽입완성.pptx 파일을 열고 슬라이드 5를 선택하고 [삽입] 탭–[미디어] 그룹–[비디오] 목록에서 [내 PC의 비디오]를 선택하고 [비디오 삽입] 대화상자가 열리면 '파워포인트 예제/미디어1.mp4'선택한 후 [삽입] 클릭한다.

② 삽입된 동영상을 오른쪽으로 위로 이동시킨 뒤 [비디오 도구]–[서식] 탭–[비디오 스타일]–[비디오 효과]–[부드러운 가장자리]–[25 포인트]를 선택한다.

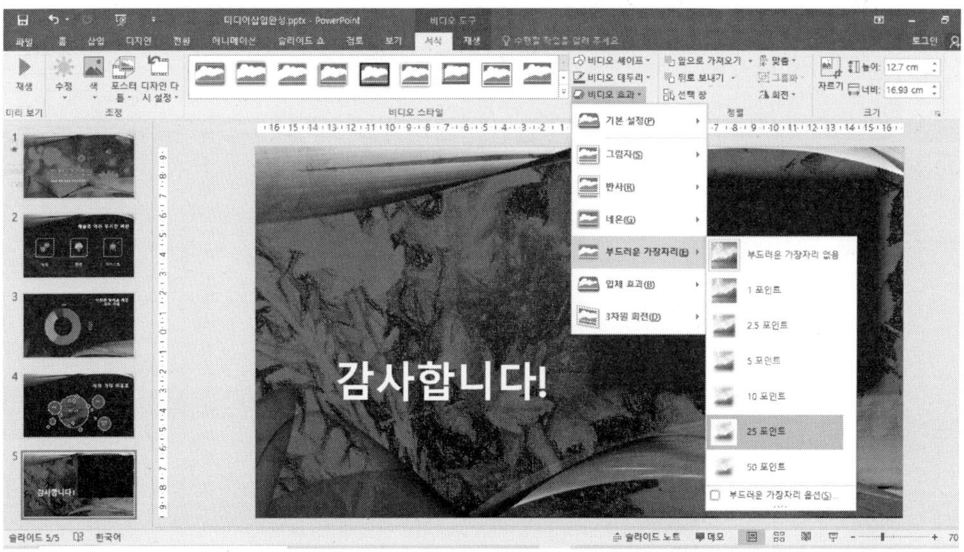

③ [비디오 도구]-[재생] 탭-[비디오 옵션] 그룹-[오디오 옵션] 그룹에서 [시작]을 [자동 실행]으로 변경한다.

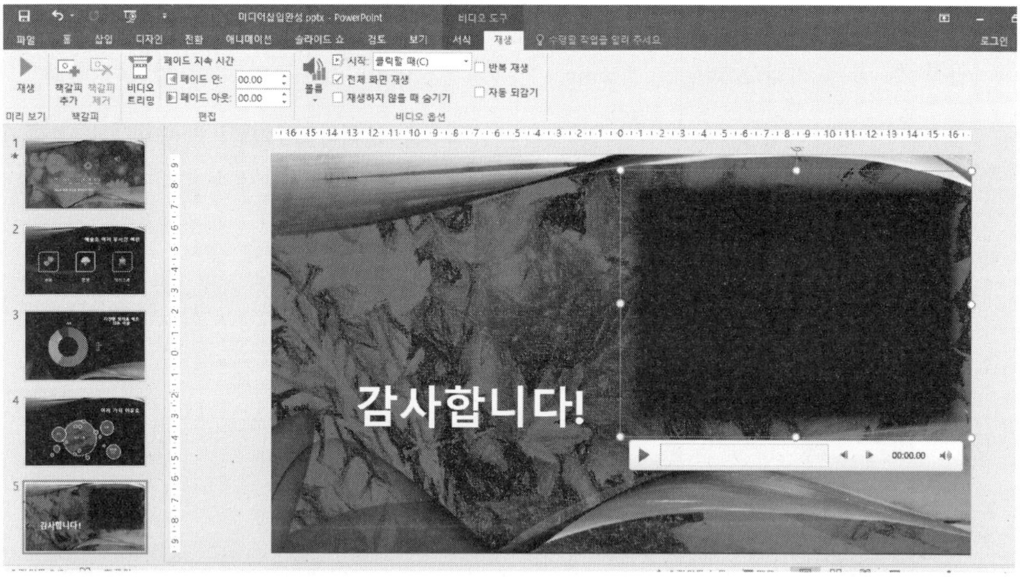

연습문제 10

문제파일 : 문제10.pptx / 정답파일 : 문제10(완성).pptx

01 슬라이드1에 '파워포인트예제/소리.mp3' 음악을 삽입한다.

02 슬라이드 쇼가 진행되면 자동으로 음악이 실행되고 삽입된 아이콘을 숨기기를 설정한다.

03 슬라이드2에 '파워포인트예제/동영상.mp4' 동영상 파일을 삽입한다.

04 슬라이드 쇼가 진행되면 클릭하여 동영상이 실행되게 설정하고 비디오 스타일 회전, 흰색 스타일을 적용한다.

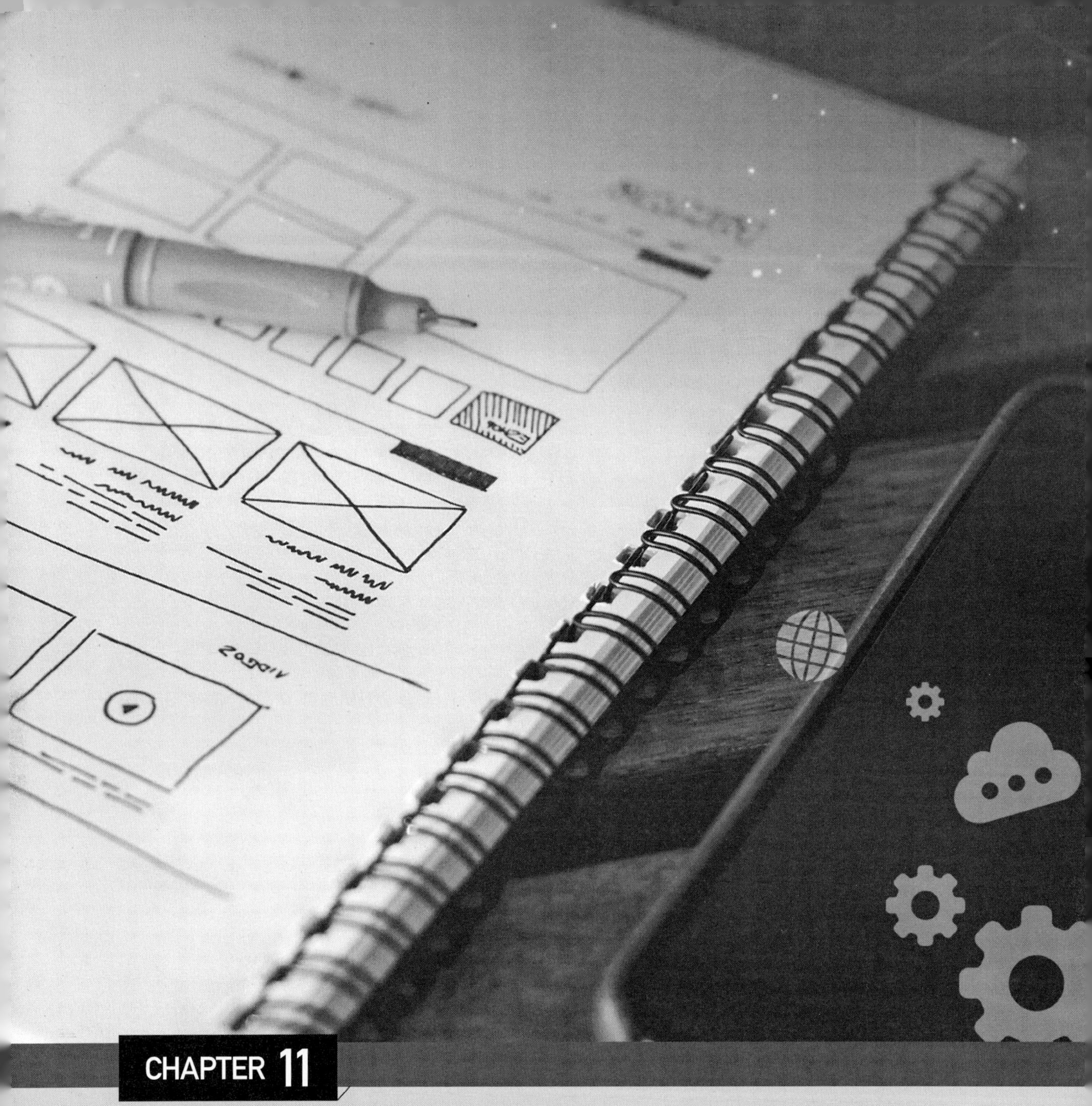

CHAPTER 11

화면전환효과

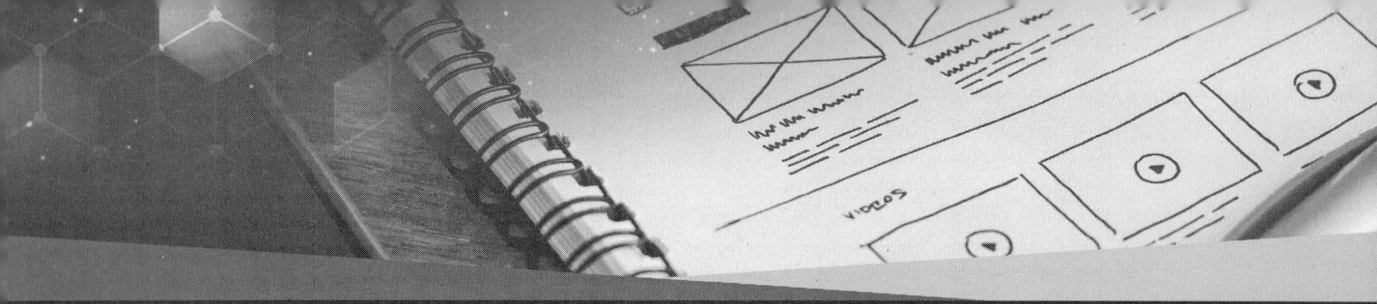

CHAPTER 11 | 화면전환효과

학습목표

- 슬라이드에 화면 전환 효과를 적용하거나 삭제할 수 있다.
- 화면 전환 시 소리 및 시간을 설정할 수 있다.
- 화면 자동 전환을 설정하여 자동으로 화면 전환을 할 수 있다.

예제파일 : 화면전환.pptx

11-1 화면 전환 효과 설정

화면 전환은 슬라이드 쇼를 진행하는 과정 중에 슬라이드에서 다음 슬라이드로 이동할 때의 화면 전환 효과는 다양하며 화면 전환 효과와 함께 소리, 전환 속도를 설정할 수 있다.

① 화면 전환 효과를 주기 위해서 [전환] 탭–[슬라이드 화면 전환] 그룹–[자세히]를 선택한 후 [동적 콘텐츠]의 '회전'을 선택한다.

② [전환] 탭-[타이밍] 그룹-[모두 적용] 명령을 선택하면 모든 슬라이드에 선택한 전환 효과가 적용이 된다. 특정 슬라이드에만 전환 효과를 적용할 경우는 Ctrl 키를 누르고 슬라이드2, 슬라이드6를 선택하고 전환 효과를 선택하면 된다.

③ 슬라이드 쇼를 실행하지 않고 화면 전환 효과를 미리 확인할 때는 [전환] 탭-[미리보기] 그룹-[미리보기] 명령을 선택한다.

11-2 화면 전환에 소리 삽입

① Ctrl키를 누르고 슬라이드1, 슬라이드6을 선택한 후 화면 전환 시 [전환] 탭–[타이밍] 그룹–[소리] 목록 단추–[박수]를 선택한다.

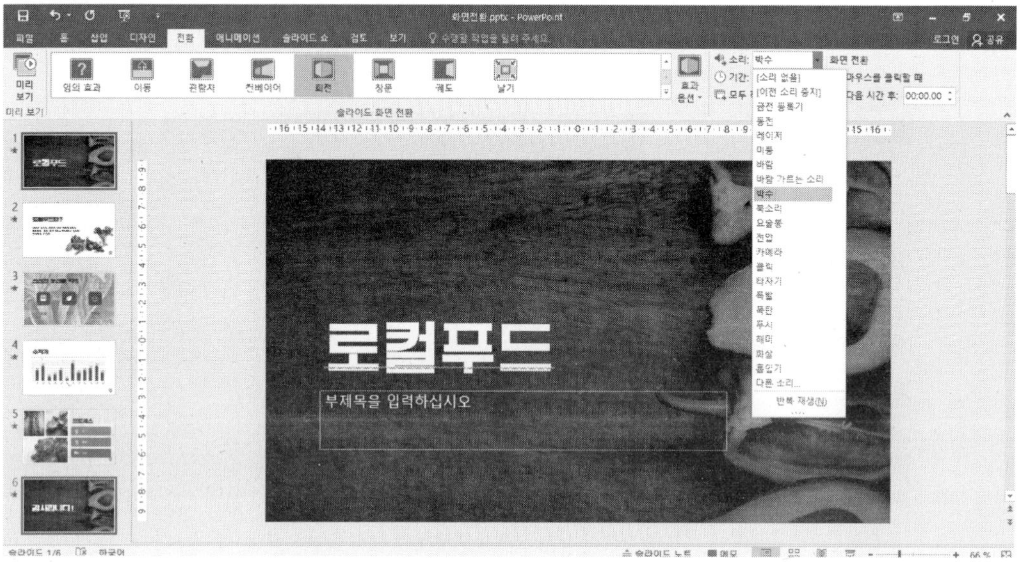

② 화면 전환 소리를 확인하고자 할 때 [전환] 탭–[미리보기] 그룹–[미리보기] 명령을 선택하거나 F5를 눌러 슬라이드 쇼를 실행하면 선택한 슬라이드만 화면 전환 소리가 적용이 된 것을 볼 수 있다.

11-3 화면 자동 전환 설정

화면 자동 전환 효과를 설정하면 슬라이드 쇼 진행시 마우스를 클릭할 때 다른 슬라이드로 이동하면서 효과가 나타난다. 마우스를 클릭하지 않고 정해진 시간이 경과했을 때 자동으로 화면 전환이 이루어지도록 설정할 수 있다.

① [전환] 탭–[타이밍] 그룹–[화면 전환]에서 [다음 시간 후]에 체크 표시를 하고 시간 표시 항목에 '00:01:00'가 되도록 설정한 다음 '모두 적용'을 누른다.

TIP |

- 화면 왼쪽에 있는 [슬라이드] 탭에서 슬라이드 번호 아래에 (*)표시가 나타나면 화면 전환효과가 적용된 것이다.
- 자동 전환 시간은 '분:초' 단위로 시간을 설정하며, 직접 입력하거나 마우스로 시간 항목의 화살표를 클릭하여 설정한다.
- 자동 전환 시간을 설정했더라도 슬라이드 쇼를 진행하면서 마우스를 클릭해서 다음 슬라이드로 이동할 수 있도록 설정하려면 [마우스를 클릭할 때]도 체크 표시하면 된다.

② [전환] 탭– [미리 보기] 그룹–[미리 보기] 명령을 눌러 화면전환이 될 때 1초 후에 자동으로 화면 전환이 되는지 확인한다.

11-4 화면 전환 효과 삭제

① 화면 전환을 삭제하려면 [전환] 탭-[슬라이드 화면 전환] 그룹-[자세히]-[은은한 효과]-[없음]을 선택한 후 [타이밍]그룹-[모두 적용]을 클릭하여 모든 슬라이드의 화면 전환효과를 삭제한다.

② 화면 전환 효과가 삭제가 되면 슬라이드 번호 아래에 (★)표시가 없어진 것을 볼 수 있다.

연습문제 11

문제파일 : 문제11.pptx / 정답파일 : 문제11(완성).pptx

01 모든 슬라이드에 '닦아내기' 화면전환 효과를 적용한다.

02 9번 슬라이드에 박수 소리를 적용한다.

03 슬라이드 3, 7의 화면전환만 제거한다.

CHAPTER 12

애니메이션 활용

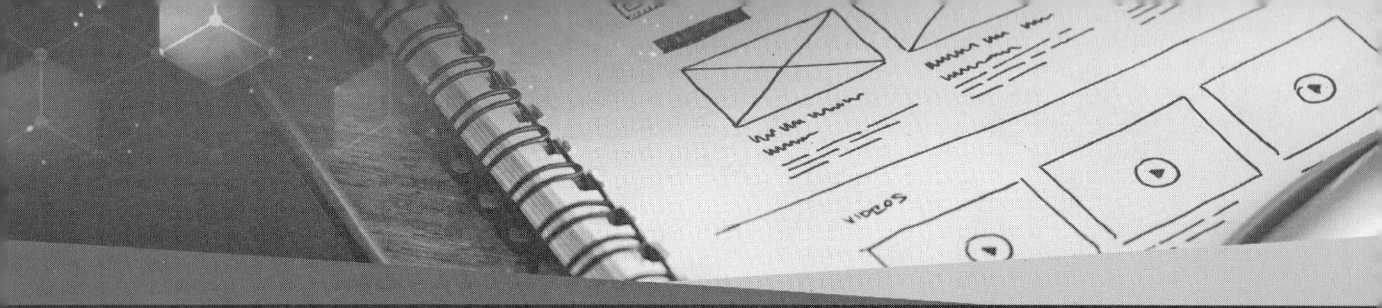

CHAPTER 12 | 애니메이션 활용

학습목표
- 텍스트 및 다양한 개체에 애니메이션 효과를 설정할 수 있다.
- 설정된 애니메이션 효과를 수정하거나 삭제할 수 있다.

예제파일 : 애니메이션.pptx

12-1 텍스트 애니메이션 지정

소리, 하이퍼링크, 텍스트, 그래픽, 다이어그램, 차트 및 개체에 애니메이션을 적용하여 프레젠테이션을 흥미롭게 만들고 중요한 요점을 강조하며 정보의 흐름을 제어할 수 있다. 텍스트만으로 이루어진 슬라이드는 청중들에게 딱딱함과 지루함을 줄 수 있으므로 텍스트에 애니메이션 효과를 주어 생동감을 불어 넣을 수 있다.

1 애니메이션 삽입

① 슬라이드1의 제목 텍스트 상자 테두리를 선택한 후 [애니메이션] 탭–[애니메이션] 그룹–[애니메이션] 목록단추–[닦아내기]를 클릭한다.

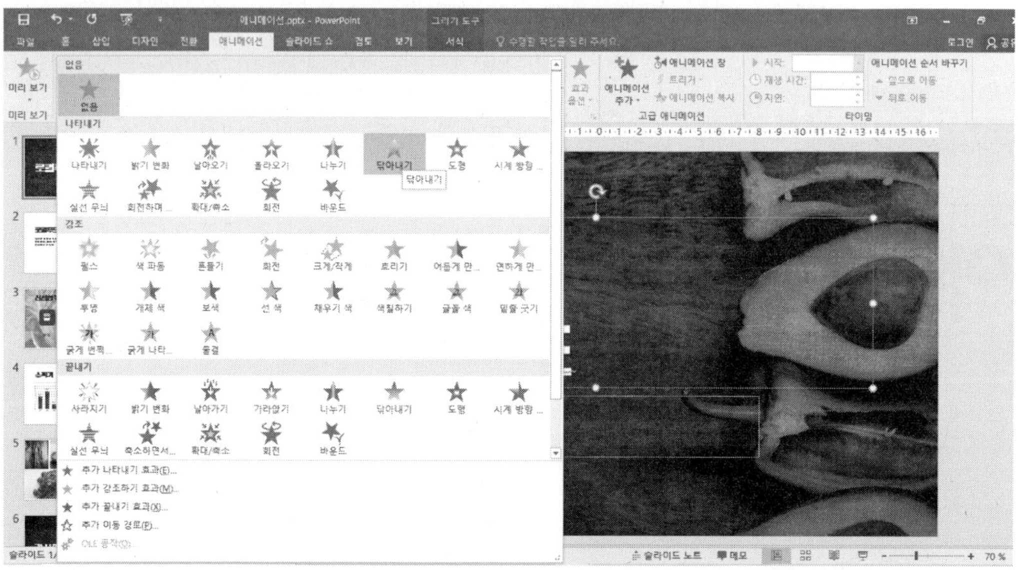

② [효과 옵션]의 자세히 항목을 눌러 방향은 '왼쪽에서'를 선택한다.

③ [애니메이션] 탭–[미리 보기] 그룹–[미리 보기] 명령을 선택하면 애니메이션이 적용된 것을 확인할 수 있다.

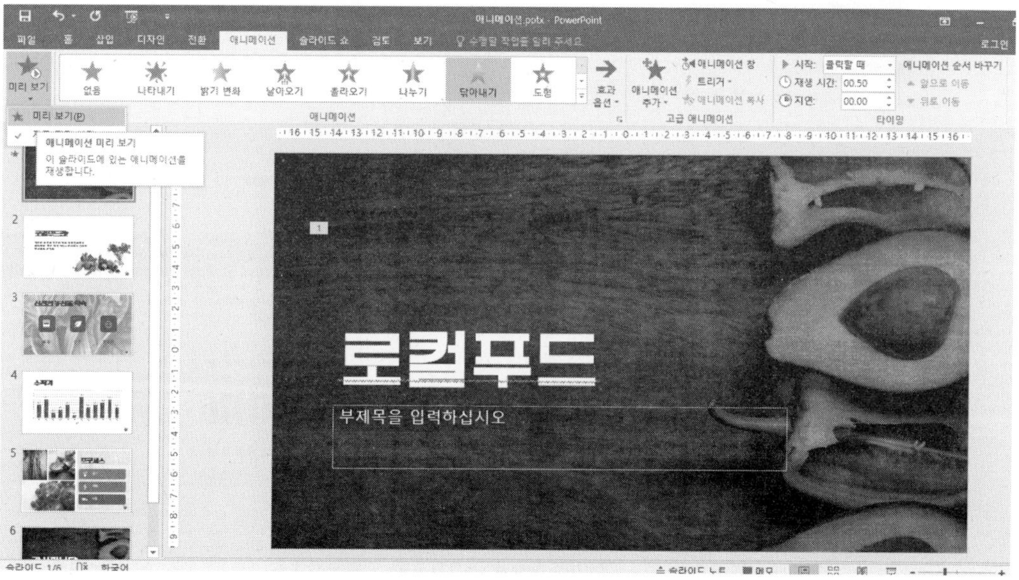

2 애니메이션 추가하기

애니메이션은 크게 개체가 없다 나타나는 '나타나기'와 강조 효과를 나타내는 '강조', 개체가 사라지는 '끝내기', 개체가 특정 방향으로 이동하는 '이동 경로'로 구성된다. 사용자 지정 애니메이션은 기본 애니메이션 외에 다양한 애니메이션을 사용할 수 있는 기능이다.

① 슬라이드 2의 제목을 선택 한 후 [애니메이션] 탭–[애니메이션] 그룹–[애니메이션 추가]–[강조]–[글꼴 색]을 선택한다.

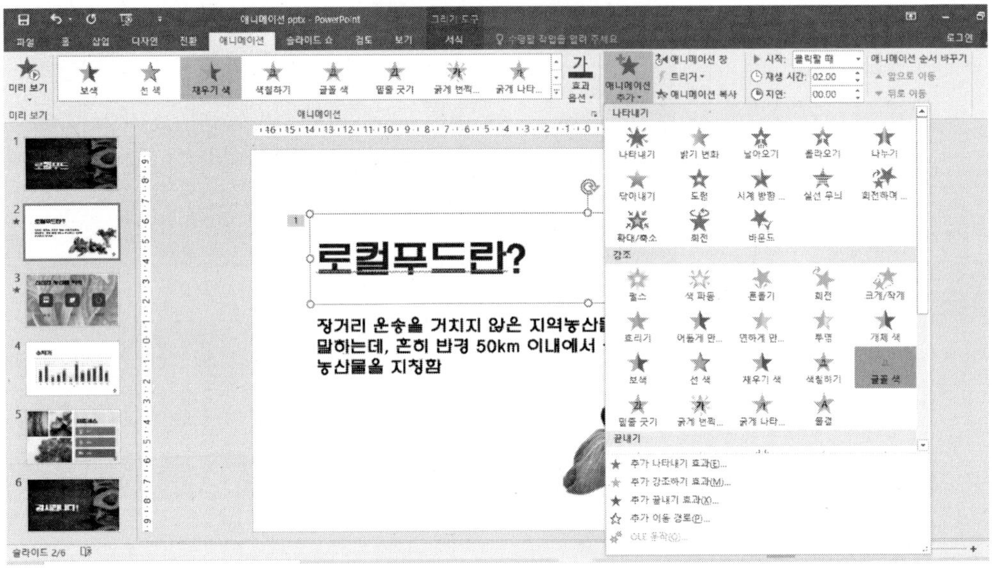

② [애니메이션] 탭–[애니메이션] 그룹–[효과 옵션]–[글자 색]–[빨강]을 선택한다.

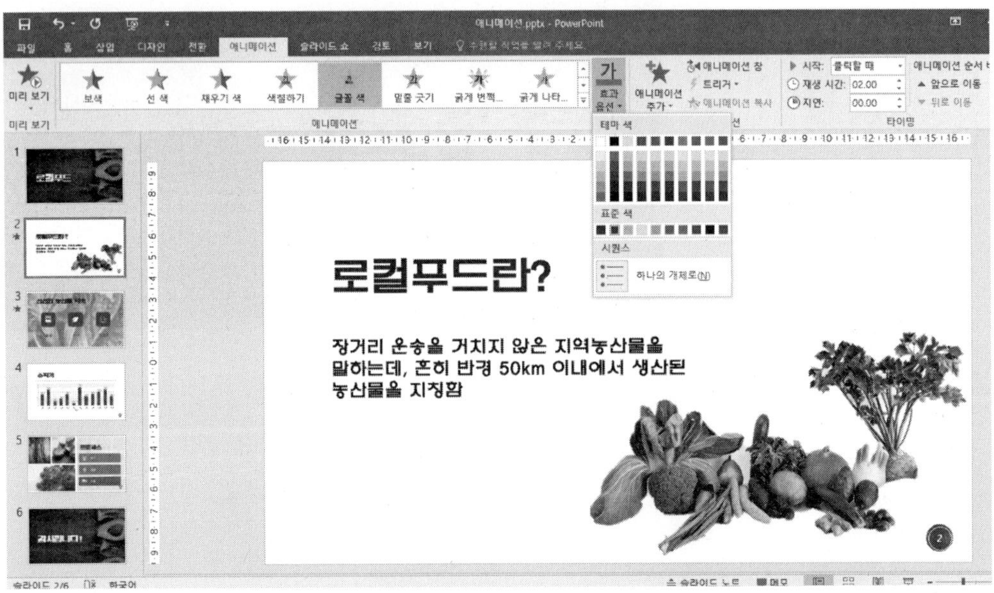

3 애니메이션 편집

이미 작성된 애니메이션의 순서 및 효과 옵션을 설정하여 애니메이션을 편집할 수 있다.

① 애니메이션 시작 실행을 수정하기 위해 슬라이드2의 '로컬푸드란' 텍스트 앞에 2 를 클릭하고 [애니메이션] 탭-[타이밍] 그룹-[시작]-[이전 효과 다음에]을 선택한다.

② 2 이라는 숫자가 1 로 변경이 된 것을 볼 수 있다. 숫자는 마우스로 애니메이션이 실행되는 순서이며 '이전 효과 다음에'로 지정된 애니메이션은 마우스가 한번 클릭하면 이어서 애니메이션이 효과가 적용이 된다.

③ 애니메이션의 순서를 변경하기 위해 슬라이드3의 [애니메이션]-[고급 애니메이션]그룹-[애니메이션 창]을 선택한다.

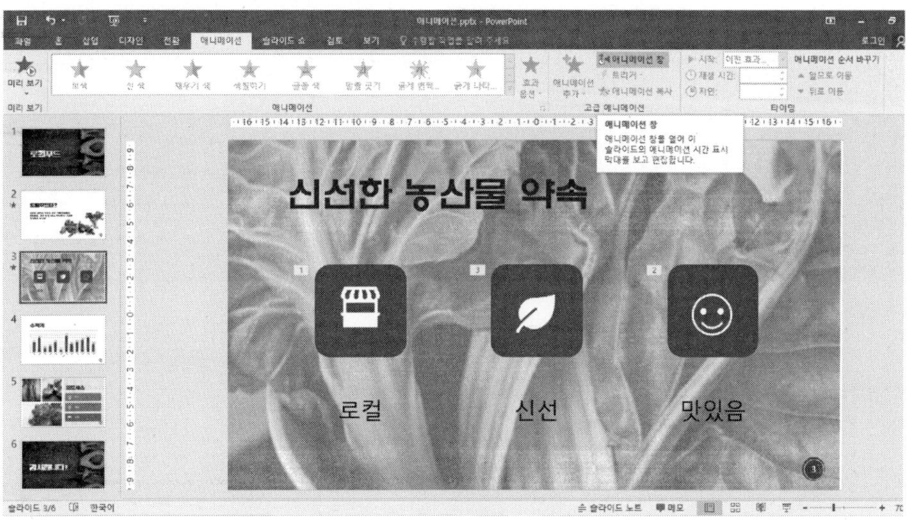

④ 오른쪽 애니메이션 창에서 3번 애니메이션을 클릭하고 ▲ 아이콘을 선택하거나 2번 애니메이션 목록 앞으로 드래그 하여 이동한다.

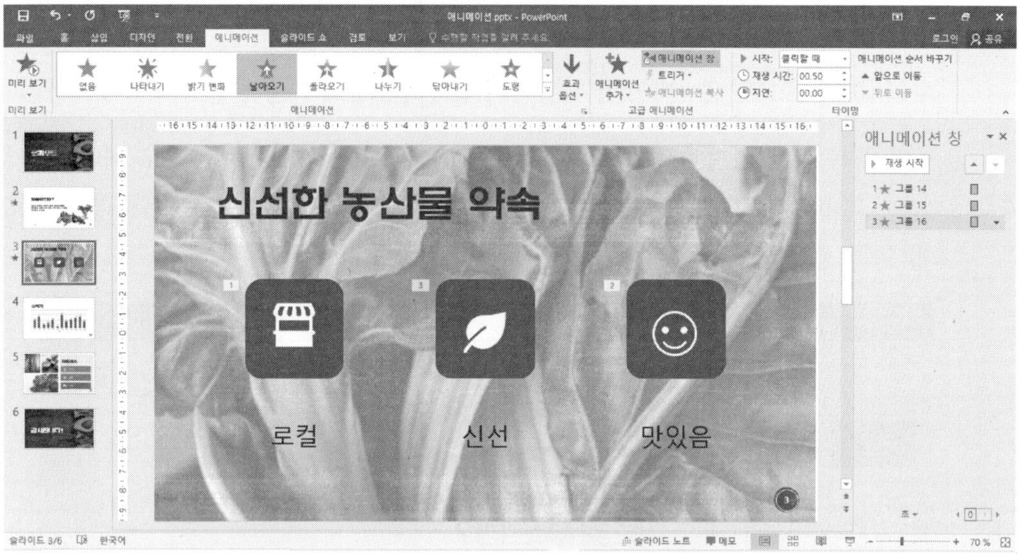

⑤ 슬라이드 애니메이션의 번호 순서가 변경이 된 것을 볼 수 있다.

⑥ 슬라이드 4의 [애니메이션]-[애니메이션]그룹-[닦아내기]를 선택한 후 [효과 옵션]-[시퀀스]-[항목별로]선택한다.

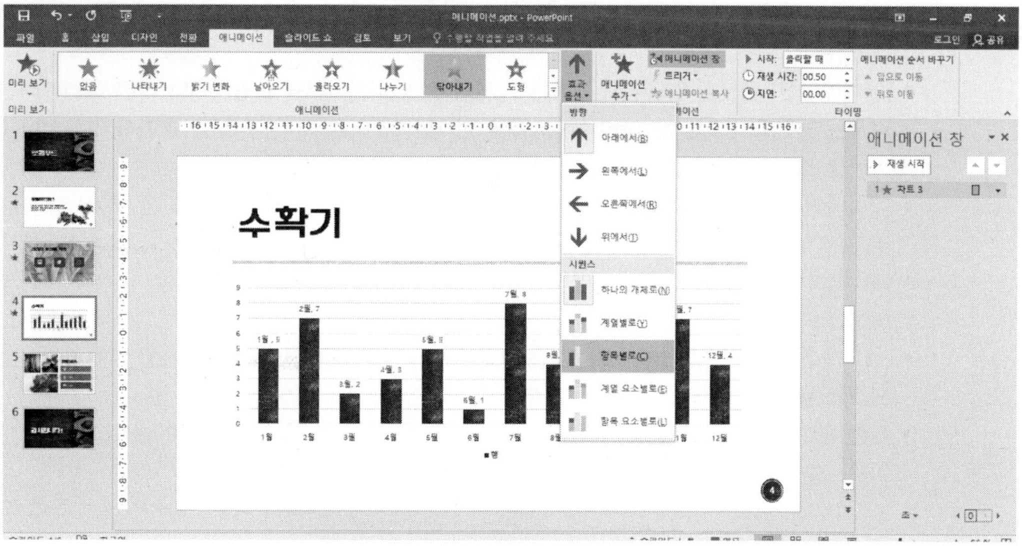

⑦ 시퀀스에 따라 차트의 애니메이션의 효과가 달라지는 것을 볼 수 있다.

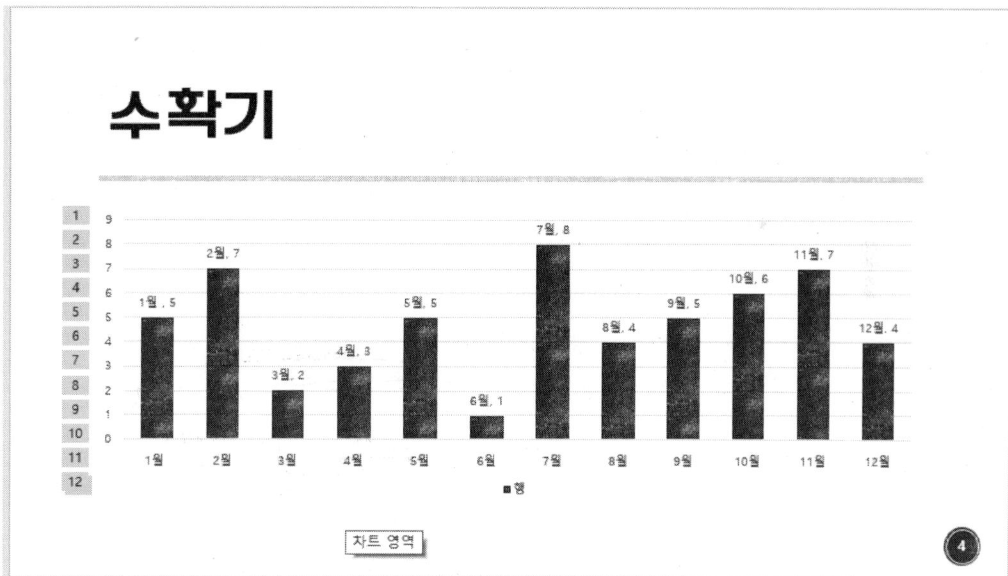

TIP | 애니메이션 편집

- 애니메이션이 적용된 효과를 확인하려면 [애니메이션] 탭-[미리 보기] 그룹-[단추미리 보기] 명령을 선택한다. 또는 상태표시줄의 슬라이드 쇼를 눌러 슬라이드 쇼 상에서 애니메이션을 확인하면 된다.
- [애니메이션] 탭-[애니메이션] 그룹은 개체에 첫 애니메이션을 설정하거나 다른 애니메이션을 변경하는 곳이고, [고급 애니메이션] 그룹은 한 개체에 다른 애니메이션을 추가하거나 기타 애니메이션을 조작하는 기능으로 구분 된다.
- 애니메이션의 추가는 [애니메이션] 탭-[고급 애니메이션] 그룹-[애니메이션 추가] 명령을 눌러 추가한다.
- 애니메이션 설정을 지우려면, [애니메이션] 탭-[애니메이션] 그룹에서 '없음' 을 선택하면 애니메이션이 지워지게 된다.
- [애니메이션] 탭-[고급 애니메이션] 그룹의 [트리거]를 사용하면 슬라이드 쇼 중에 슬라이드의 특정 개체를 클릭하거나 특정 비디오 부분을 재생할 때 애니메이션 효과를 표시할 수 있다.
- 특정 개체에 적용되어 있는 애니메이션 효과를 다른 개체에 그대로 복사해 재사용하려면 [애니메이션] 탭-[고급 애니메이션] 그룹-[애니메이션 복사] 명령을 선택한다.

연습문제 12

문제파일 : 문제12.pptx / 정답파일 : 문제12(완성).pptx

01 슬라이드 1에 제목 개체 틀에 "닦아내기" 애니메이션을 삽입한다.

02 슬라이드 2의 스마트아트에 날아오기, 왼쪽에서, 개별적으로 애니메이션 효과를 삽입한다.

03 슬라이드 2의 스마트아트 애니메이션이 마우스가 한번 클릭하면 이전효과 다음에 애니메이션이 시작되도록 수정한다.

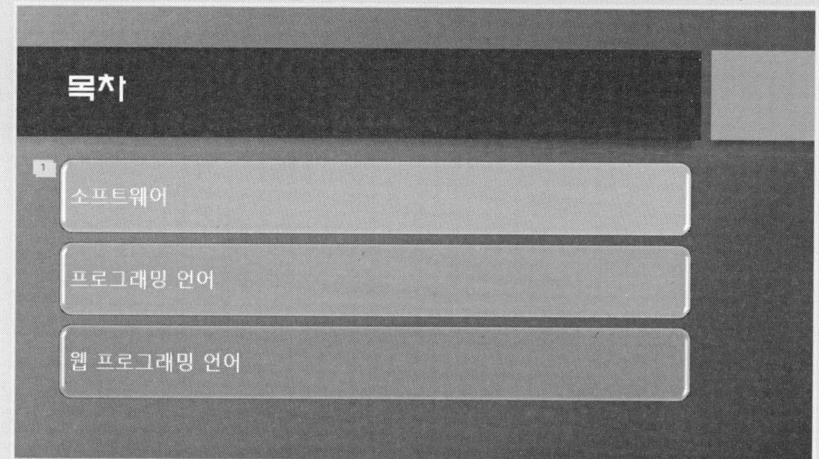

04 슬라이드 7의 도형의 애니메이션 순서를 1,2,3,4 순으로 변경한다.

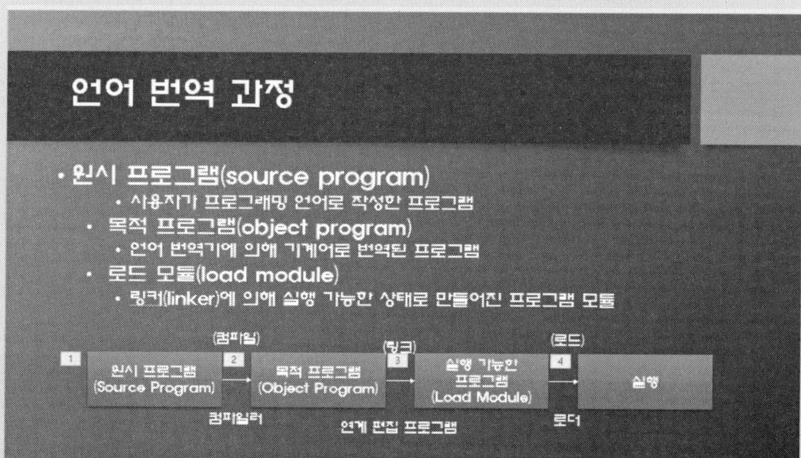

CHAPTER 13

하이퍼링크 활용

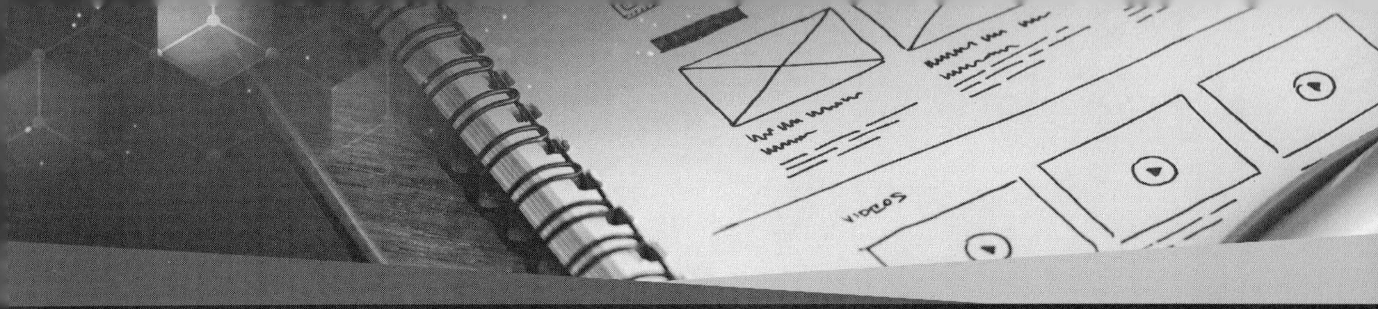

CHAPTER 13 | 하이퍼링크 활용

학습목표

- 텍스트나 도형에 하이퍼링크를 설정할 수 있다.
- 하이퍼링크를 편집 및 삭제할 수 있다.
- 실행 단추를 삽입하고 수정할 수 있다.

예제파일 : 하이퍼링크.pptx

13-1 하이퍼링크 설정

하이퍼링크란 같은 프레젠테이션에 있는 슬라이드, 다른 프레젠테이션에 있는 슬라이드, 전자메일 주소, 웹 페이지, 새 파일에 연결하는 것이다. 그림, 그래프, 도형 또는 WordArt와 같은 개체나 텍스트에서도 하이퍼링크를 만들 수 있다.

1 하이퍼링크 기본 문서에 삽입

① 슬라이드 5에서 '수확' 도형을 선택 한 후 [삽입] 탭–[링크] 그룹–[하이퍼링크] 명령을 선택하거나 마우스 오른쪽 단추를 눌러 [하이퍼링크] 메뉴 또는 Ctrl + K를 누른다.

② [하이퍼링크 삽입] 대화상자에서 [연결 대상]은 '현재 문서' [이 문서에서 위치 선택]은 '4.. 수학기'를 선택하고 [확인]을 누른다.

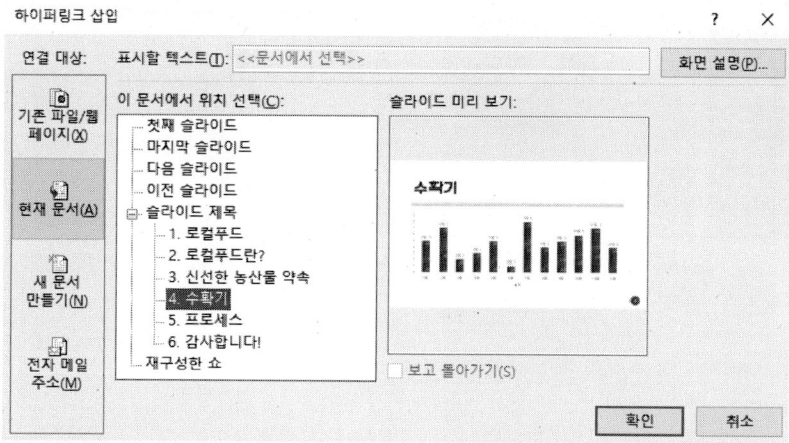

TIP |

하이퍼링크 대화상자에서 [스크린 팁]이란 하이퍼링크 된 텍스트 위에 마우스 포인터를 가져갔을 때 표시되는 '안내 글'을 설정하는 것이다.

③ [슬라이드 쇼]탭–[슬라이드 쇼 시작] 그룹–[현재 슬라이드부터]를 클릭한다.

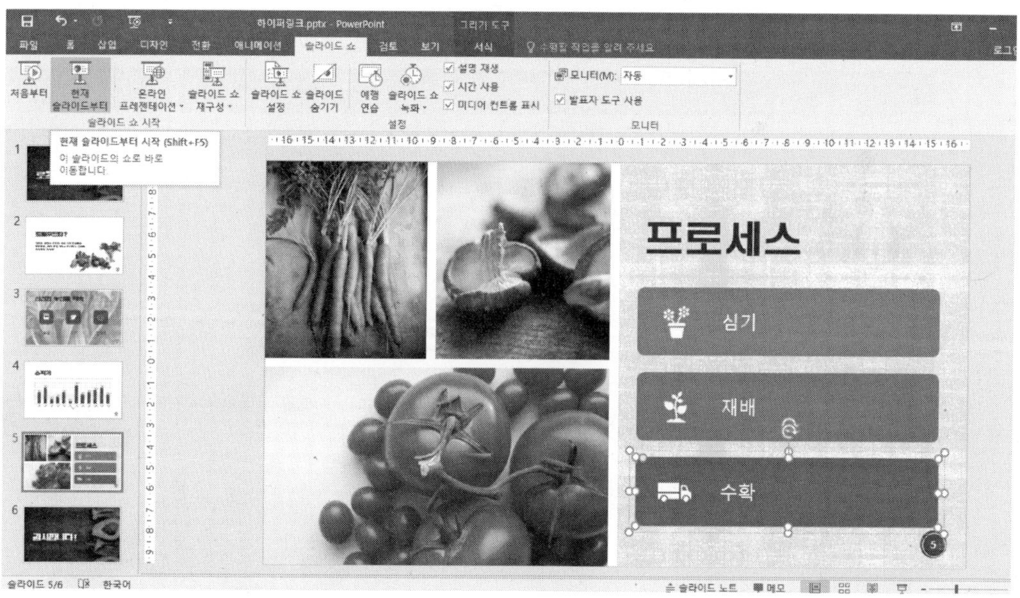

④ 슬라이드 쇼 진행시 링크가 걸려 있는 '수확' 도형을 클릭하면 연결된 슬라이드로 이동이 된다.

2 외부페이지 연결

① 슬라이드 2에서 '로컬푸드 사례연구' 텍스트 상자를 선택 한 후 [삽입] 탭–[링크] 그룹–[하이퍼링크] 명령을 선택하거나 마우스 오른쪽 단추를 눌러 [하이퍼링크] 메뉴 또는 Ctrl + K 를 누른다.

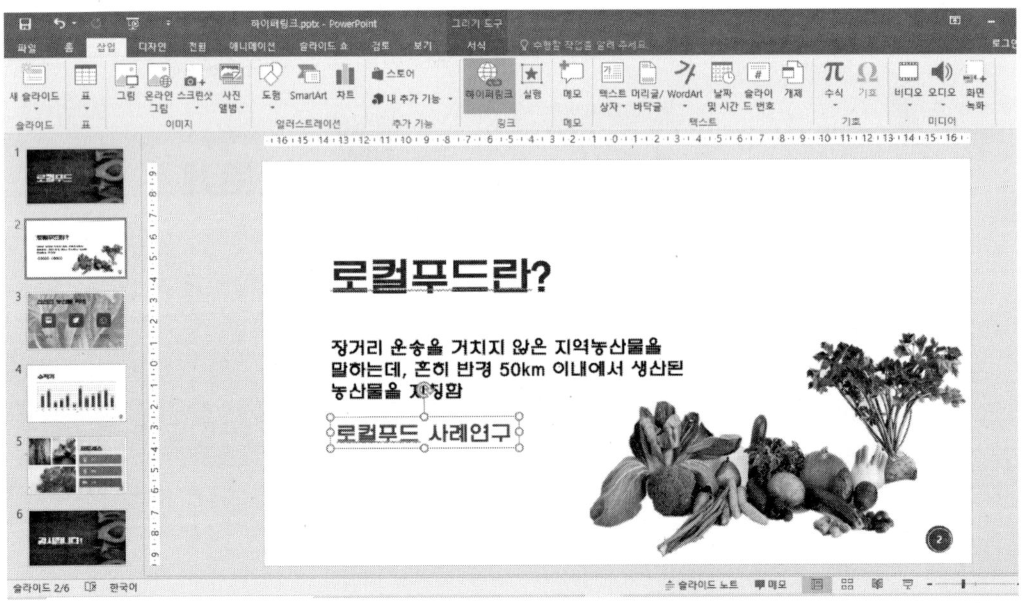

② [하이퍼링크 삽입] 대화상자에서 [연결 대상]을 [기존 파일/웹 페이지]로 선택하고 [찾는 위치]에서 '파워포인트 예제/로컬푸드 직거래 활성화에 관한 연구.pdf '파일을 선택하고 [확인] 버튼을 클릭한다.

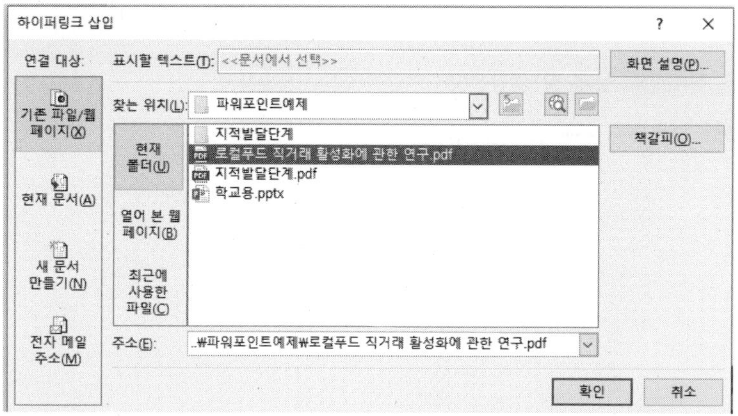

③ [슬라이드 쇼]탭-[슬라이드 쇼 시작] 그룹-[현재 슬라이드부터] '로컬푸드 사례연구'를 클릭하면 [Microsoft Office] 대화상자가 나타난다.

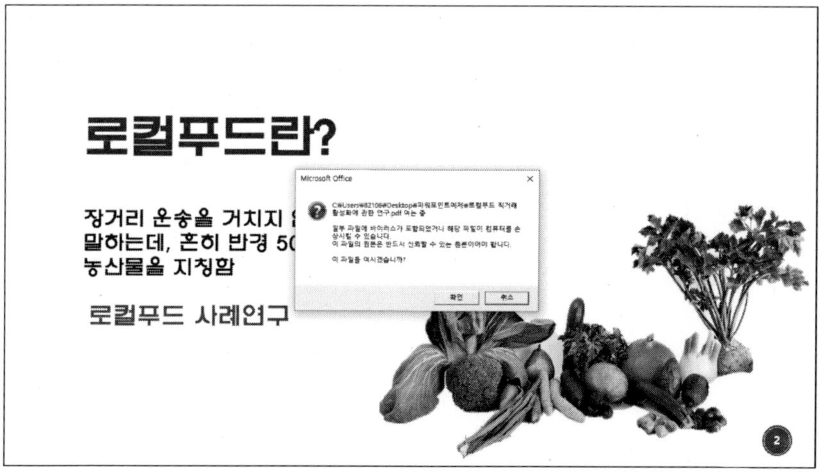

④ [확인]을 클릭하면 PDF 문서를 볼 수 있다.

3 하이퍼링크 삭제

① 하이퍼링크를 삭제하려면 하이퍼링크가 설정된 부분을 선택하고 [삽입] 탭–[링크] 그룹–[하이퍼링크] 명령을 선택한 후 [링크 제거]를 누른다.

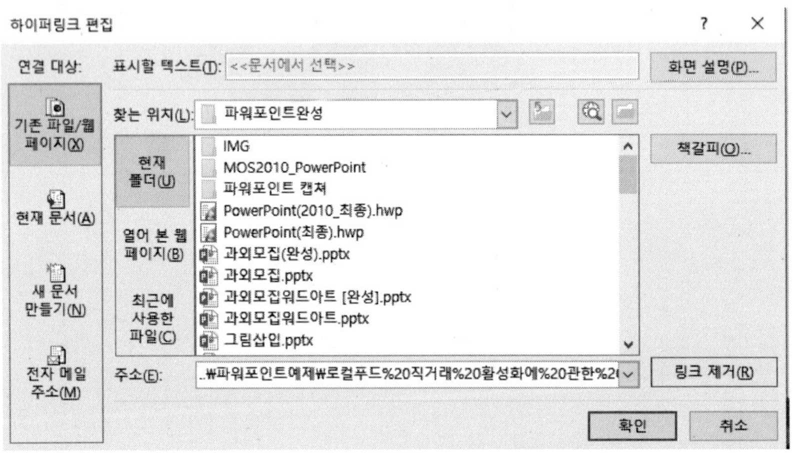

13-2 실행 단추

실행 단추는 프레젠테이션에 삽입하여 연결되는 하이퍼링크를 정의할 수 있는 기본 제공 단추로서 뒤로, 앞으로, 시작, 끝, 홈, 정보, 돌아가기, 동영상, 문서, 소리, 도움말, 사용자 지정 등 다양한 종류의 단추들이 있다.

1 실행단추 삽입

① 실행 단추를 삽입할 슬라이드6을 선택하고 [삽입] 탭–[일러스트레이션] 그룹–[도형] 목록 단추–[실행 단추]에서 '실행 단추 : 홈'을 선택한다.

② 슬라이드 홈 단추 오른쪽 하단에 드래그 한다. [실행 설정] 대화상자가 나오면 [확인]을 누른다.

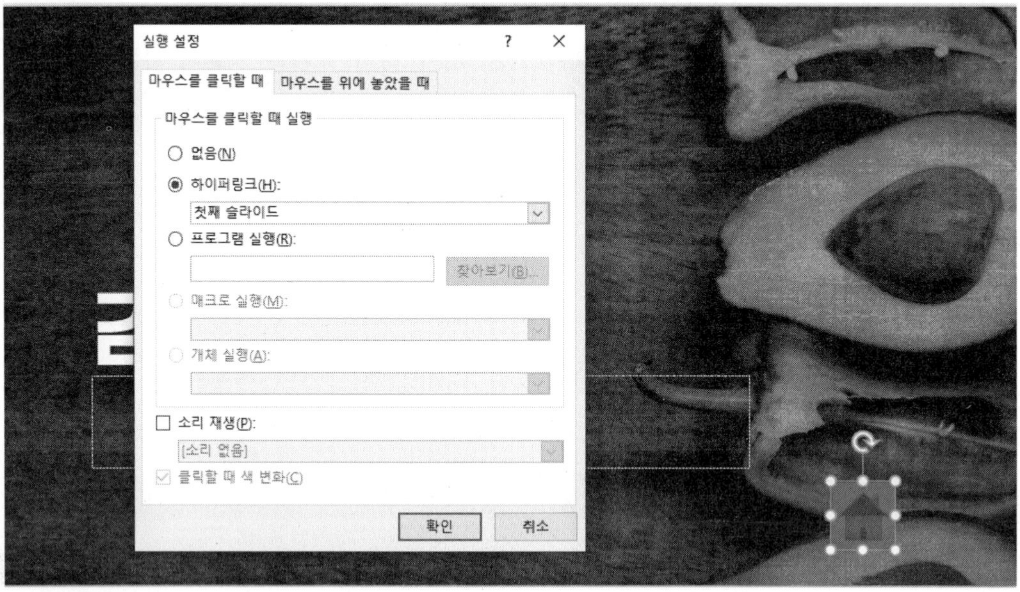

③ 삽입된 실행 단추는 [슬라이드 쇼 보기]–[현재 슬라이드 보기]에서 가능하다.

연습문제 13

□ 문제파일 : 문제13.pptx / 정답파일 : 문제13(완성).pptx

01 슬라이드 7의 교육청홈페이지참조 텍스트에 'www.cne.go.kr'의 사이트가 연결되도록 하이퍼링크를 삽입한다.

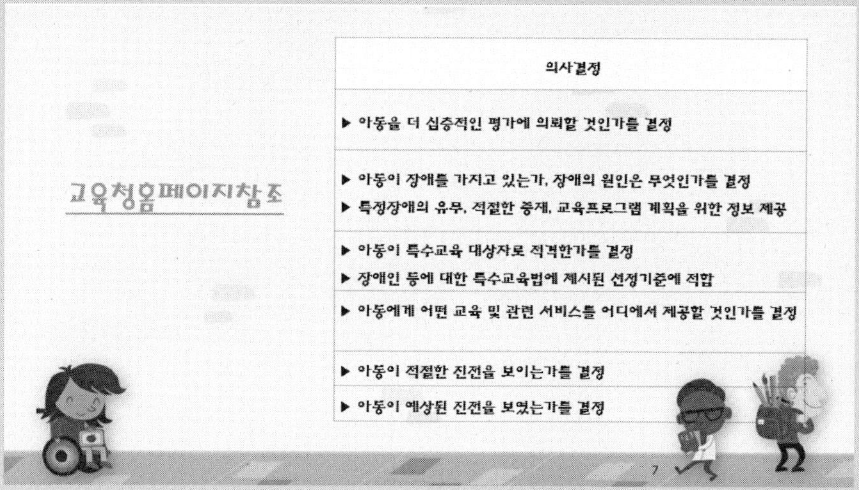

02 슬라이드 2의 도형을 클릭하면 '파워포인트예제/img/교육.jpg' 파일이 연결 되도록 하이퍼링크를 삽입한다.

03 슬라이드 2의 이미지의 하이퍼링크를 삭제한다.

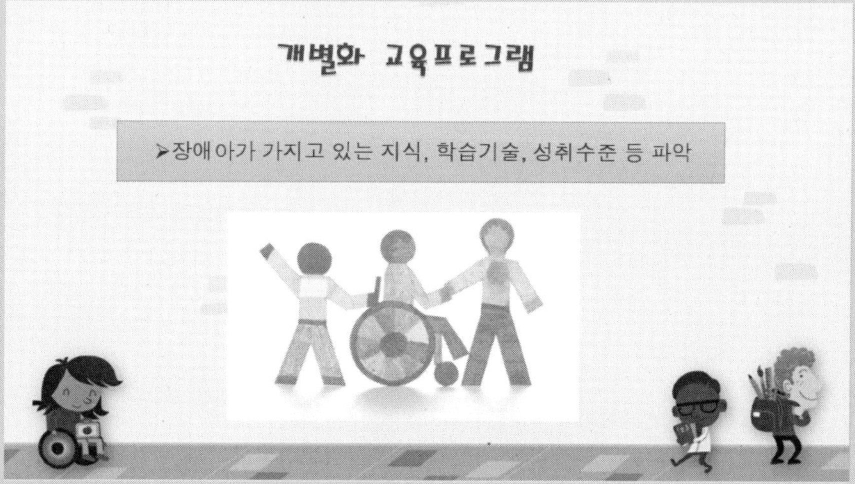

04 슬라이드 8에 '실행단추:홈' 단추를 오른쪽 하단에 삽입하고 마우스로 클릭하였을 때 첫 번째 슬라이드로 이동하도록 설정한다.

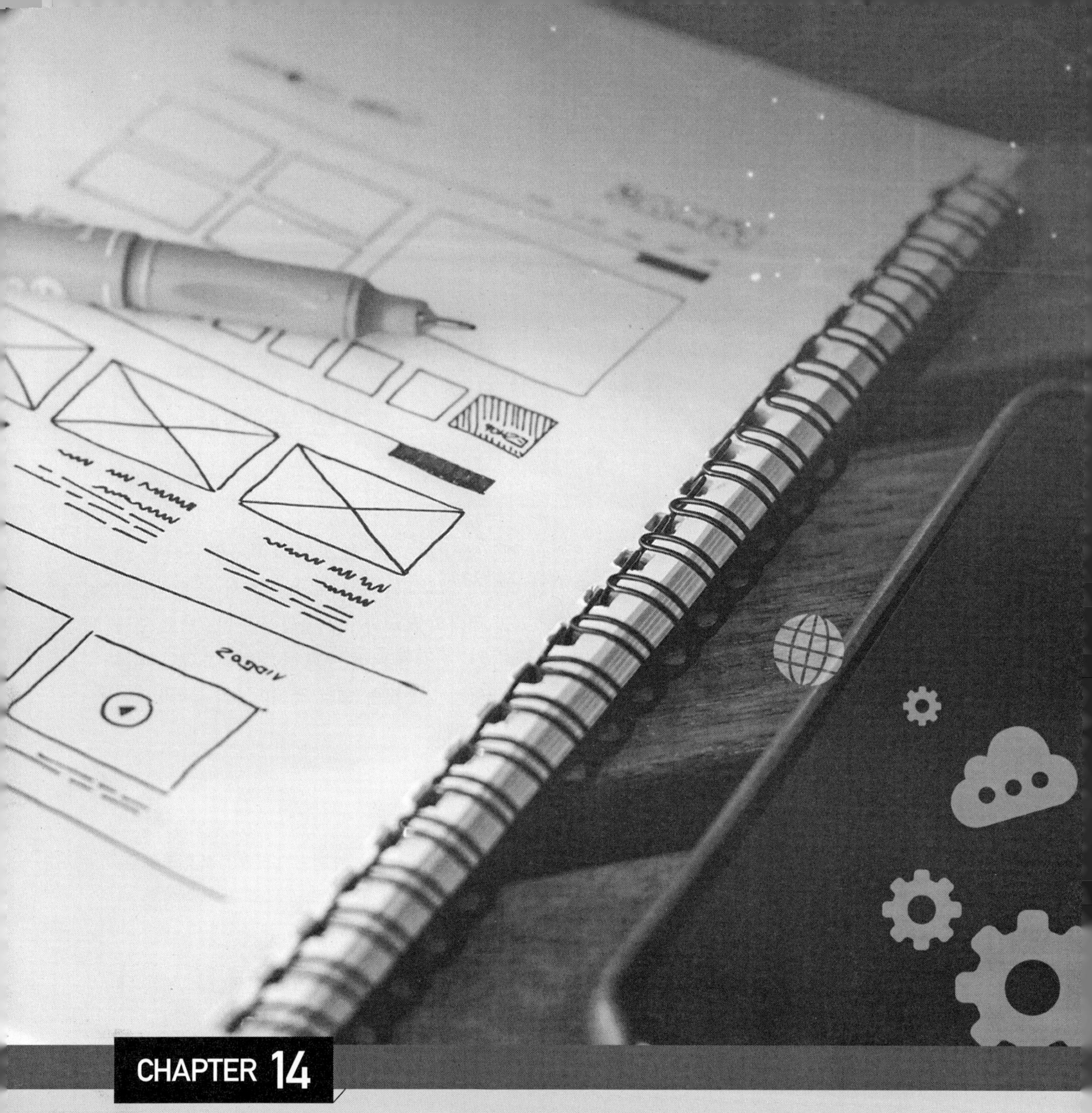

CHAPTER 14

슬라이드 마스터

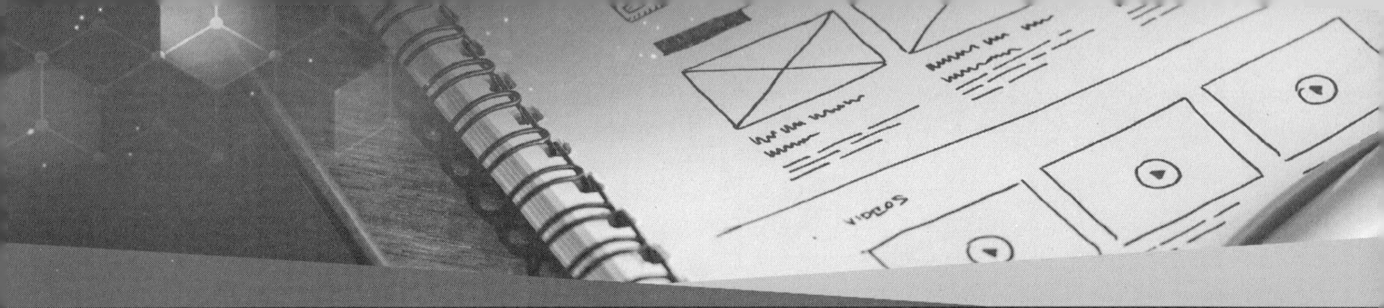

CHAPTER 14 | 슬라이드 마스터

학습목표
- 슬라이드 마스터의 개념을 이해하고 프레젠테이션에 적용할 수 있다.
- 테마를 적용해 문서를 새롭게 디자인할 수 있다.

예제파일 : 마스터.pptx

14-1 슬라이드 마스터

슬라이드 마스터는 슬라이드에서 작업하는 텍스트 및 개체의 위치, 개체 틀의 크기, 텍스트 스타일, 배경, 색 테마, 애니메이션 등의 정보가 저장되는 서식 파일의 일부이며 소속 로고삽입 시 일괄 작업이 가능한 곳이다. PowerPoint는 최상위 슬라이드 마스터와 각각의 레이아웃별 슬라이드 마스터로 구성된다. 최상위 슬라이드 마스터 즉 '모양 슬라이드 마스터'에서 변경된 서식은 '제목 레이아웃'에만 적용되지 않고 모든 슬라이드에 적용되며 각 슬라이드 레이아웃별 마스터는 해당 레이아웃의 슬라이드에만 서식이 적용된다.

1 그림으로 배경적용

기존의 테마를 적용하거나 사용자가 직접 테마 색, 테마 글꼴, 테마 효과를 만들어 적용하여 프레젠테이션 전체의 일관된 서식을 유지할 수 있지만 프레젠테이션에 맞는 이미지로 배경을 사용자가 직접 설정할 수 있다.

① [보기] 탭-[프레젠테이션 보기] 그룹-[슬라이드 마스터] 명령을 선택하거나 Shift 를 누른 채 [기본] 단추를 클릭하면 슬라이드 마스터로 쉽게 이동이 가능하다.

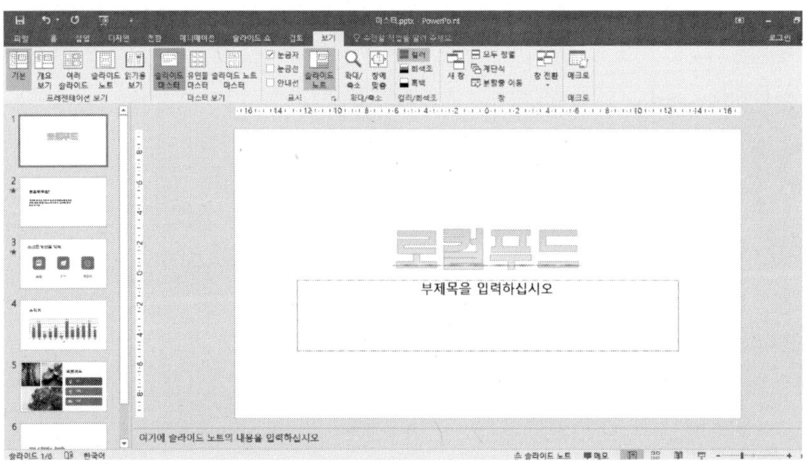

② [슬라이드 마스터] 탭의 왼쪽 슬라이드 목록에 첫 번째 'Office 테마 슬라이드 마스터'를 선택한다.

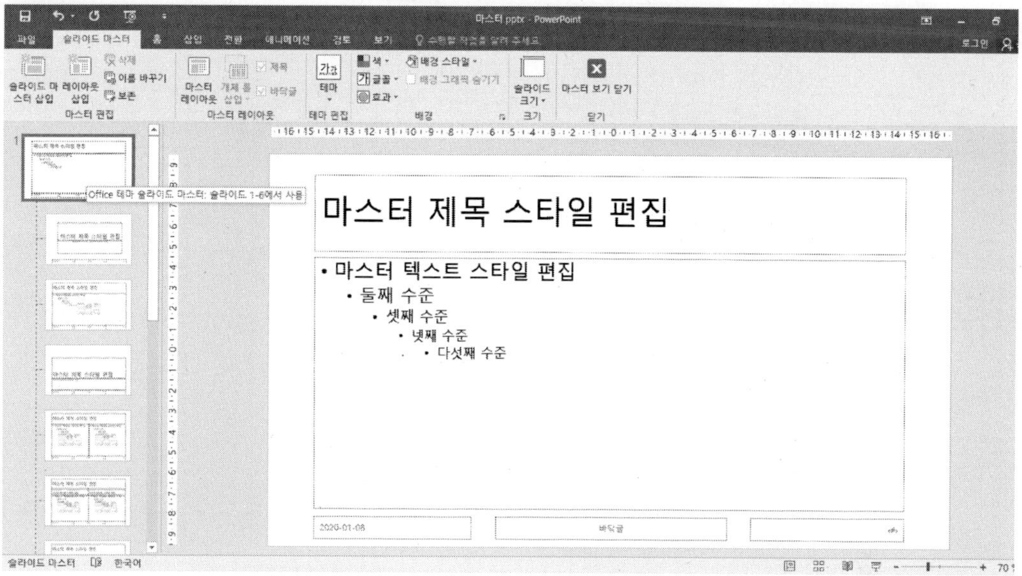

TIP | 슬라이드 마스터와 레이아웃

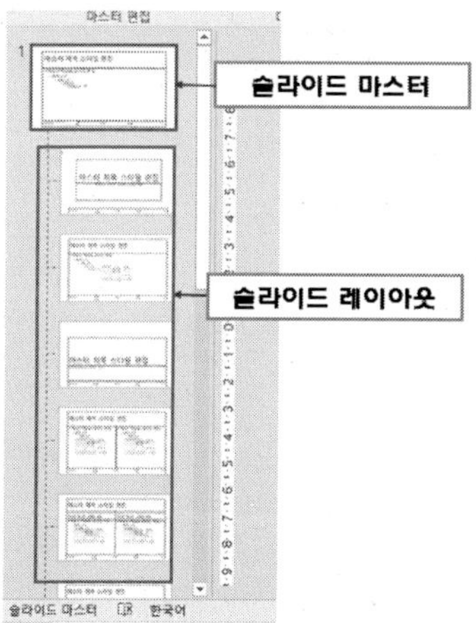

- 슬라이드 마스터는 여러 종류의 레이아웃으로 구성
- 슬라이드 레이아웃 변경 시 지정된 레이아웃에 여러 가지 디자인 테마처럼 사용할 수도 있음

③ 'Office 테마 슬라이드 마스터' 오른쪽 버튼 [배경 서식]을 클릭한다.

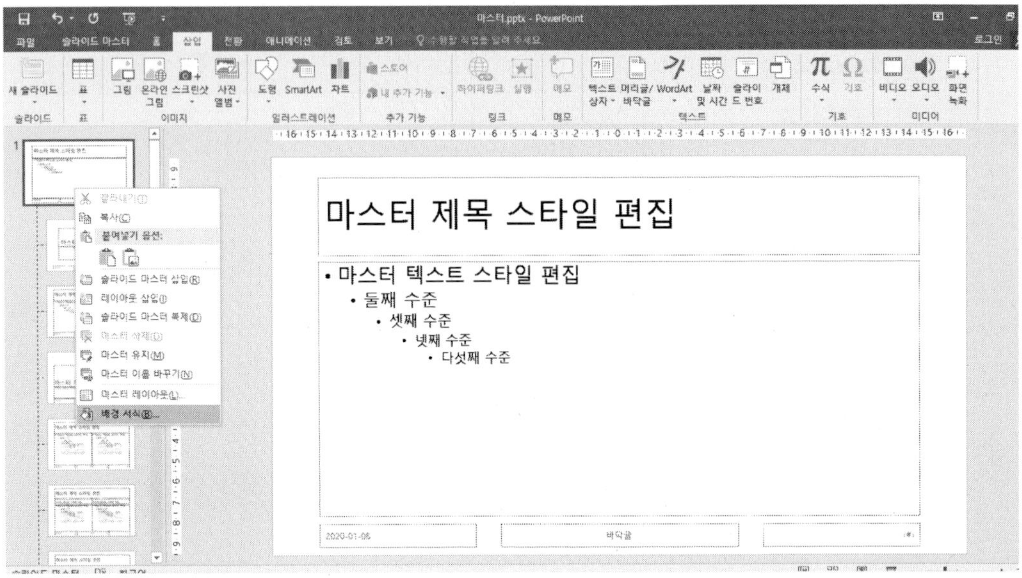

④ 오른쪽 [배경서식] 작업창에 [파일] 버튼을 클릭하여 '파워포인트예제/img/배경2.jpg'를 선택한다.

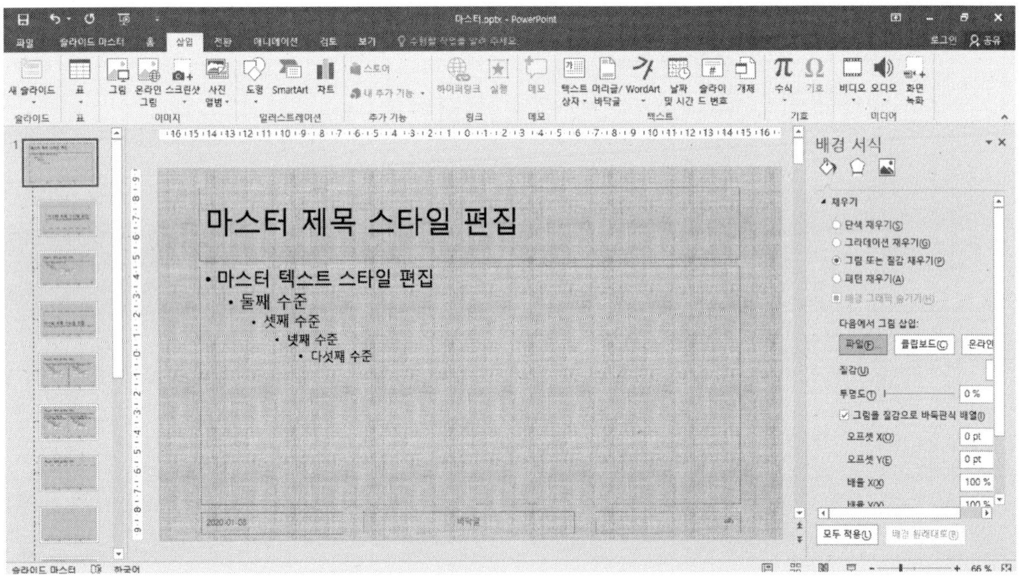

⑤ 모든 슬라이드에 '배경2.jpg 그림 파일로 배경'이 적용이 된 것을 볼 수 있다.

⑥ [슬라이드 마스터]-[마스터 보기 닫기] 버튼을 클릭하여 기본 보기 상태 화면전환 하거나 [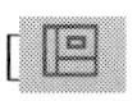 기본] 단추를 클릭해 슬라이드 기본 보기로 이동이 가능하다.

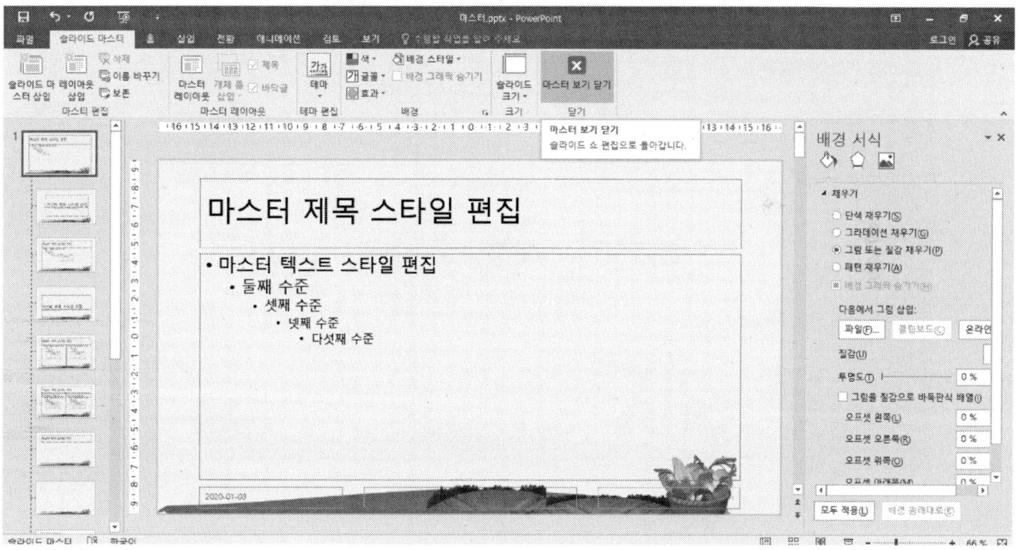

⑦ 모든 슬라이드에 배경이 적용이 된 것을 볼 수 있다.

⑧ 제목 슬라이드에 배경을 다르게 지정하기 위해 [보기] 탭-[프레젠테이션 보기] 그룹-[슬라이드 마스터] 명령을 선택한 후 왼쪽 제목 레이아웃 슬라이드를 클릭한다.

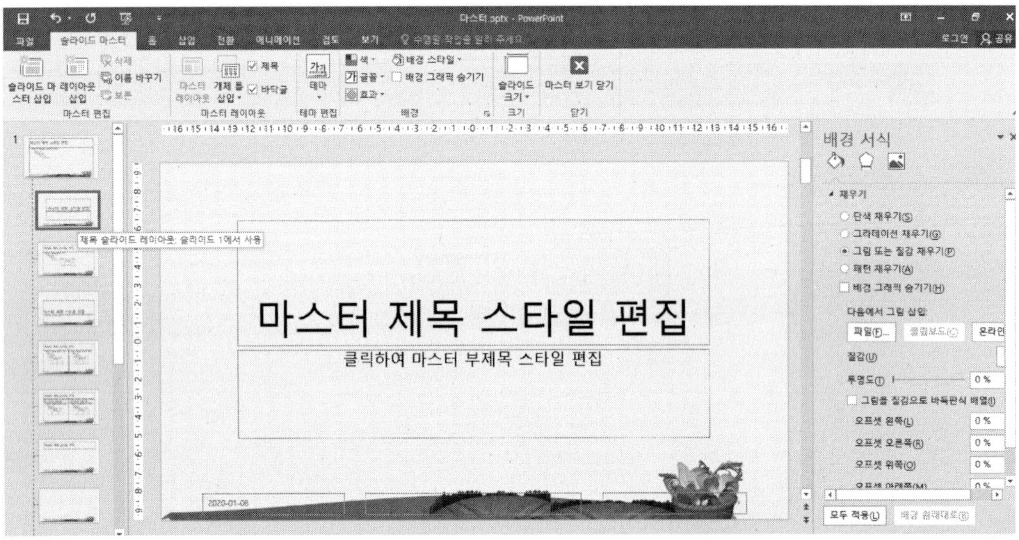

⑨ 오른쪽 배경서식 작업창에 [파일] 버튼을 클릭하여 '파워포인트예제/img/배경1.jpg'를 선택한 후 배경서식 작업창 닫기(✕)를 클릭한다.

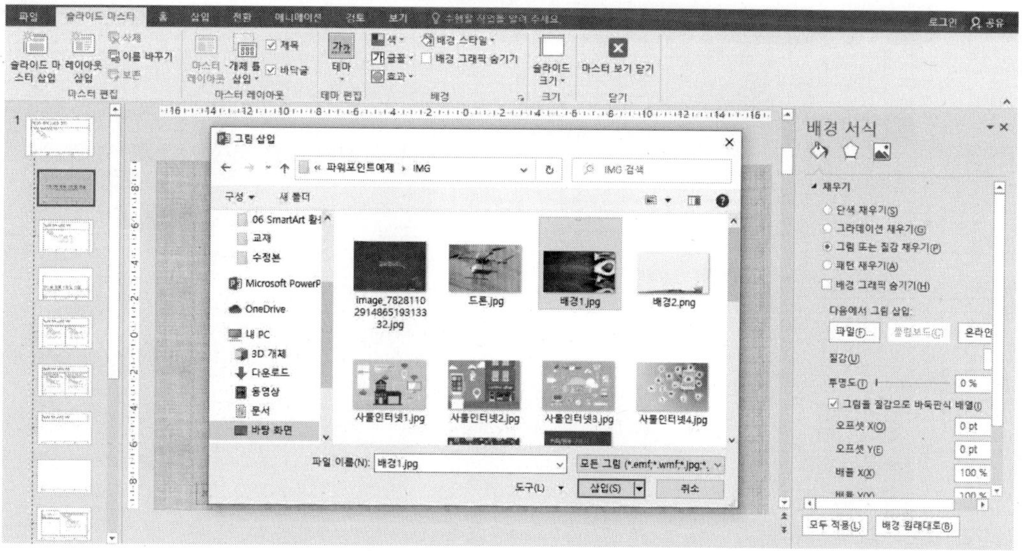

⑩ [슬라이드 마스터]- [마스터 보기 닫기] 버튼을 클릭하여 기본 보기 상태로 돌아가면 제목 슬라이드에만 배경이 적용이 된 것을 볼 수 있다.

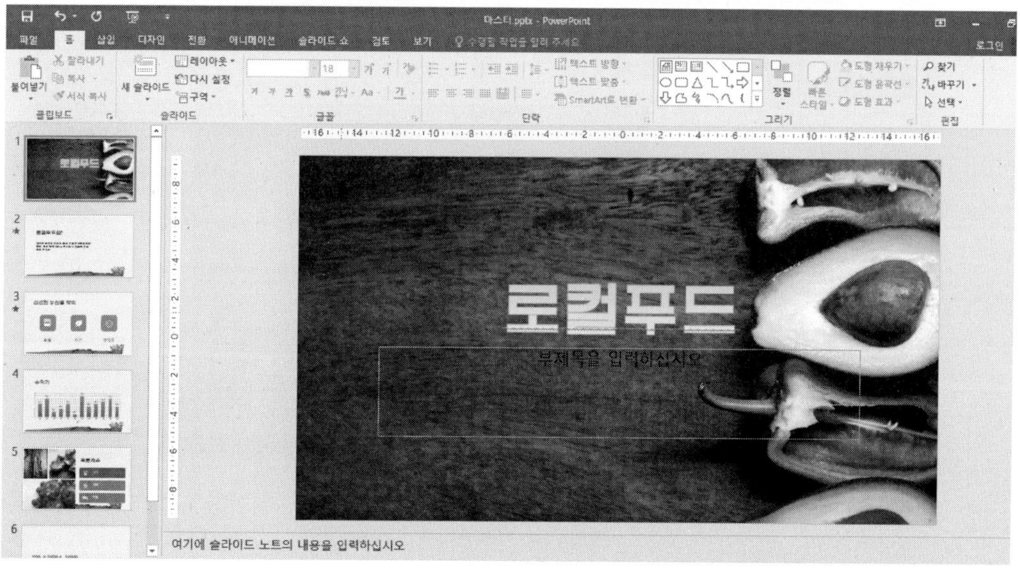

⑪ 슬라이드 6에도 같은 배경을 적용하기 위해 슬라이드 6을 선택하고 [홈]탭-[슬라이드]그룹-[레이아웃]-[제목 슬라이드]를 선택한다.

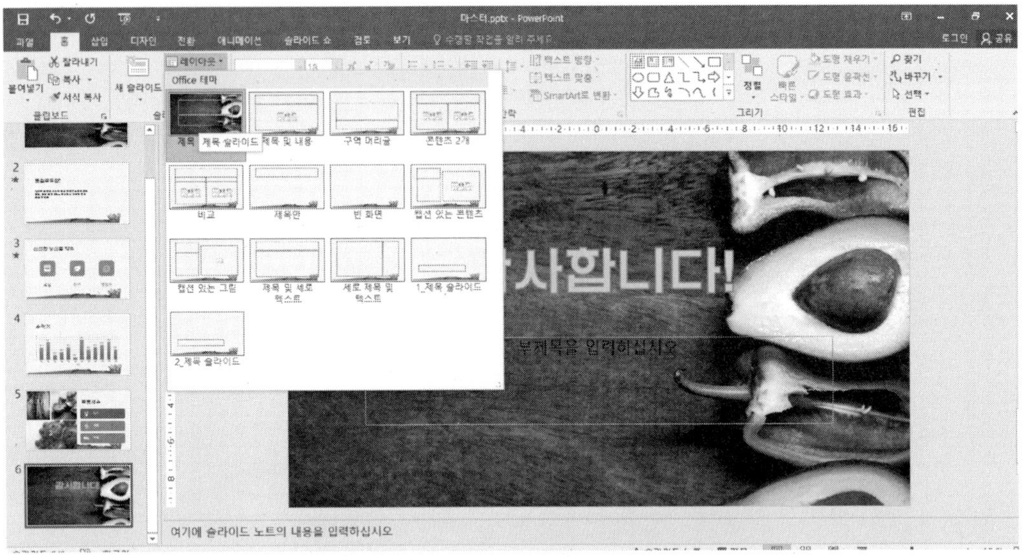

⑫ 6번 슬라이드에도 제목 슬라이드와 같은 배경으로 적용이 된 것을 볼 수 있다.

14-2 번호지정

슬라이드 마스터에서 이미 등록된 '슬라이드 번호<#>' 개체의 위치를 변경하거나 서식을 지정하여 사용할 수 있으며 슬라이드 추가 시 자동으로 번호가 일련번호로 순서가 정의된다.

1 번호삽입

파워포인트에 기본 번호를 삽입해본다.

① 번호삽입.pptx 파일을 열어 [삽입]탭–[텍스트]그룹–[슬라이드 번호]를 클릭한다.

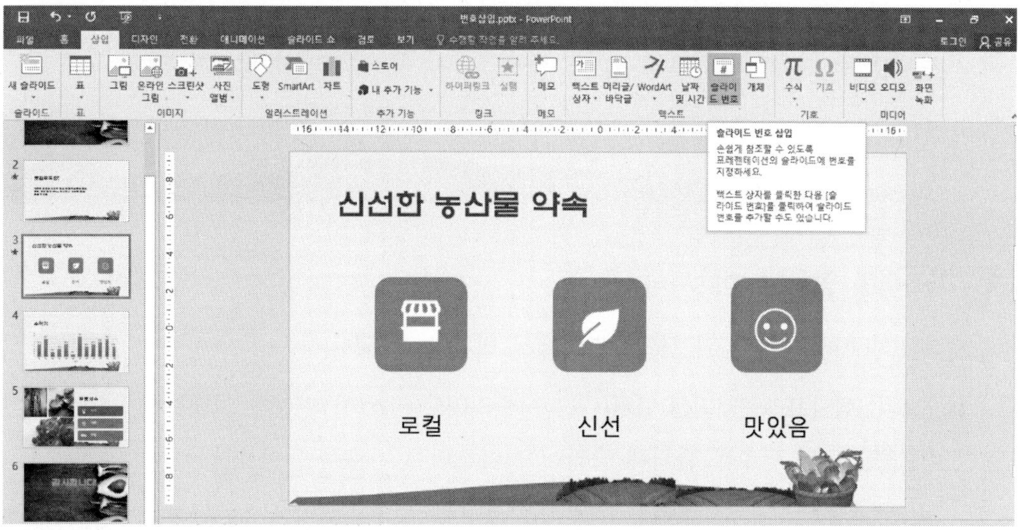

② '머리글/바닥글' 대화상자가 나오면 '슬라이드 번호'에 체크상자 선택, '제목 슬라이드에는 표시안함' 체크상자 선택한 후 [모두 적용] 단추를 클릭한다.

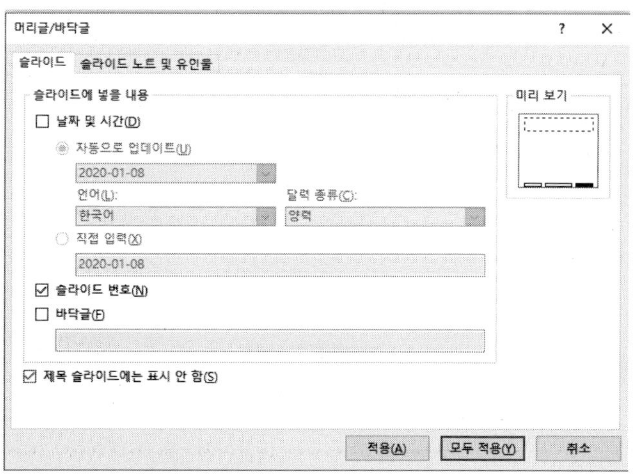

③ 제목 슬라이드를 제외한 모든 슬라이드에 슬라이드의 번호가 삽입이 된 것을 볼 수 있다.

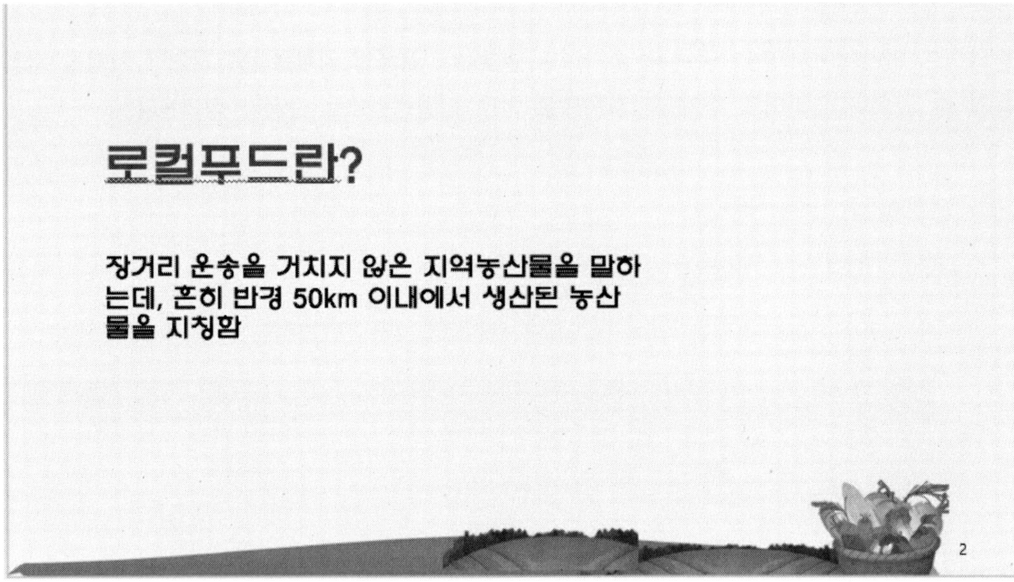

2 마스터를 활용한 번호서식

지정된 번호에 서식과 위치를 마스터에서 변경할 수 있다.

① [보기] 탭–[프레젠테이션 보기] 그룹–[슬라이드 마스터] 명령을 선택한다. Shift 를 누른 채 [기본] 단추를 클릭해 슬라이드 마스터 보기로 이동이 가능하다.

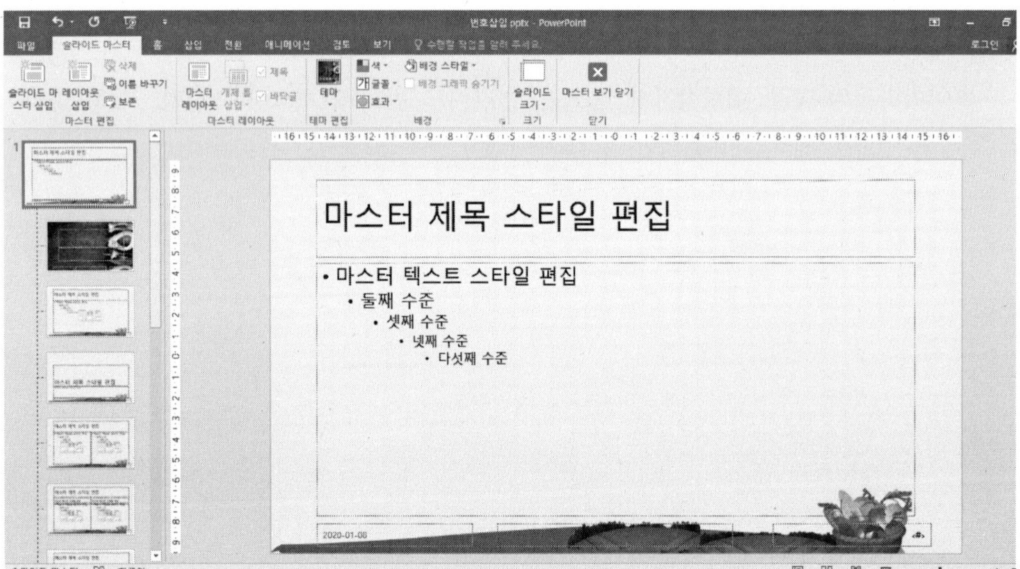

② 오른쪽 하단의 '쪽 번호' 영역을 오른쪽 상단으로 드래그 하여 이동한 뒤 [그리기 도구]-[도형 스타일]그룹-[도형 채우기]-[스포이트]를 선택한다.

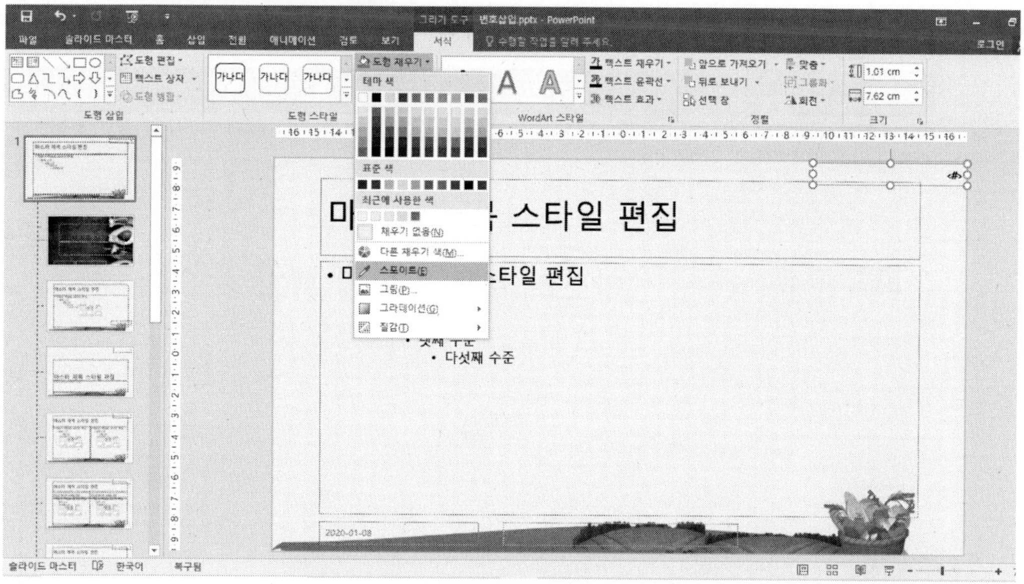

③ 마우스 포인트에 스포이트( )이 생기면 동일한 색상을 추출하기 위해 하단을 클릭을 하면 색이 배경색으로 적용된다.

④ '쪽 번호' 영역을 선택 후 [홈] 탭–[글꼴] 그룹–글꼴색은 '흰색, 배경1', 글꼴 크기는 '24pt', 굵게 지정한 후 [슬라이드 마스터]–[마스터 보기 닫기] 버튼을 클릭하거나 [기본] 단추를 클릭해 슬라이드 기본보기 상태로 돌아온다.

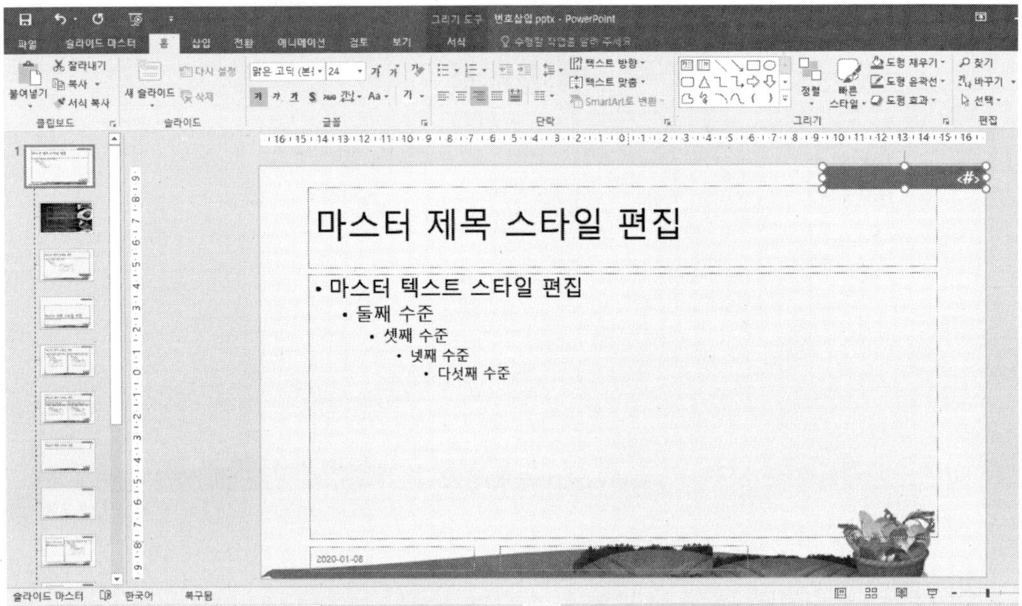

⑤ 슬라이드 상단에 번호가 삽입이 된 것을 볼 수 있다.

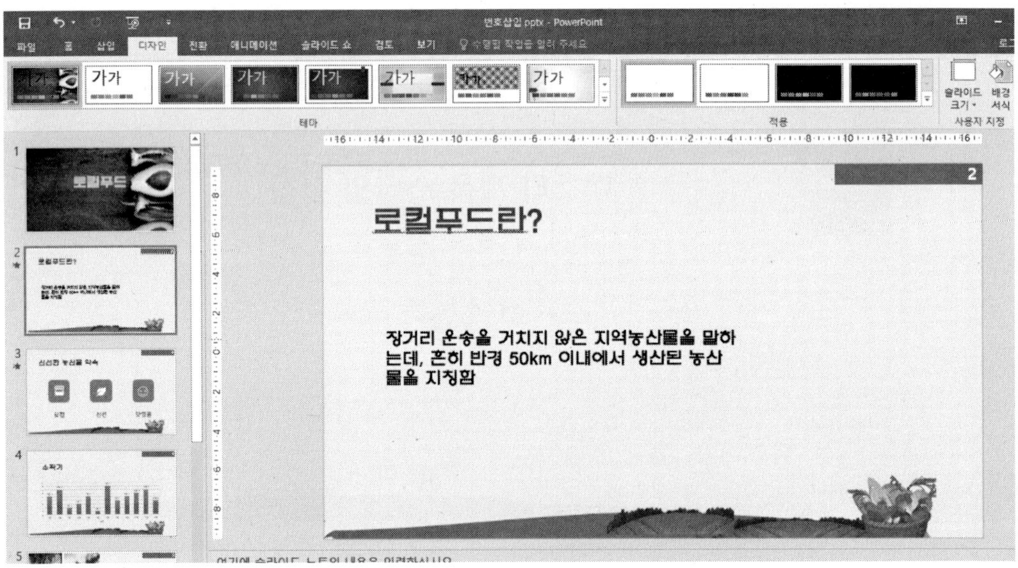

3 슬라이드 시작번호 변경하기

기본적으로 슬라이드의 시작번호는 1부터 시작한다. 제목을 제외하고 슬라이드 2를 시작번호를 1로 변경하는 방법을 알아본다.

① [디자인]탭-[사용자지정]그룹-[사용자 지정 슬라이드 크기]를 선택한다.

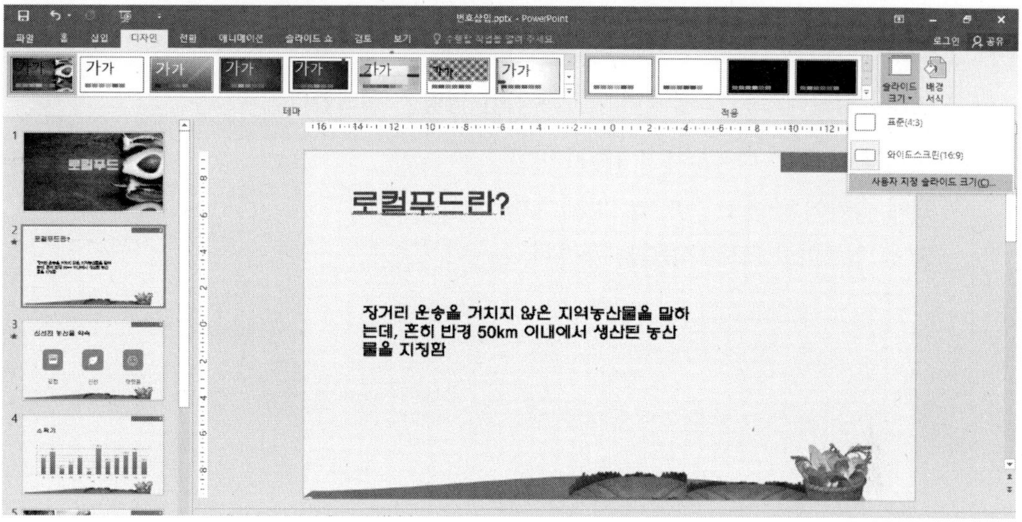

② [슬라이드 크기]의 대화상자가 나타나면 슬라이드 시작 번호에서 '0'으로 설정한다.

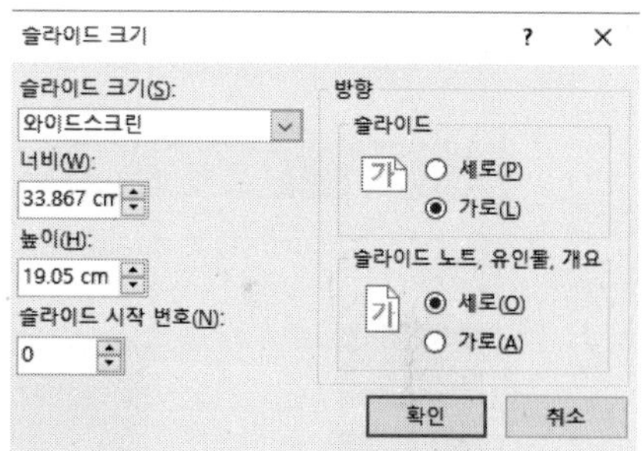

③ 슬라이드 2의 번호가 '1'로 변경이 된 걸을 볼 수 있다.

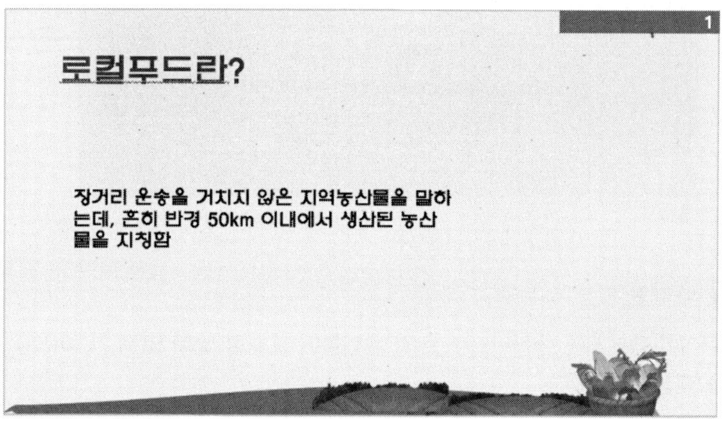

14-3 머리글/바닥글

슬라이드 번호, 날짜 및 시간, 회사 로고, 프레젠테이션 제목이나 파일 이름, 발표자 이름 등의 정보를 프레젠테이션의 각 유인물 또는 슬라이드 노트에 추가하려면 머리글/바닥글을 사용한다.

1 바닥글 삽입

① [삽입] 탭–[텍스트] 그룹–[머리글/바닥글] 명령을 선택한다.

② 머리글/바닥글 대화상자의 [슬라이드] 탭에 슬라이드 번호, 바닥글 '차세대기술'을 입력하고 [모두 적용]을 누른다.

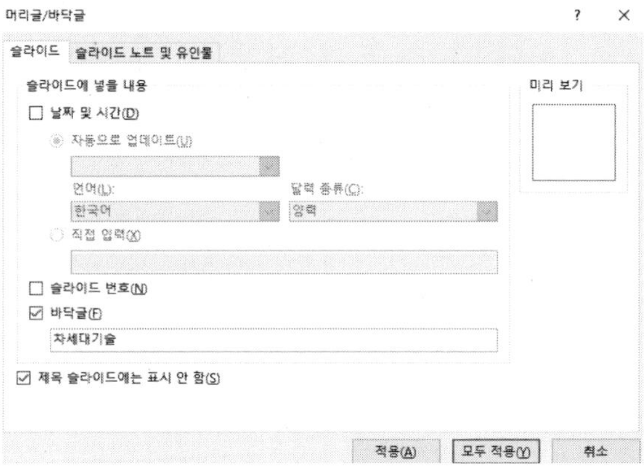

③ 제목 슬라이드를 제외한 모든 슬라이드에 머리글/바닥글이 표시된다.

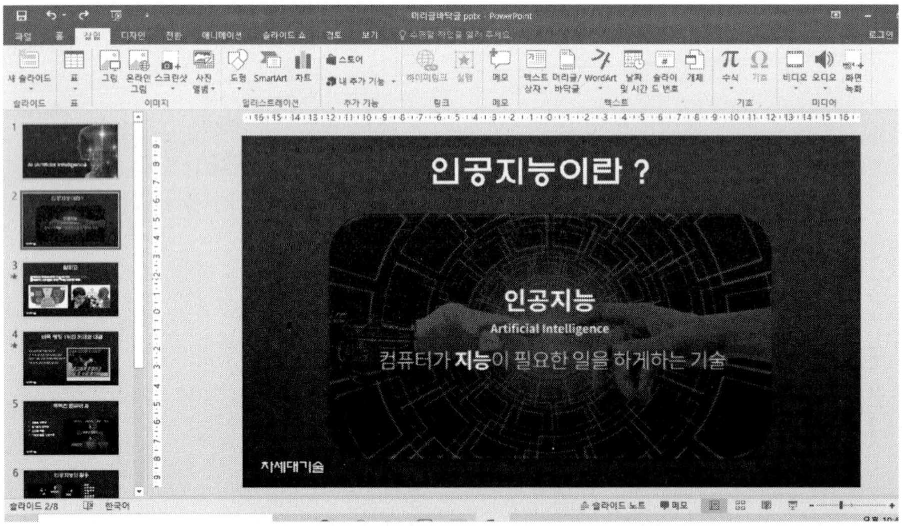

TIP | 머리글/바닥글 대화상자

[슬라이드 노트 및 유인물] 탭에서는 슬라이드 노트와 유인물에 표시될 날짜 및 시간, 머리글, 페이지 번호, 바닥글 등을 지정할 수 있다.

2 마스터를 이용하여 머리글 삽입

① [보기] 탭-[프레젠테이션 보기] 그룹-[슬라이드 마스터] 명령을 선택한다. Shift 를 누른 채 [기본] 단추를 클릭해 슬라이드 마스터 보기로 전환하다.

② 슬라이드 마스터를 클릭한 후 [삽입]탭-[이미지]그룹-[그림]-'파워포인트예제/img/인공지능.png'를 선택하여 오른쪽 상단에 드래그 한다.

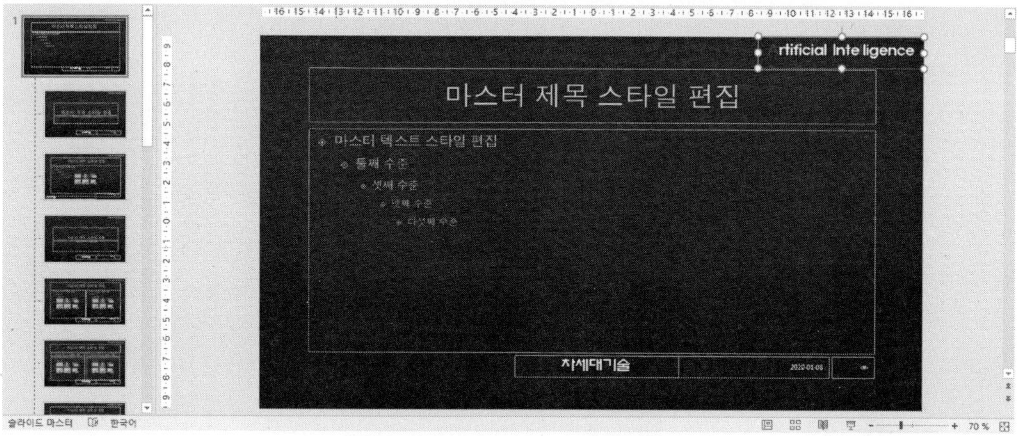

③ [슬라이드 마스터]-[마스터 보기 닫기] 버튼을 클릭하거나 [기본] 단추를 클릭해 슬라이드 기본보기 상태로 돌아온다.

④ 제목 슬라이드에 삽입된 그림을 숨기고자 할 때는 [보기] 탭–[프레젠테이션 보기] 그룹–[슬라이드 마스터]를 선택하고 '제목 레이아웃 슬라이드'를 선택한다.

⑤ [배경]그룹에–[배경 그래픽 숨기기]–[체크]하면 선택된 슬라이드의 배경 테마의 모든 그래픽(바닥글, 번호, 이미지)등이 숨겨지게 된다.

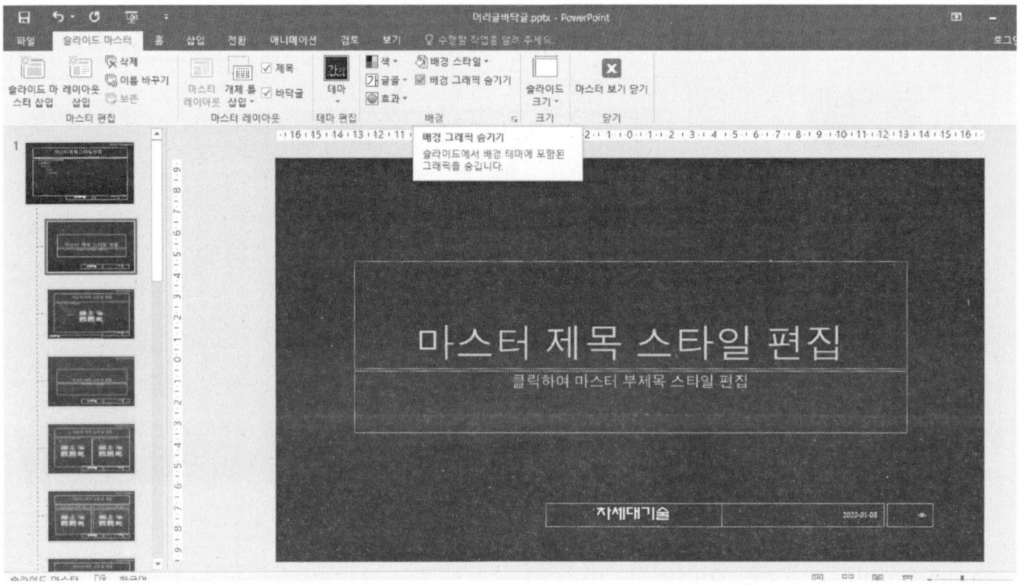

⑥ [슬라이드 마스터]탭–[닫기] 그룹–[마스터 보기 닫기] 버튼을 클릭한다.

연습문제 14

■ 문제파일 : 문제14.pptx / 정답파일 : 문제14(완성).pptx

01 제목을 제외한 모든 슬라이드에 번호를 삽입한다.

02 번호 개체를 오른쪽 하단으로 이동하고 글꼴 색 '노랑' 글꼴크기 '18pt'로 지정한다.

03 슬라이드 2의 번호가 1번이 되도록 설정한다.

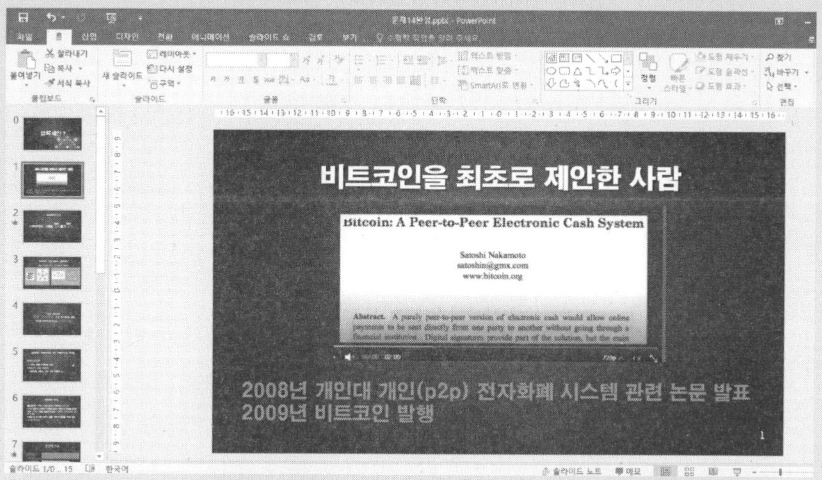

04 마스터 슬라이드에 '배경3.jpg' 제목슬라이드에는'배경4.jpg' 이미지 파일로 배경서식을 변경한다.

05 '블록체인' 바닥글을 제목을 제외한 모든 슬라이드에 삽입하고 가운데 하단으로 드래그 한 후 글꼴 색 '노랑' 글꼴 24pt로 지정한다.

CHAPTER 15

인쇄 설정

CHAPTER 15 | 인쇄 설정

학습목표

- 인쇄 및 대상(유인물, 슬라이드 노트 등)을 설정할 수 있다.
- 인쇄 대상에 인쇄 시 필요한 머리글/바닥글을 설정할 수 있다.

예제파일 : 인쇄.pptx

15-1 인쇄 설정

인쇄 미리보기는 인쇄할 때 나타나는 모양 그대로 문서를 표시하는 기능으로 슬라이드, 유인물, 슬라이드 노트, 개요 보기 중 용도에 따라 출력 모양을 변경할 수 있다.

① [파일]–[인쇄] 메뉴를 선택하면 오른쪽에 인쇄미리보기 화면이 나타난다.

② [설정]에서 인쇄대상을 [유인물]-'2슬라이드'를 선택하면 2개의 슬라이드가 한 장에 모두 표시된다. 슬라이드 테두리, 용지에 맞게 크기 조정, 고품질을 선택한다.

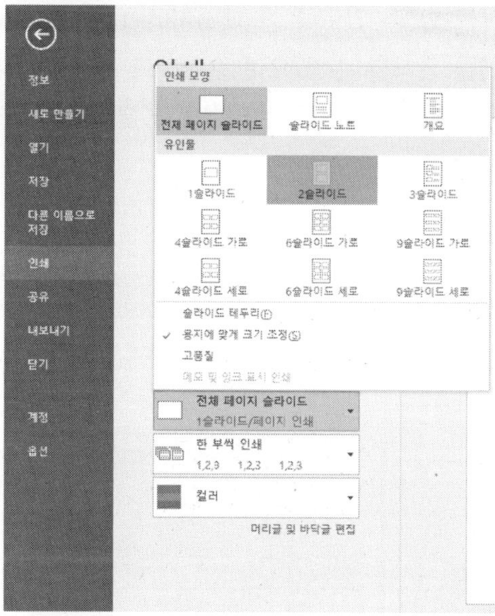

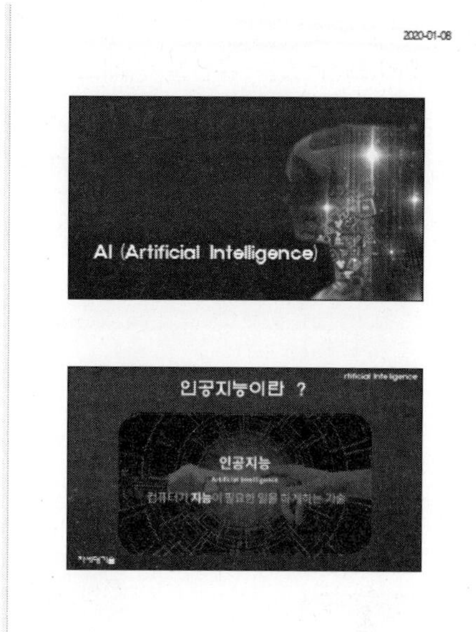

TIP | 인쇄대상

- 슬라이드, 슬라이드 노트, 개요 인쇄 모양과 유인물 유형을 선택한다.
- 슬라이드 테두리 : 슬라이드 가장자리에 실선의 테두리를 추가한다.
- 용지에 맞게 크기 조정 : 용지 크기에 맞게 슬라이드의 크기를 맞춘다.
- 고품질 : 고품질을 유지하여 인쇄물을 출력한다.
- 메모 및 잉크 표시 인쇄 : 프레젠테이션에 포함된 메모를 별도의 페이지에 인쇄하거나, 태블릿 펜이나 슬라이드 쇼에서 기록해 둔 잉크 주석을 포함해 인쇄한다.

15-2 유인물 및 슬라이드 노트에 머리글/바닥글 삽입

유인물은 프레젠테이션을 진행하는 동안 참석자가 참조할 수 있도록 한 페이지에 1, 2, 3, 4, 6 또는 9개의 슬라이드가 있는 유인물 형태로 프레젠테이션을 인쇄할 수 있으며 슬라이드 노트는 기본 보기 창에서 노트 창을 사용하여 슬라이드에 대한 노트를 기록한다. 이러한 유인물이나 슬라이드 노트 인쇄 시 필요한 머리글/바닥글을 삽입해 보자.

① [보기]탭 –[마스터 보기]그룹–[유인물 마스터]를 선택한다.

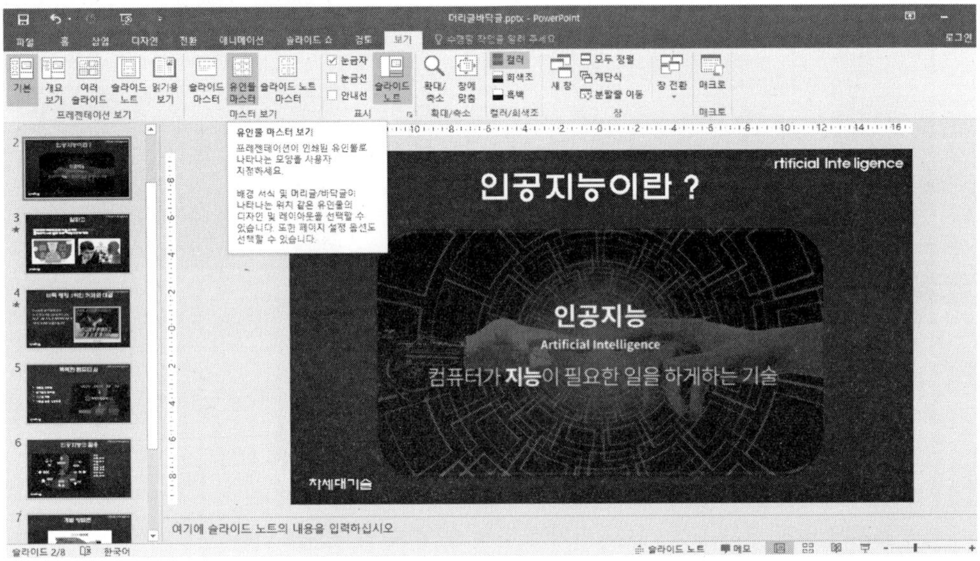

② [유인물 마스터] 탭–[개체 틀] 그룹 날짜를 체크 해제하고 [마스터 보기 닫기]를 클릭한다.

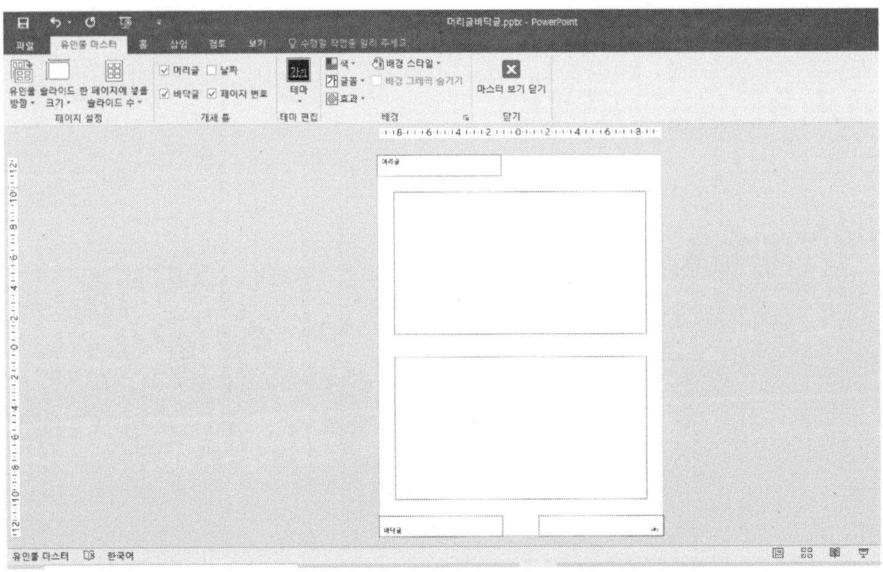

③ 유인물과 슬라이드 노트에 머리글/바닥글을 넣기 위해 [머리글/바닥글] 대화상자의 [슬라이드 노트 및 유인물] 탭에서 페이지 번호와 머리글에 체크 표시하고 '인공지능'을 입력한 후 [모두 적용]을 누른다.

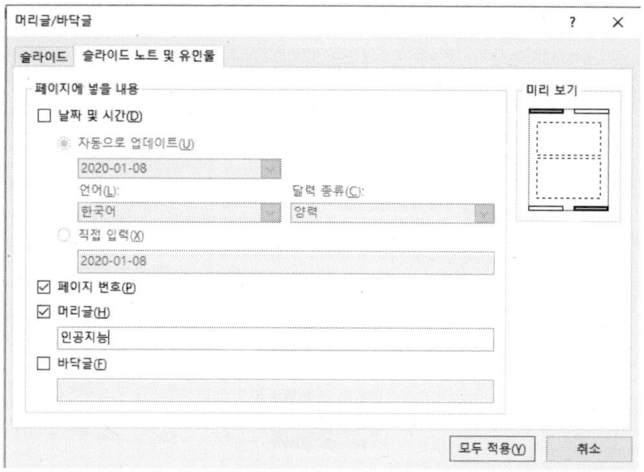

TIP | 기본 보기 상태에서 머리글/바닥글 삽입

[삽입] 탭-[텍스트] 그룹-[머리글/바닥글]에서 설정해도 된다.

④ [파일]-[인쇄]-[인쇄 미리보기]-[유인물]-[2슬라이드] 형태로 유인물 미리보기를 할 수 있다.

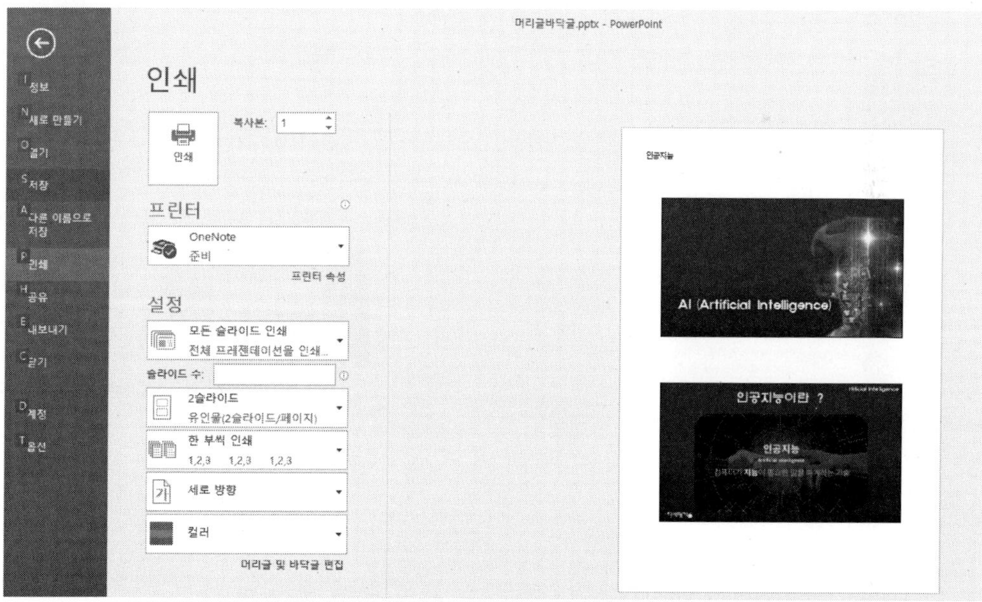

연습문제 15

■ 문제파일 : 문제15.pptx / 정답파일 : 문제15(완성).pptx

01 유인물 마스터에서 날짜가 표시되지 않도록 설정하고 유인물 3슬라이드 미리 본다.

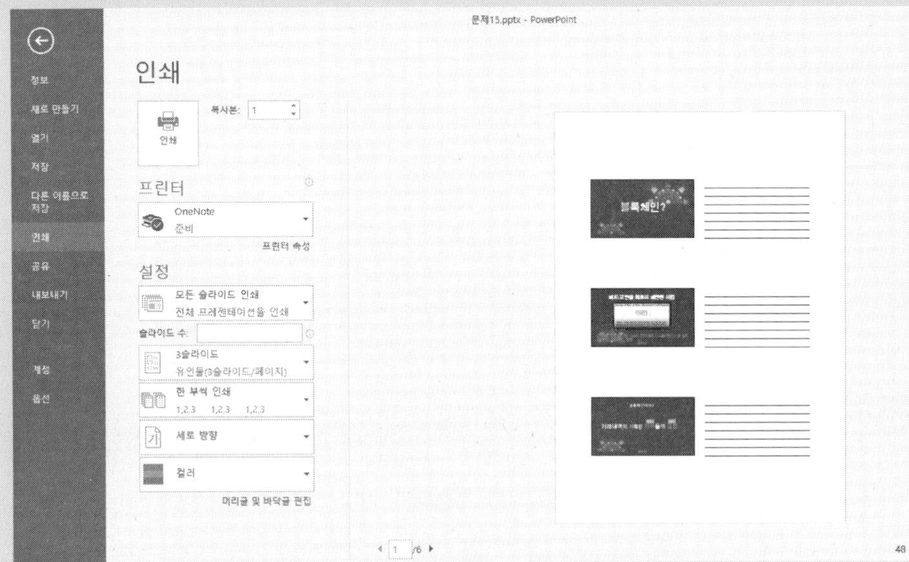

02 슬라이드 노트를 포함하여 인쇄가 되도록 설정한다.

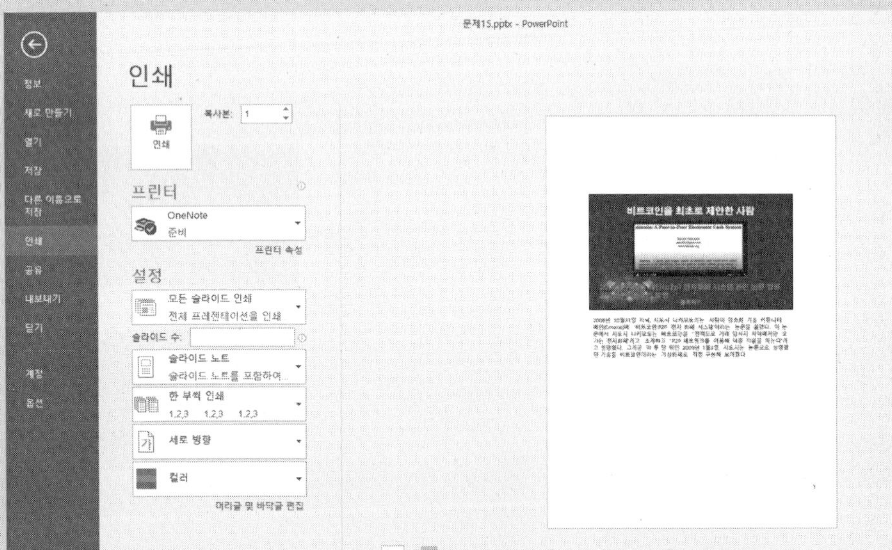

APPENDIX

1. 기출문제&실전문제

1-1 MOS POWERPOINT2016 모의고사

1-2 정보기술자격(ITQ) 파워포인트 기출문제

1-3 사무자동화 산업기사 기출문제

2. 파워포인트 단축키 모음

[1-1] MOS POWERPOINT2016 모의고사

프로젝트1

◘ 준비파일 : 프로젝트1.pptx

여러분은 기업 이사회의 승인을 얻기 위해 기업보고서를 작성하고 있습니다. 프레젠테이션의 디자인 작업을 완료하면 상사가 검토하게 됩니다.

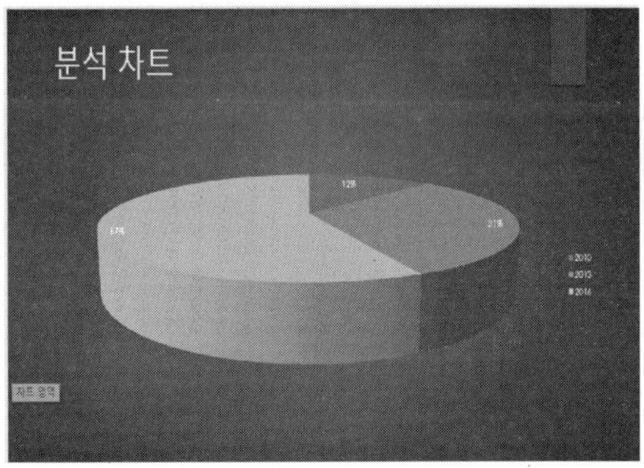

작업1 - 이온 테마를 슬라이드 마스터에 설정합니다.

작업2 - 슬라이드 2에서 제목 텍스트 상자에 채우기-흰색, 윤곽선-강조 2, 진한그림자-강조2 워드아트 스타일을 적용하고, 역삼각형 abc변환 휘기 텍스트 효과를 적용합니다.

작업3 - 슬라이드 2에서 내용 텍스트 상자에 적용된 애니메이션의 순서를 1,2,3순으로 되도록 수정합니다.

작업4 - 슬라이드 10에서 차트 종류를 3차원 원형으로 변경합니다. 레이아웃은 레이아웃 6로 적용하고, 차트 제목을 제거합니다.

프로젝트2

◘ 준비파일 : 프로젝트2.pptx

여러분은 다이어트연구소 직원으로 고객들 주최 회의에서 배포할 프레젠테이션을 준비하고 있습니다.

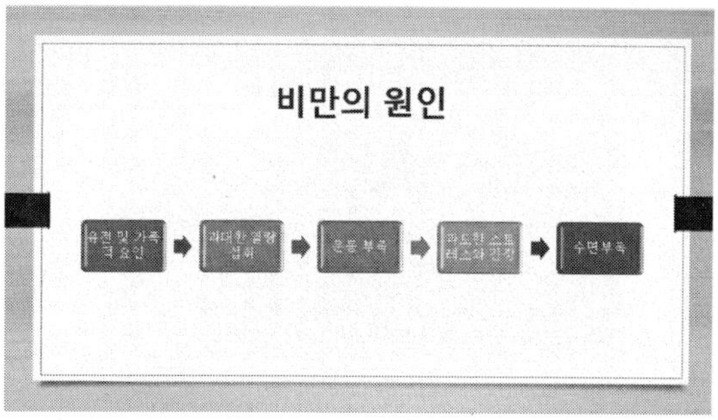

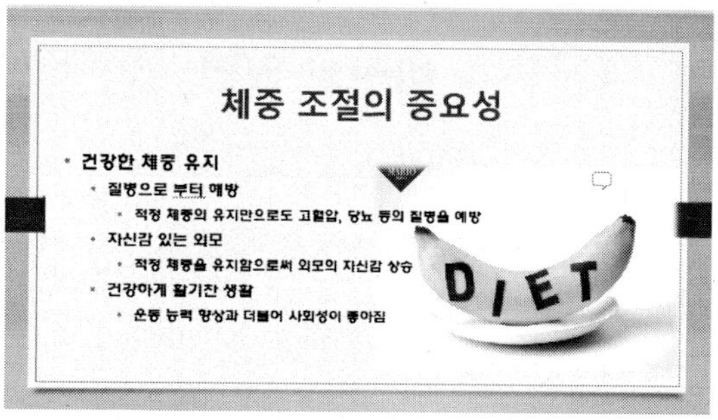

작업1 – 슬라이드 2에서 텍스트를 '기본 프로세스형' SmartArt 그래픽으로 변환합니다.

작업2 – 슬라이드 2에 SmartArt를 '색상형범위 – 2 또는 3' 3차원스타일 '경사' SmartArt 스타일로 설정합니다.

작업3 – 슬라이드 3의 "건강한 체중 유지" 텍스트 상자에 "체지방 측정"의 새 메모를 삽입합니다.

작업4 – 슬라이드 3에 '그림1.jpg' 기출문제 폴더에서 오른쪽에 삽입하고 부드러운 가장자리 10pt 그림효과를 지정하고 맨뒤로 보내기를 설정하시오

작업5 – 유인물 마스터 왼쪽에 "검토중"이라는 머리글이 표시되도록 설정합니다.

프로젝트3

준비파일 : 프로젝트3.pptx

여러분은 다른 동료가 작성한 프레젠테이션을 수정하여 최종본을 준비하고 있습니다.

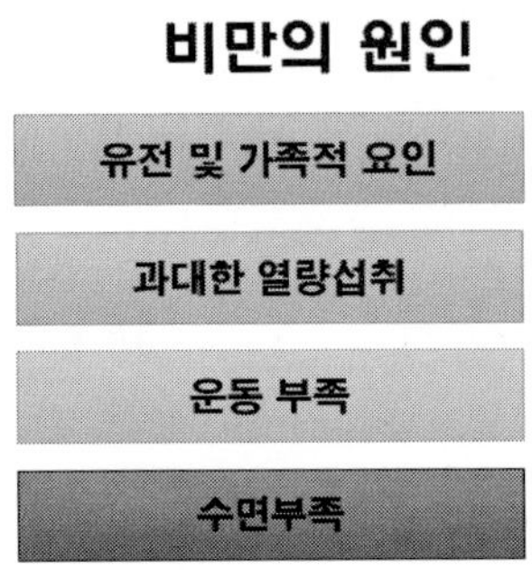

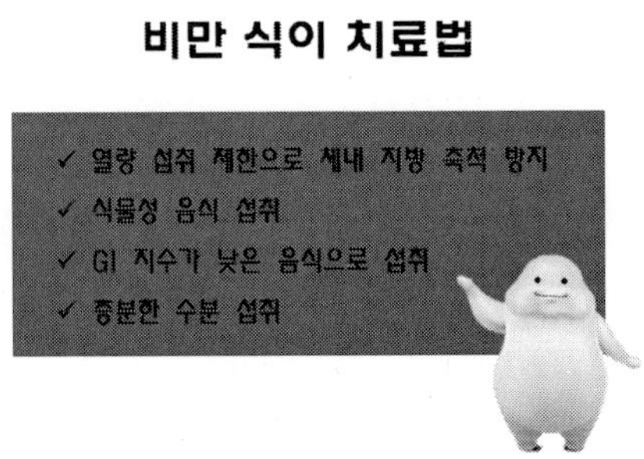

작업1 – 슬라이드 5에서 다섯 개의 원형 도형을 수평 아래쪽에 맞춰 정렬합니다.

작업2 – 슬라이드 3에서 네 개의 도형을 새로 간격을 일정하게 맞춥니다.

작업3 – 슬라이드 4에서 텍스트 박스를 맨뒤로 보냅니다.

작업4 – 슬라이드 2에서 도형을 그룹화 합니다.

작업5 – 당기기 화면전환을 모든 슬라이드에 자동으로 2초뒤에 넘어가도록 적용합니다.

프로젝트4

준비파일 : 프로젝트4.pptx

여러분은 로컬푸드 POS 시스템의 개발 및 구성안을 제작하고 있는 개발자입니다. 완성될 프레젠테이션은 고객사에게 전달될 것입니다.

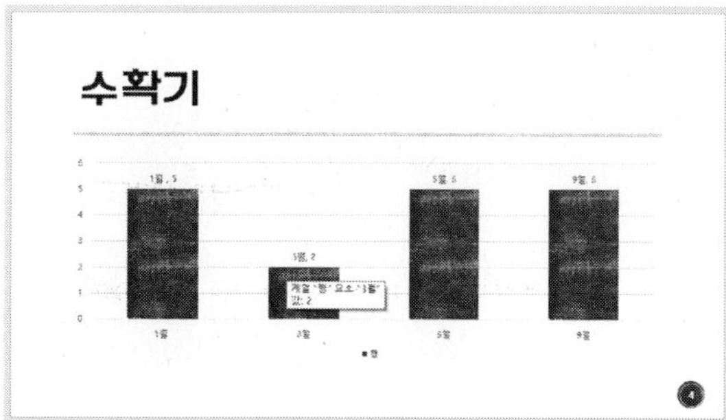

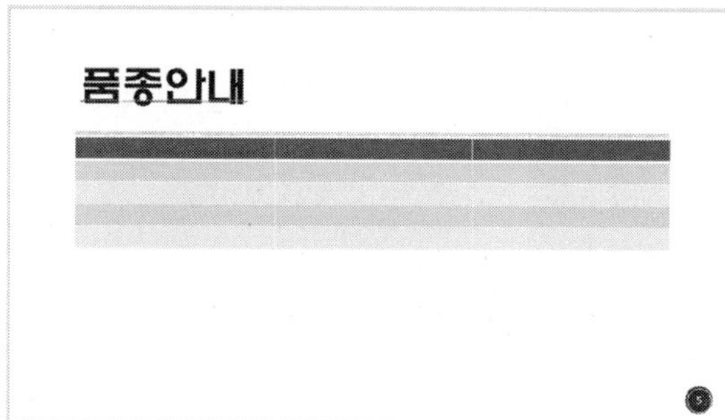

작업1 – 슬라이드 4에서 차트를 1월, 3월, 5월, 10월만 표시되도록 필터링합니다.

작업2 – 슬라이드 마스터의 슬라이드 번호 개체를 제목표시줄을 제외하고 모두 표시합니다.

작업3 – 슬라이드 5에서 내용개체틀에 3개의 열과 5개의 행으로 구성된 표를 삽입합니다. 표 너비를 18cm로 설정합니다.

작업4 – PowerPoint 화면에 그리기 안내선을 표시하고, 개체를 눈금에 맞춰 이동되도록 설정합니다.

프로젝트5

준비파일 : 프로젝트5.pptx

여러분은 강의실에서 사용할 교안을 작성하고 있습니다. 과거에 사용했던 자료를 사용하여 내용을 보완하게 됩니다.

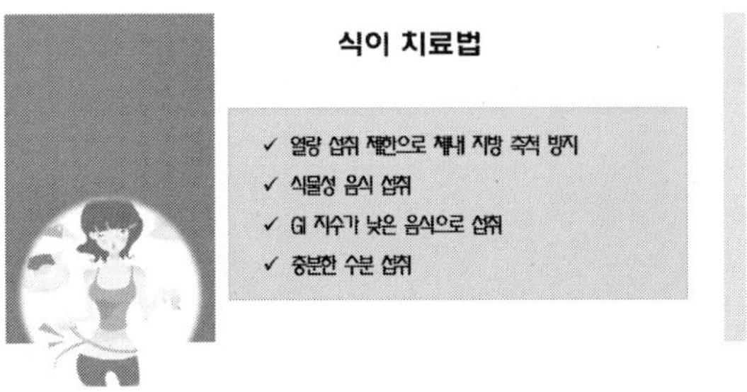

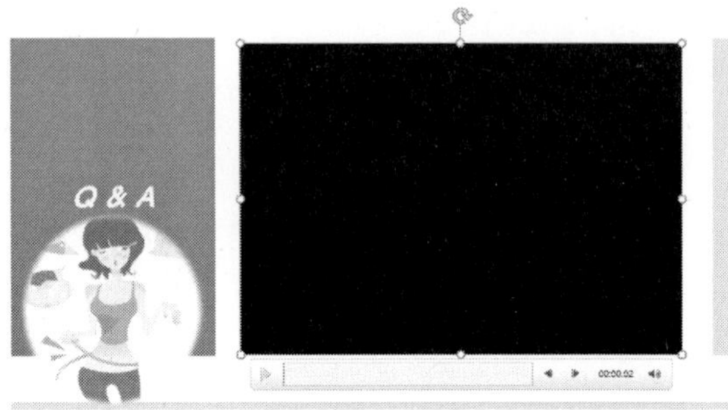

작업1 - 슬라이드 2에서 도형을 나타내기 애니메이션을 적용한다.

작업2 - 슬라이드 4에서 사각형 도형의 텍스트에 문자 간격을 4포인트 만큼 좁게하고, 도형에 미세 효과 - 황금색, 강조 2 도형채우기를 적용한다.

작업3 - 슬라이드 7에서 미디어1.mp4 비디오 파일을 삽입합니다.

작업4 - 슬라이드 마스터를 활용하여 제목 슬라이드를 제외하고 왼쪽에 그림2.png 이미지를 삽입합니다.

작업5 - 슬라이드 2에서 제목 텍스트상자의 서식을 슬라이드3, 슬라이드4를 복사하여 붙여 넣으세요.

프로젝트6

준비파일 : 프로젝트6.pptx

여러분은 학부모를 모시고 지적발달 단계 발표를 준비하고 있습니다. 여러분의 관리자의 검토를 위한 발표물을 준비하게 됩니다.

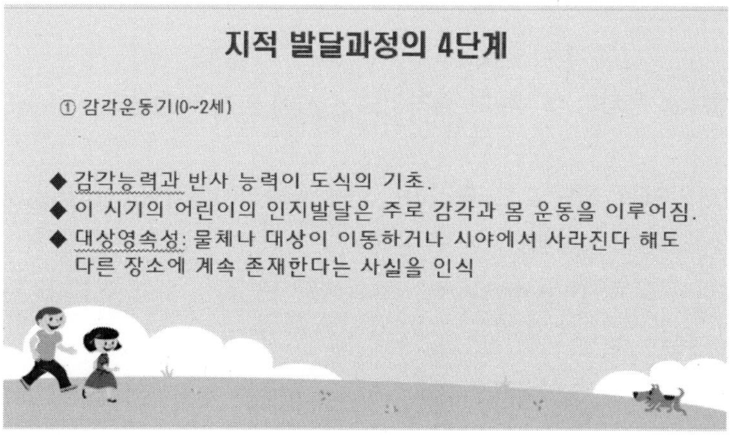

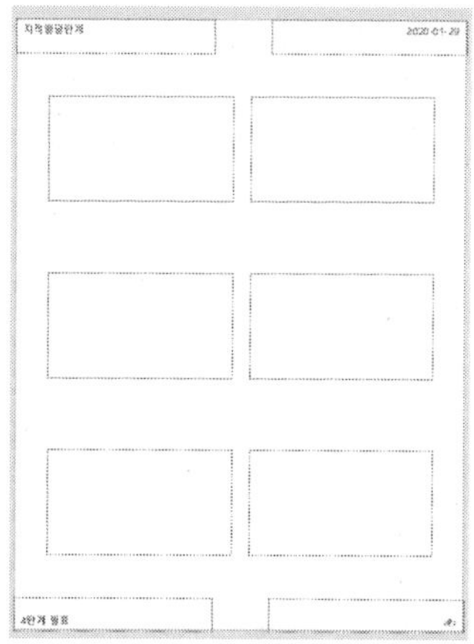

작업1 - 슬라이드 6을 슬라이드 3으로 이동합니다.

작업2 - 슬라이드 쇼에서 화면 전환을 수동으로 진행하도록 설정하고, 발표자 도구를 사용하도록 적용합니다.

작업3 - 프레젠테이션 주제를 "지적 발달 과정"로 설정합니다.

작업4 - 슬라이드 2에 있는 글머리 기호 목록을 빨강색, 색상의 속이 찬 다이아몬드형 글머리 기호로 변경합니다.

작업5 - 슬라이드 노트의 머리글에 "지적발달단계"을, 바닥글에는 "4단계 발표"를 적용합니다.

작업6 - 가로 방향의 슬라이드 노트의 사본을 3부 인쇄하도록 인쇄 옵션을 설정합니다. 각 번째 페이지가 모두 인쇄된 후에 다음 페이지가 인쇄되도록 합니다.

[1-2] 정보기술자격(ITQ) 파워포인트 기출문제1

≪전체구성≫ (60점)

(1) 슬라이드 크기 및 순서 : 크기를 A4 용지로 설정하고 슬라이드 순서에 맞게 작성한다.

(2) 슬라이드 마스터 : 2~6슬라이드의 제목, 하단 로고, 슬라이드 번호는 슬라이드 마스터를 이용하여 작성한다.
제목 글꼴(굴림, 40pt, 빨강), 하단 로고(「내문서₩ITQ₩Picture₩로고3.jpg」, 배경(연보라) 투명색으로 설정)

슬라이드 1 ≪표지 디자인≫ (40점)

(1) 표지 디자인 : 도형, 워드아트 및 그림을 이용하여 작성한다.

세부조건

① 도형 편집
- 도형을 삽입하여 점편집
- 그림 채우기 : 「내문서₩ITQ₩Picture₩ 그림1.jpg」
- 도형 효과 : (부드러운 가장 자리 5 포인트)

② 워드아트 삽입
- 변환 : 중지
- 글꼴 : 굴림, 굵게
- 텍스트 반사 : 근접 반사, 터치

③ 그림 삽입
- 「내문서₩ITQ₩ Picture₩ 로고3.jpg」
- 배경(연보라) 투명색으로 설정

슬라이드 2 ≪목차 슬라이드≫ (60점)

(1) 출력형태와 같이 도형을 이용하여 목차를 작성한다(글꼴 : 굴림, 24pt).

세부조건

① 텍스트에 하이퍼링크 적용
→ '슬라이드 3'

② 그림 삽입
– 「내문서₩ITQ₩Picture₩그림 4.jpg」
– 자르기 기능 이용

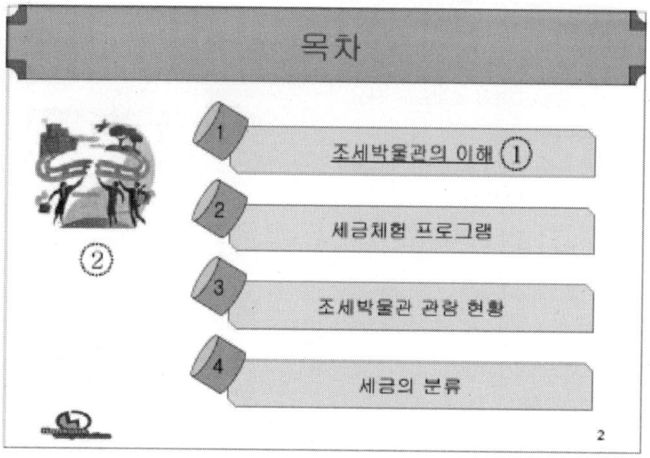

슬라이드 3 ≪텍스트/동영상 슬라이드≫ (60점)

(1) 텍스트 작성 : 글머리 기호 사용(✓, ❖)
✓문단(굴림, 24pt, 굵게, 줄간격 : 1.5줄), ❖문단(굴림, 20pt, 줄간격 : 1.5줄)

세부조건

① 동영상 삽입 :
– 「내문서₩ITQ₩Picture₩동영 상.wmv」
– 자동실행, 반복재생 설정

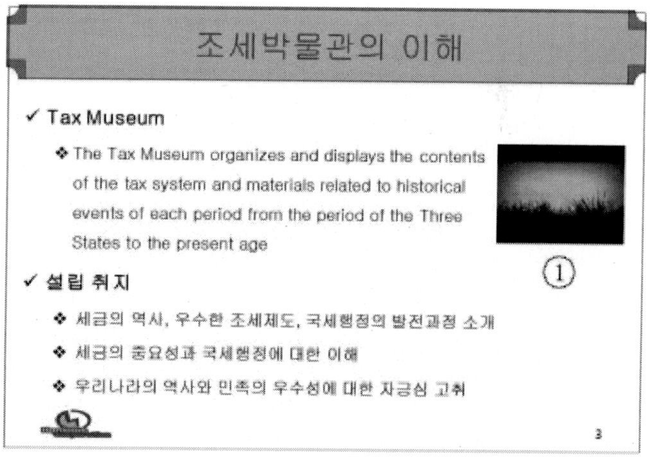

슬라이드 4 ≪표 슬라이드≫ (80점)

(1) 도형과 표 작성 기능을 이용하여 슬라이드를 작성한다(글꼴 : 돋움, 18pt).

세부조건

① 상단 도형 :
2개 도형의 조합으로 작성

② 좌측 도형 :
그라데이션 효과(선형 아래쪽)

③ 표 스타일 :
테마 스타일 1 – 강조 1

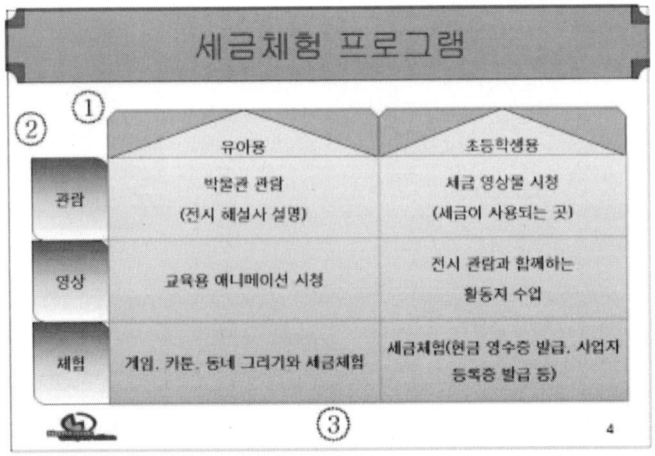

슬라이드 5 ≪차트 슬라이드≫ (100점)

(1) 차트 작성 기능을 이용하여 슬라이드를 작성한다.

(2) 차트 : 종류(묶은 세로 막대형), 글꼴(굴림, 16pt), 외곽선

세부조건

※ 차트설명

- 차트제목 : 굴림, 24pt, 굵게, 채우기(흰색), 테두리, 그림자(오프셋 대각선 왼쪽 위)
- 차트영역 : 채우기(노랑)
  그림영역 : 채우기(흰색)
- 데이터 서식 : 청소년 계열을 표식이 있는 꺾은선형으로 변경후 보조축으로 지정
- 값 표시 : 청소년 계열만
- 데이터 테이블 표시

① 도형 편집

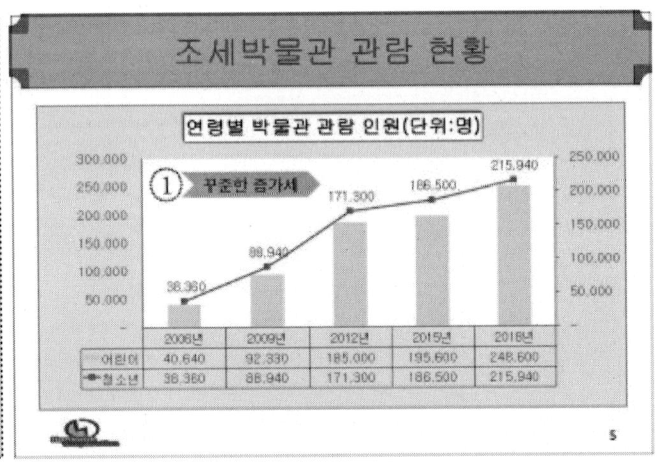

슬라이드 6 ≪도형 슬라이드≫ (100점)

(1) 슬라이드와 같이 도형 및 스마트아트를 배치한다(글꼴 : 굴림, 18pt).

(2) 애니메이션 순서 : ① ⇒ ②

세부조건

① 도형 및 스마트아트 편집
- 그룹화 후 애니메이션 효과 : 나누기(세로 바깥쪽으로)

② 도형 편집
- 스마트아트 디자인 : 3차원 만화, 3차원 경사
- 그룹화 후 애니메이션 효과 : 밝기 변화

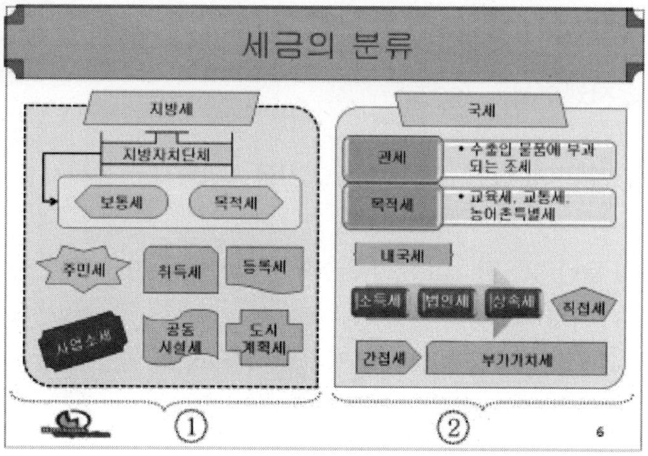

[1-2] 정보기술자격(ITQ) 파워포인트 기출문제2

≪전체구성≫ (60점)

(1) 슬라이드 크기 및 순서 : 크기를 A4 용지로 설정하고 슬라이드 순서에 맞게 작성한다.

(2) 슬라이드 마스터 : 2~6슬라이드의 제목, 하단 로고, 슬라이드 번호는 슬라이드 마스터를 이용하여 작성한다.

제목 글꼴(굴림, 40pt, 빨강), 하단 로고(「내문서₩ITQ₩Picture₩로고3.jpg」, 배경(연보라) 투명색으로 설정)

슬라이드 1 ≪표지 디자인≫ (40점)

(1) 표지 디자인 : 도형, 워드아트 및 그림을 이용하여 작성한다.

세부조건

① 도형 편집
- 도형을 삽입하여 점편집
- 그림 채우기 : 「내문서₩ITQ₩Picture₩ 그림3.jpg」
- 도형 효과 : (부드러운 가장 자리 5 포인트)

② 워드아트 삽입
- 변환 : 갈매기형 수장
- 글꼴 : 굴림, 굵게
- 텍스트 반사 : 근접 반사, 터치

③ 그림 삽입
- 「내문서₩ITQ₩Picture₩ 로고3.jpg」
- 배경(연보라) 투명색으로 설정

슬라이드 2 ≪목차 슬라이드≫ (60점)

(1) 출력형태와 같이 도형을 이용하여 목차를 작성한다(글꼴 : 굴림, 24pt).

세부조건

① 텍스트에 하이퍼링크 적용
　→ '슬라이드 3'
② 그림 삽입
　– 「내문서₩ITQ₩Picture₩그림 4.jpg」
　– 자르기 기능 이용

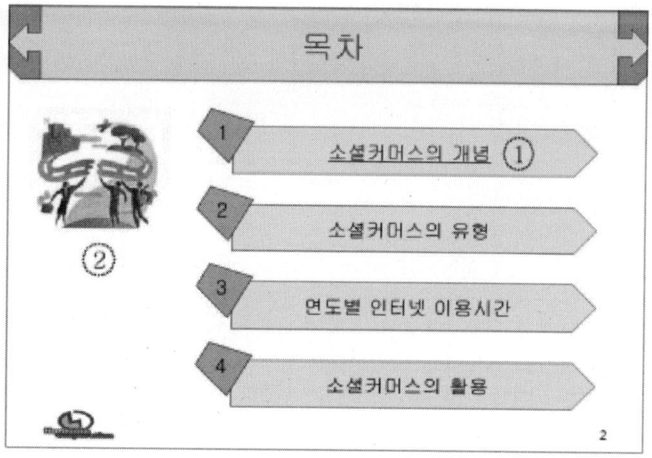

슬라이드 3 ≪텍스트/동영상 슬라이드≫ (60점)

(1) 텍스트 작성 : 글머리 기호 사용(✓, ❖)
✓문단(굴림, 24pt, 굵게, 줄간격 : 1.5줄), ❖문단(굴림, 20pt, 줄간격 : 1.5줄)

세부조건

① 동영상 삽입 :
　– 「내문서₩ITQ₩Picture₩동영상.wmv」
　– 자동실행, 반복재생 설정

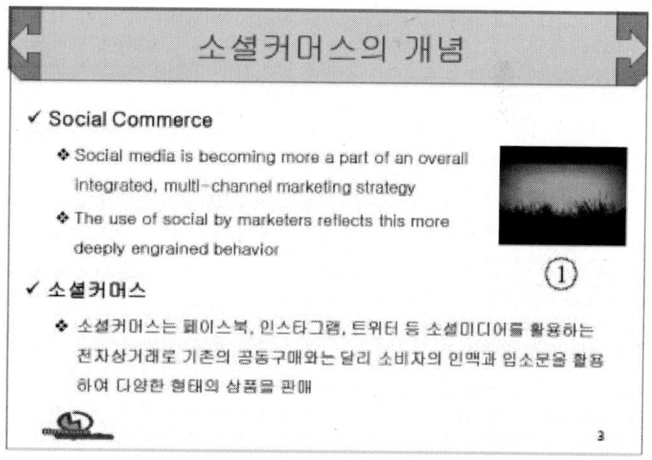

슬라이드 4 ≪표 슬라이드≫ (80점)

(1) 도형과 표 작성 기능을 이용하여 슬라이드를 작성한다(글꼴 : 돋움, 18pt).

세부조건

① 상단 도형 :
2개 도형의 조합으로 작성
② 좌측 도형 :
그라데이션 효과(선형 아래쪽)
③ 표 스타일 :
테마 스타일 1 – 강조 1

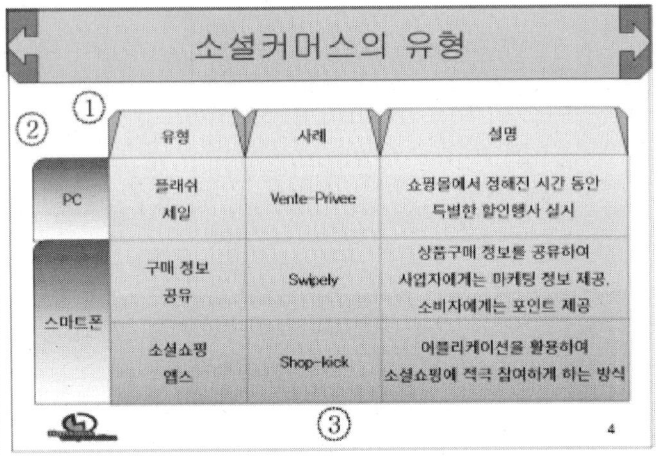

슬라이드 5 ≪차트 슬라이드≫ (100점)

(1) 차트 작성 기능을 이용하여 슬라이드를 작성한다.

(2) 차트 : 종류(묶은 세로 막대형), 글꼴(굴림, 16pt), 외곽선

세부조건

※ 차트설명
- 차트제목 : 굴림, 24pt, 굵게, 채우기(흰색), 테두리, 그림자(오프셋 대각선 왼쪽 위)
- 차트영역 : 채우기(노랑)
  그림영역 : 채우기(흰색)
- 데이터 서식 : 청소년 계열을 표식이 있는 꺾은선형으로 변경후 보조축으로 지정
- 값 표시 : 청소년 계열만
- 데이터 테이블 표시

① 도형 편집

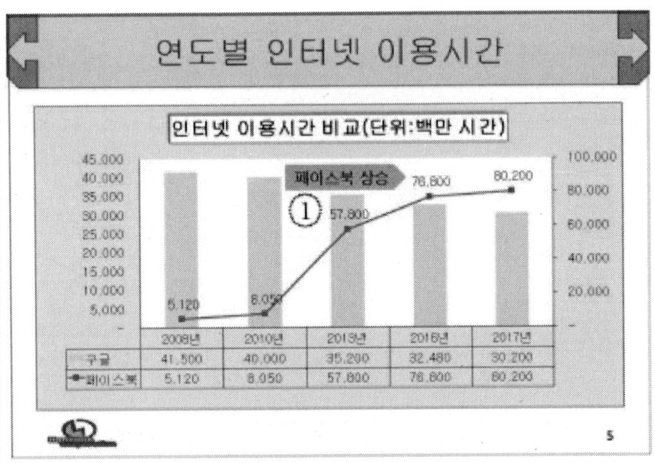

:

:

슬라이드 6 ≪도형 슬라이드≫ (100점)

(1) 슬라이드와 같이 도형 및 스마트아트를 배치한다(글꼴 : 굴림, 18pt).

(2) 애니메이션 순서 : ① ⇒ ②

세부조건

① 도형 및 스마트아트 편집
- 그룹화 후 애니메이션 효과 : 나누기(세로 바깥쪽으로)

② 도형 편집
- 스마트아트 디자인 : 3차원 만화, 3차원 경사
- 그룹화 후 애니메이션 효과 : 밝기 변화

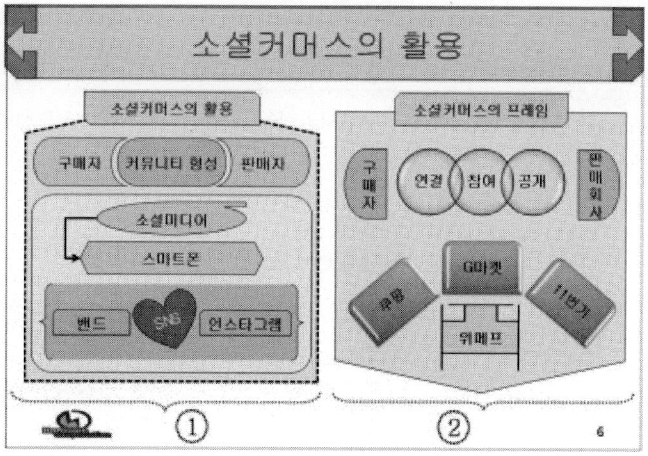

[1-3] 사무자동화 산업기사 기출문제1

자격종목	사무자동화산업기사	과제명	사무자동화실무

가. 제 1 슬라이드

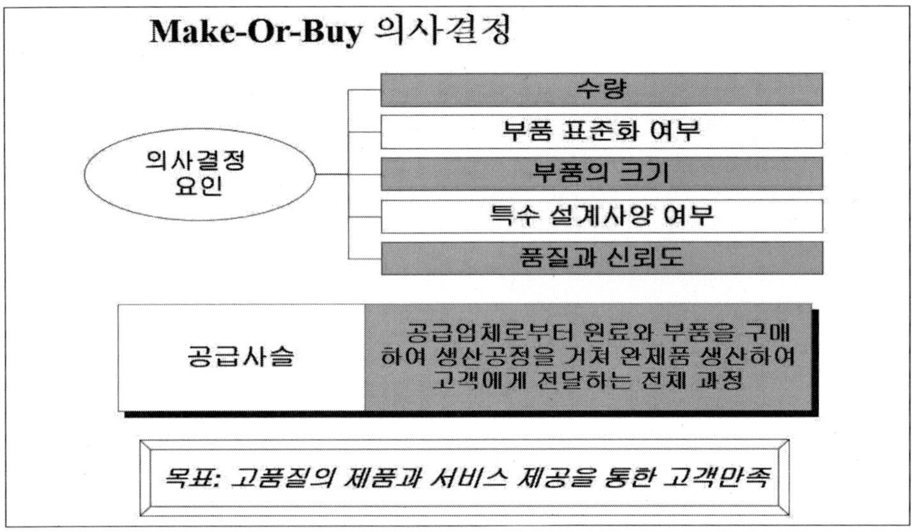

나. 제 2 슬라이드

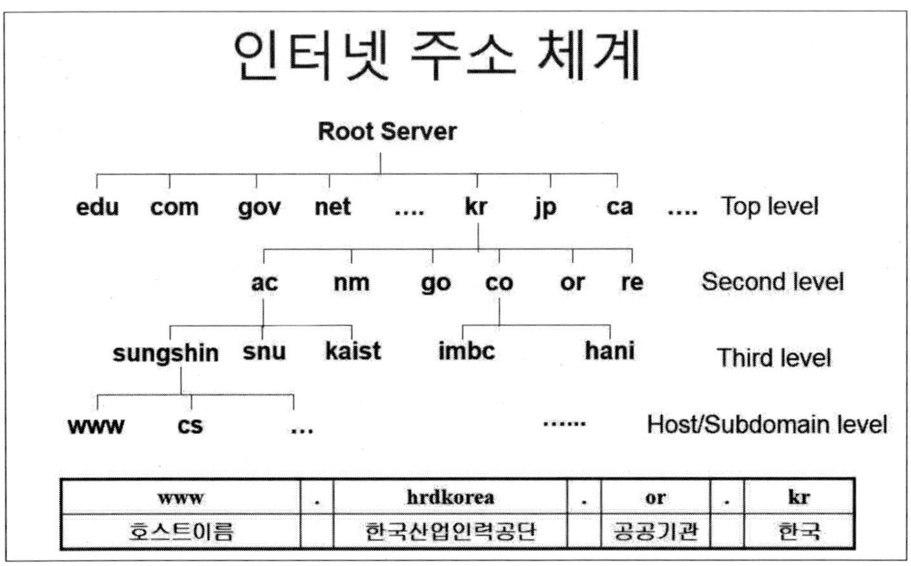

자격종목	사무자동화산업기사	과제명	사무자동화실무

가. 제 1슬라이드

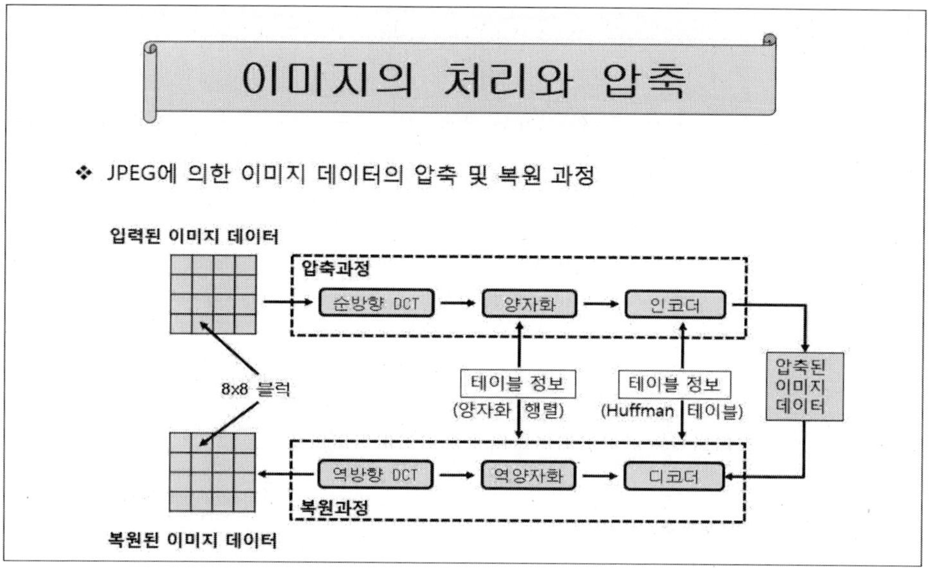

나. 제 2슬라이드

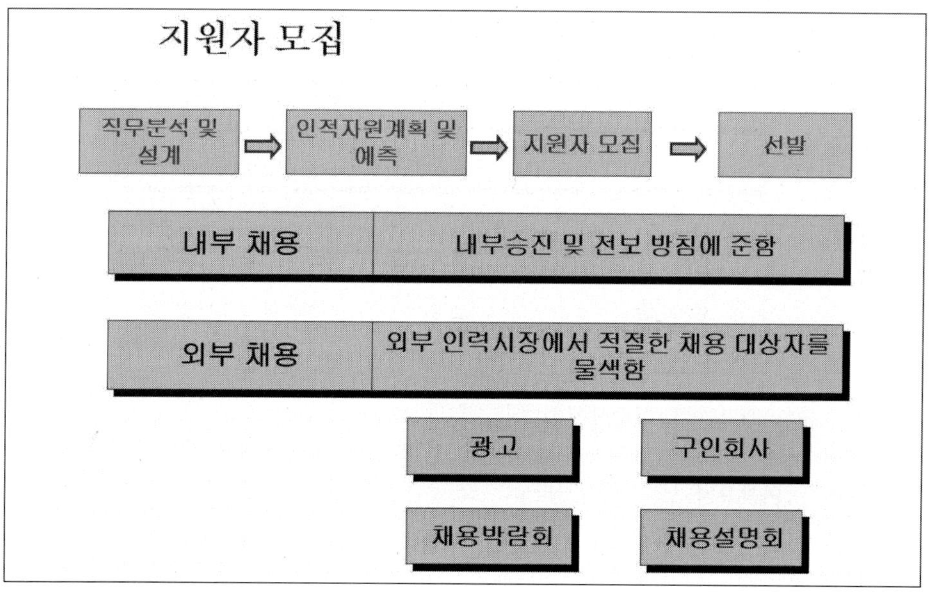

자격종목	사무자동화산업기사	과제명	사무자동화실무

가. 제 1슬라이드

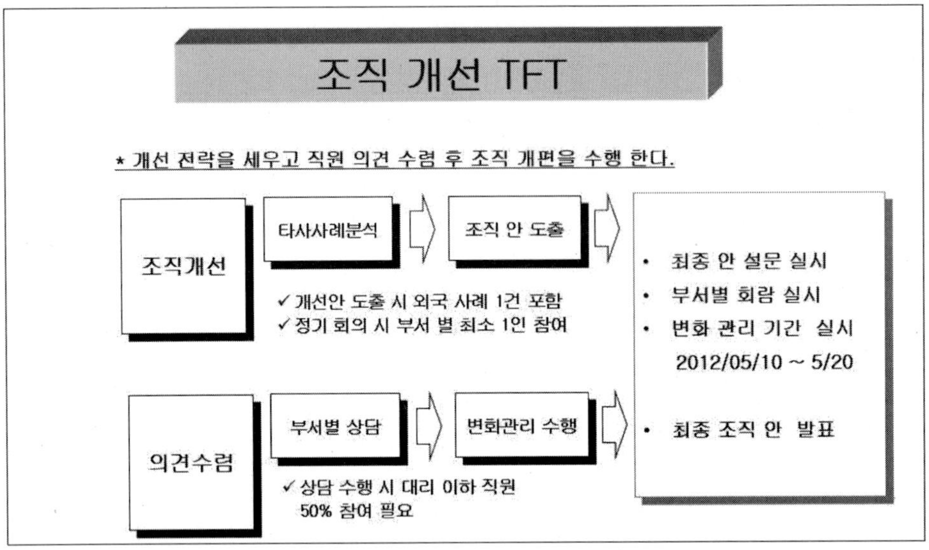

나. 제 2슬라이드

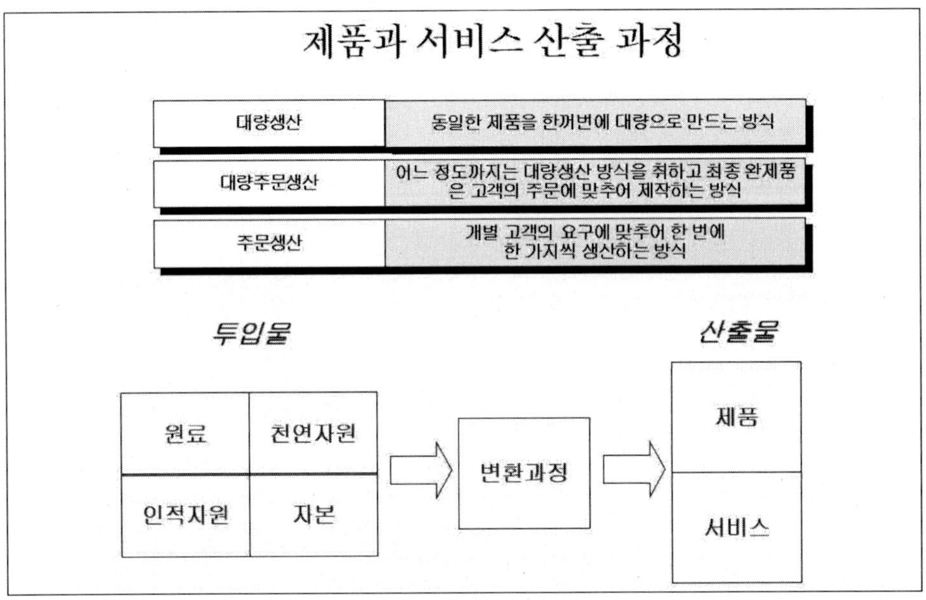

[1-3] 사무자동화 산업기사 기출문제2

자격종목	사무자동화산업기사	과제명	사무자동화실무

가. 제 1 슬라이드

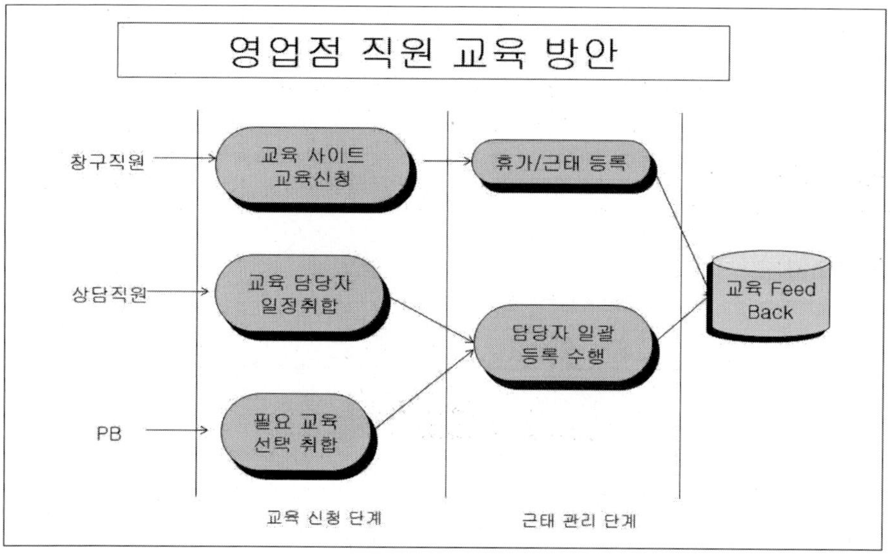

나. 제 2슬라이드

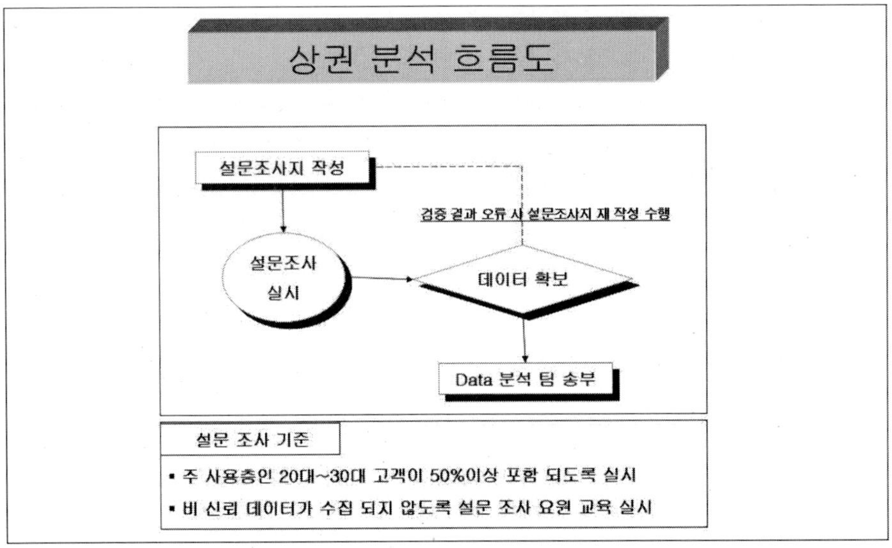

자격종목	사무자동화산업기사	과제명	사무자동화실무

가. 제 1슬라이드

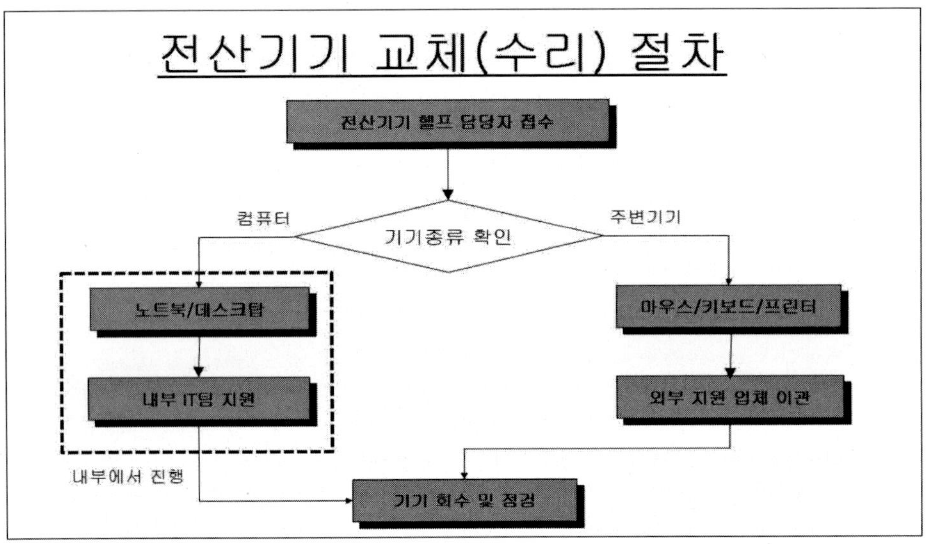

나. 제 2슬라이드

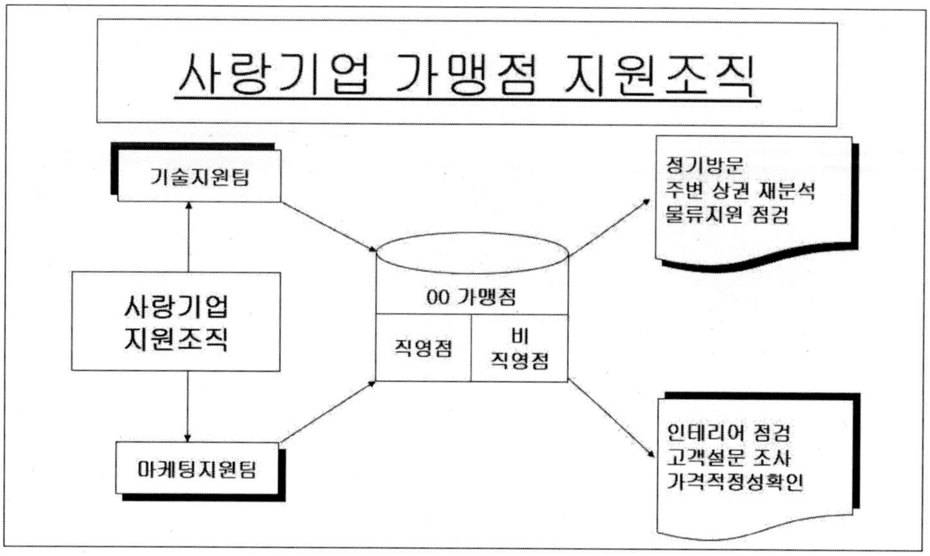
사랑기업 가맹점 지원조직
기술지원팀
사랑기업
지원조직
마케팅지원팀
00 가맹점
직영점
비
직영점
정기방문
주변 상권 재분석
물류지원 점검
인테리어 점검
고객설문 조사
가격적정성확인

자격종목	사무자동화산업기사	과제명	사무자동화실무

가. 제 1슬라이드

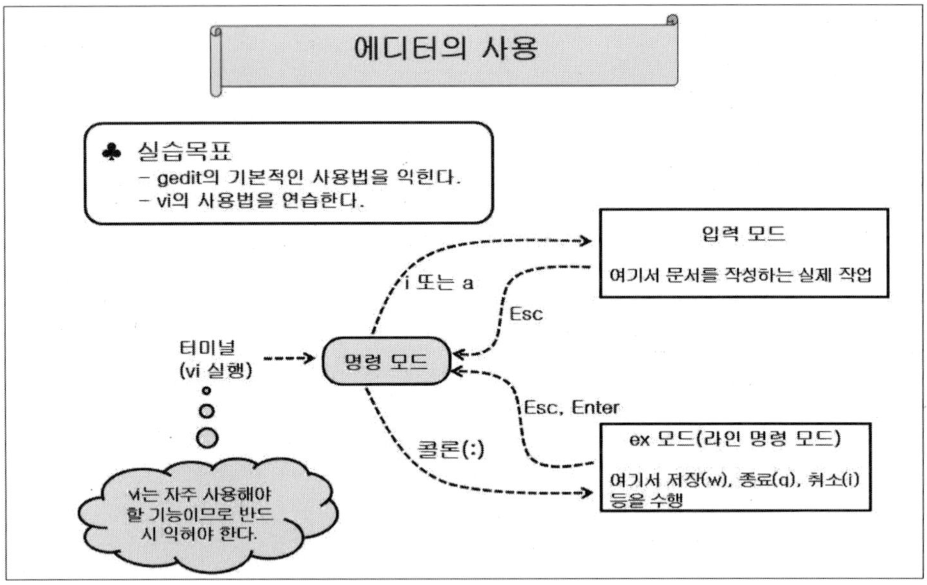

나. 제 2슬라이드

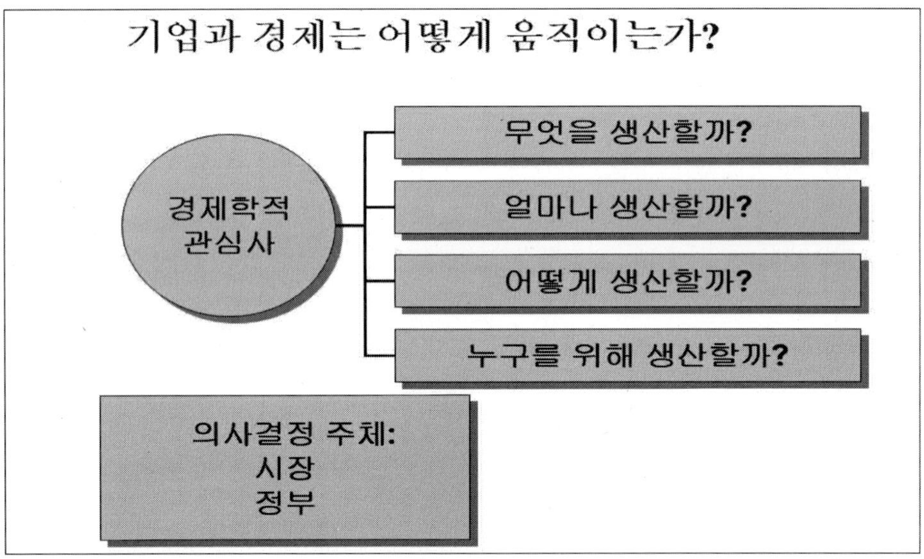

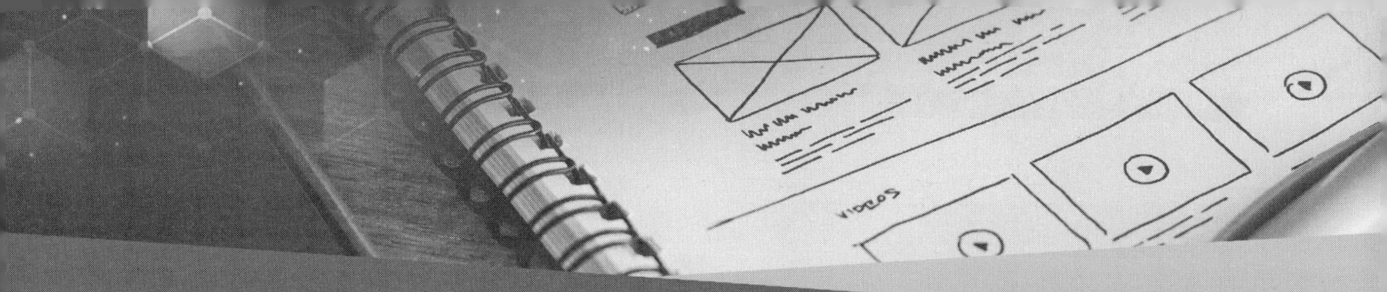

[2] 파워포인트 단축키 모음

서식 지정 및 기본 단축키

Ctrl+N	새 문서 열기
Ctrl+O	파일 열기
Ctrl+S	파일 저장하기
Ctrl+Z	실행취소
Ctrl+P	인쇄하기
Ctrl+O	개체, 슬라이드 등 복제
Ctrl+]	글자 키우기
Ctrl+[	글자 축소하기
Ctrl+B	글자 굵게 하기
Ctrl+U	글자 밑줄 치기
Ctrl+I	글자 기울이기
Ctrl+Shift+S	다른 이름으로 저장
Ctrl+Shift+〉	글자 키우기
Ctrl+Shift+〈	글자 축소하기
Ctrl+Shift+G	그룹화 해제하기
Ctrl+Shift+F	글꼴 변경하기
Ctrl+Shift+C	서식 복사하기
Ctrl+Shift+V	서식 붙여 넣기
Ctrl+Shift+방향키	크기 미세 조절

복사 및 이동

Ctrl + L	왼쪽 정렬
Ctrl + R	오른쪽 정렬
Ctrl + E	중앙 정렬
Ctrl + Y	실행취소 한 것 재실행
Ctrl + G	그룹화 하기
Ctrl + H	글자 변경
Ctrl + X	잘라내기
Ctrl + C	복사하기
Ctrl + V	붙여넣기

프레젠테이션 및 하이퍼링크

F5	프레젠테이션 처음부터 실행
Shift + F5	현재 페이지에서부터 프레젠테이션 실행
1 + Enter	처음 슬라이드로 되돌리기
Esc	프레젠테이션 종료
하이퍼링크 + Enter	선택한 하이퍼링크 실행
Shift + F10	메뉴 표시
Tab	슬라이드 처음 또는 하이퍼링크 이동
Shift + Tab	슬라이드 마지막 또는 하이퍼링크 이동

미디어

Alt + P	미디어 재생
Alt + Q	미디어 중지
Alt + Shift + →	미디어 뒤로 감기
Alt + Shift + ←	미디어 앞으로 감기
Alt + Shift + ↑ / ↓	미디어 볼륨 조절

대학생 취준생 직장인을 위한 자격증부터 업무활용까지

컴퓨터 활용능력 지침서 POWER POINT 2016

2021년 2월 20일 1판 인쇄
2021년 3월 1일 1판 발행

저　자 • 김의정 · 이해인
발행자 • 이영애
발행처 • 공감북스
주　소 • 02011 서울시 중랑구 중랑천로 256
전　화 • 02-971-9683
팩　스 • 02-972-9683
등　록 • 제 25100-2015-18호
등록일 • 2015년 7월 15일
e-mail • sympathybook@naver.com

ISBN 979-11-86898-63-5 (93560)
정　가 22,000원